臺灣歷史與文化 研究輯刊

十九編

第 7 冊

日治時期臺灣知識分子的日常生活與知識傳播
——以張麗俊與黃旺成為例

鍾承祐 著

花木蘭文化事業有限公司

國家圖書館出版品預行編目資料

日治時期臺灣知識分子的日常生活與知識傳播——以張麗俊
與黃旺成為例／鍾承祐 著 -- 初版 -- 新北市：花木蘭文化事
業有限公司，2021〔民 110〕
目 2+192 面；19×26 公分
（臺灣歷史與文化研究輯刊 十九編；第 7 冊）
ISBN 978-986-518-455-1（精裝）
1. 張麗俊 2. 黃旺成 3. 知識分子 4. 生活史研究 5. 日據時期
733.08   110000671

ISBN-978-986-518-455-1

9 789865 184551

臺灣歷史與文化研究輯刊
十九編 第七冊   ISBN：978-986-518-455-1

日治時期臺灣知識分子的日常生活與知識傳播
——以張麗俊與黃旺成為例

作　　者　鍾承祐
總 編 輯　杜潔祥
副總編輯　楊嘉樂
編　　輯　許郁翎、張雅淋　美術編輯　陳逸婷
出　　版　花木蘭文化事業有限公司
發 行 人　高小娟
聯絡地址　235　新北市中和區中安街七二號十三樓
　　　　　電話：02-2923-1455／傳真：02-2923-1452
網　　址　http://www.huamulan.tw 信箱 service@huamulans.com
印　　刷　普羅文化出版廣告事業
初　　版　2021 年 3 月
全書字數　157207 字
定　　價　十九編 23 冊（精裝）台幣 60,000 元

日治時期臺灣知識分子的日常生活與知識傳播
——以張麗俊與黃旺成為例

鍾承祐　著

作者簡介

鍾承祐，畢業於成功大學中國文學系、中興大學歷史學研究所，在文史之間反覆擺盪來證明文史不分家的人物。目前已在教育界深耕兩年，相信流浪一波一波總會沖上岸之餘，樂在閒暇研究古文新譯，使古文不再只是古文、歷史也不再只是歷史。有生以來學到無論是文、是史，能塑造人的便是成長中的所有經歷，每一刻都值得珍惜，更是每一刻都值得肯定。

提　要

　　本文以張麗俊與黃旺成二人為主要分析對象，使用日記為文本，探討日治時期的臺灣知識分子的日常生活，以及他們在知識傳播上的舉措。

　　首先，討論二人在家庭中的角色，從而分析他們受到家中父母的影響、與妻子相處之下展現的特質，以及培養下一代的做法，藉由三個方向，了解知識分子在變動的時代中，如何去調整自己，並協助後代適應當代的社會。再者，透過張麗俊與黃旺成二人選擇休閒活動的內容，理解知識分子在選擇休閒活動上的特別之處，並從中分析知識分子受哪些因素影響了他們的選擇。最後，將當代的知識傳播環境以及兩位知識分子的作為並陳，以了解不同背景下的知識分子會如何將知識傳遞給其他人，又在其中呈現怎樣的意識。

　　雖然本文以兩位日治時期的臺灣知識分子為主軸，不過，不能將二人以單純的特例判斷之。他們在時代下分別屬於傳統知識分子與新式知識分子，用他們在時代下的行動，可以以小見大，了解當代知識分子普遍的動向，更加理解知識分子這樣當代屬於領導位置的臺灣人在變局下如何試著突破，並影響更多人。

第一章 緒 論

一、研究動機與目的

　　生而為人二十餘載，從最初生養自己的家庭，到進入學校，而後進入社會，其中認識了形形色色的人們，卻也難以全然地了解之。這是最貼近我們生活的事情，又怎能對其茫然無知？這樣的理由成為楔子，促使筆者開展相關的研究，希冀能在這樣的過程裡，更加認識人。

　　近三十年來西方史學界出現「敘述的復興」（revival of narrative）現象，在此之前，歐美史學界深受社會科學影響，認為歷史研究的目的在尋求歷史演變的規律，但愈來愈多的史家認為歷史必須回到一般老百姓的日常生活之中，只有在看似平凡無奇的生活事件中才能找到歷史的真正意義。因此，「日常生活」（everyday life）的研究日漸蓬勃，如今我們對過去人們的越來越細瑣，以致能認識他們平常吃的食物、穿的衣服、使用的交通工具、把玩的物品等。這些細節不僅能讓後世的讀者更容易想像過去人們的生活圖像，並且得以對於他們的思想、行動有更深刻的理解。這部分的內容可以說使筆者深感興趣，在最初的單純想法之外，了解了這方面研究的深度與廣度，於文本的爬梳及過往對時代的認識之下，鎖定了近代臺灣的日治時期做為研究上重要的時間軸，藉此來發展。

　　日治時期的知識分子在當時的臺灣社會佔有相當重要的角色，不只是執政的總督府當局首要的拉攏對象，而且也可以說是政府與人民之間的重要橋

樑。這些知識分子們的日常生活，除了可以從《臺灣人士鑑》〔註1〕中的記載窺知一二以外，由於文化水平較高，他們也有較多的日記、書信等記錄留下，方便後人了解當時他們的生活百態。除此之外，知識分子相對於普通百姓，也更有資源與閒情，從事多樣的休閒活動來豐富自己的生活，這對於筆者欲探討的日常生活史研究可說是極為重要。比起已有許多成果的社會史、政治史研究，筆者更感興趣的是貼近人們的生活史，這也是近代歷史學者亟欲發展的學門，這些「大眾的」歷史〔註2〕讓史學從以往偏向束之高閣，轉為在所有人身邊的形式，於生活史中我們可以看出更多充滿人味的脈絡變化，透過對於日記記主的微觀研究，也能以小見大，理解整個時代氛圍。日治時期對於當時的臺灣人而言，絕對是一個有著巨大變化的時代，新式的知識、器物、休閒等接踵而至，和今日科技發展快速的現狀有異曲同工之處，對於當時較有選擇權力的知識分子們，會如何看待以及因應這些新事物，也是此篇論文所要探究的主題之一。筆者在日常生活的部分選擇家庭生活與休閒生活做為研究項目，其理由除了上述所言，主要肇因於生活中大小事情的屬性，若是談論過往常研究的社會運動、從事工作等，便是一種社會化的呈現，知識分子在上述的場域中容易包裝自己，使個人的性格被隱藏，不如他們在家庭生活以及休閒生活裡的自然，在家庭生活裡可以知道這些「知識分子」如何成為我們習以為常的樣子，這樣的陶鑄過程是相當值得探究的，且休閒生活的風雅與多元也是知識分子自古以來就不同於常人之處，想必在其中能有新的啟發。最後，這些知識分子對於知識的傳播與再造也是筆者認為很重要的一塊，正好使全篇論文自家庭而出，以生活內涵為骨肉，最後終於象徵傳承的知識傳播，嚴謹了整體結構。希望藉由探討張麗俊、黃旺成這兩位當時有頭有臉的知識分子之日常生活，能見微知著地理解日治時期的知識分子階層，並且以

〔註1〕《臺灣人士鑑》是臺灣新民報社（後改稱興南新聞社）為紀念其日刊發行周年、五年、十年所編，三次版本的出版時間分別為 1934、1937 和 1943 年，分別記錄 1,019、2,788 和 4,000 位臺籍、日籍人士的家庭背景、學經歷和特出成就及貢獻，並調查部分人士的休閒興趣，對於認識當時臺灣的人物有很高的歷史價值。臺灣新民報社調查部編，《臺灣人士鑑》（臺北：臺灣新民報社，1934、1937）；興南新聞社編，《臺灣人士鑑》（臺北：興南新聞，1943）。

〔註2〕「大眾史學」（public history）一詞依據周樑楷教授所下的定義，內容包含「大眾的歷史」、「歷史是寫給大眾的」、「歷史是由大眾來書寫的」三個意涵。周樑楷，〈大眾史學的定義和意義〉，《人人都是史家：大眾史學論集第一冊》（臺中：采育出版社，2004），頁 27～28。

古鑑今，剖析今日的我們能如何去因應現代充滿變化的社會浪潮。

　　張麗俊，字升三，號南村，晚號水竹居主人，故其日記以此為名。生於
1868 年，卒於 1941 年。根據他自述的生平經歷，其十歲時受漢學啟蒙，二
十歲左右文既成篇，二十四歲時參加科舉考試，且其亦有在夜學教授漢學的
經歷，可以理解其受過相當程度的傳統漢學教育。除此之外，其在豐原當地
是有影響力的仕紳，曾擔任地方上的保正，協助處理公共事務。在公務之餘，
張麗俊有著豐富的興趣，不論是傳統文人常見的閱讀、種植花草，〔註 3〕還
是看戲、觀光、旅遊等，他都有涉略，且參與活動或看書常用「玩」字記載，
可以見之其對生活的享受。

　　黃旺成，其父姓陳，然入贅黃家，故黃旺成的姓承襲自外祖父，有些資
料會稱其為陳旺成便是因為其父親原本的姓氏。生於西元 1888 年，卒於西元
1979 年。自 1894 年受教育學習漢學，1903 年入新竹公學校，後於 1907 年考
入臺灣總督府國語學校師範部乙科，1911 年開始擔任新竹公學校「訓導」一
職直至 1918 年，後先經營商會，1920 年始於蔡蓮舫家任職家庭教師，在這
段時期結識不少人物、廣結人脈，奠定未來參與社會運動的基礎，1925 年辭
去家庭教師一職，並致力於參與新竹青年會以及文化協會，1926 年擔任臺灣
民報社的記者，1927 年脫離文協後參與臺灣民眾黨，並在 1935 年參與地方
選舉，當選新竹市會議員，其後活躍於當時的各類社會運動之中，〔註 4〕戰
後黃旺成也曾遞補擔任臺灣省的參議員，不過主要是專注於《臺灣省通志稿》
以及《新竹縣志》的撰寫工作。黃旺成的社會參與經歷可說洋洋灑灑，而他
的生活亦不惶多讓，其對於飲食有其注重，且有許多的休閒及興趣，做為當
時的知識分子，他廣泛的嘗試各種新知與新式休閒。

　　年代斷限上，張麗俊的日記已出版完畢，年份是 1906 年至 1937 年，而
黃旺成先生日記尚未出版完畢，筆者能取得的資料主要為 1912 年至 1936 年，
故筆者會以兩人重疊的年份為探討核心，輔以其他年份的資料來做相關研
究，而這段時間正好是在中日戰爭之前，戰時體制的生活與承平時期的生活
應有不小的差異，筆者欲聚焦在他們承平時期的日常生活，故將時間軸定位
在此時是再好也不過的。

〔註 3〕張人傑，《台灣社會生活史：休閒遊憩、日常生活與現代性》（臺北縣：稻鄉
　　　　出版社，2006），頁 94～98。
〔註 4〕張德南，〈黃旺成先生大事記要〉，《竹塹文獻》10（1999 年 1 月），頁 68～72。

　　人物選擇上，張麗俊為日治時期臺中豐原地區有相當名望的知識分子，其所接受的是傳統漢學教育，沒有受過新式教育薰陶，且在夜學教授漢文，可以說具有濃厚的傳統特質。與之相對照的是另一位探討主角——黃旺成，雖然同樣有一定的漢學基礎，也有參加詩社和學習漢文，但其接受的是新式的師範教育，且曾在公學校擔任教職，於當時屬於新式的知識分子。兩人有學習過漢文這樣的共通點，亦有相異之處，正好一新一舊，對於理解這個時代的知識分子有相當大的幫助以及發展空間。除此之外，他們兩位都有長篇日記的傳世，在日記中對於生活的記載也是相當的豐富，無論是身邊接觸的人物、生活中的種種活動都有相當多的敘述，資料相當足夠且充分，較能完善認識這個時期的知識分子，故以此二人為探討的核心。

　　名詞解釋上，本篇與許多探討日治時期人物的文章有所不同，並非以仕紳（gentry）〔註5〕、地方菁英（local elite）〔註6〕等詞去解釋所指涉的人物，而是用「知識分子」（intellectuals）一詞，這樣的用法僅聚焦在擁有知識上，除了避免在定義上有其不明確之處外，也是為了強調這兩位記主做為能留下長篇日記的知識階層身分，運用這樣的名詞，能更加扣緊主題，藉此探討他們做為這樣階層的人士如何去過生活，以及身為知識分子，對於知識傳播上有何不同之處。而知識傳播在本文中，所要指陳的是兩位探討中心——張麗俊以及黃旺成以教師身分所進行的知識轉譯，無論是任職公學校，或是教授夜學，都在討論的範圍中，這也配合到兩人知識分子的角色，對於理解這兩位記主以及該階層的生命歷程有其必要性。

二、資料運用與文獻回顧

（一）資料運用

　　資料的運用上，主要是採用張麗俊《水竹居主人日記》（1906 年～1937 年）與黃旺成《黃旺成先生日記》（1912 年～1936 年）為核心材料，藉此來對主題作探討與研究。張麗俊的《水竹居主人日記》年代自明治 39 年（1906）始，於昭和 12 年（1937）終，其中尚缺少大正 11 年（1922）的資料，大約

〔註5〕 Chang Chung-Li（張仲禮），*The Chinese Gentry: Studies on Their Role in Nineteenth Century* (Seattle: University of Washington Press,1967), pp.3-6, 11-21, 29-32.；張仲禮，《中國紳士研究》（上海：上海人民出版社，2008），頁 5～10。

〔註6〕 Philip A Kuhn 著、謝亮生、楊品泉、謝思煒譯，《中華帝國晚期的叛亂及其敵人》（北京：中國社會科學出版社，1990），頁 4。

三十年的日記以農曆來紀年，總計出版為十冊的書目；黃旺成的《黃旺成先生日記》在時間則是於大正元年（1912）始，終於民國 62 年（1973），總計 49 年份，這之中缺少 1918、1920、1932、1938、1940、1944、1947、1948、1952、1954、1965、1967 和 1969 共 13 年，目前已出版的自 1917 年至 1933 年共 19 冊，其餘仍在日記解讀班的努力下陸續解讀中。

　　本論文採用日記做為主要材料的原因，如同陳翠蓮在《臺灣人的抵抗與認同》一書中所描述的，如要探悉臺灣人內心的想法，日記是最適切的素材。〔註 7〕其中原因有三，第一，日記之書寫是私密且非公開的，在記主獨自書寫時，較不會因為自身所受到之時局壓力或其他因素，做出言不由衷或是過度修飾的陳述，能充分反映出作者真實的內心；第二，日記的內容絕大多數是記主事發時的心情，比起一段時間之後回憶過去以追溯事實的回憶錄或自傳，其擁有「立即現在性」的特質，不僅較不會因事過境遷而導致記憶的零落，也不容易產生因時空變化而導致扭曲的情況，可以保留最多事情的原貌；第三，日記書寫主要目的為紀錄，並非詮釋，如實的記下作者於各個時間點之感想，對於同一件事情在不同時刻的感受，雖然有可能會存在著矛盾，卻也正巧可以呈現記主的心理轉折，甚至人性上的掙扎。而且日記是個人逐日將行事、感知寫成文字，運用長時間的日記更可看出事件的連貫性，在這樣的資訊中找到事件的脈絡，使一些小事都能呈現其特出之處。因為上述種種的優點，日記一直以來都是研究人物史的頂級資料。〔註 8〕因此欲探討日治時期社會上的知識分子在生活中的種種行為，以致了解整個社會，日記會是極其重要的素材。

　　日記做為主要材料有其優點，亦有其缺點，其缺點便是在於每天記事的寥寥數句不一定能完整建構出記主的生活樣貌，甚至是每個記主對於生活中事件的記事也有所差距，有些記主對於自己有興趣的現象或事件可能多花許多筆墨記載之，並不會去提一些對其而言較為無趣之事物。另外，在本研究中很可惜的是《黃旺成先生日記》尚未出版完全，筆者會搭配口述歷史〈黃旺成先生訪問記錄〉〔註 9〕及〈父親黃旺成的追憶〉〔註 10〕，以及《臺灣日

〔註 7〕陳翠蓮，《臺灣人的抵抗與認同 1920～1950》（臺北：遠流，2008），頁 227。
〔註 8〕李毓嵐，〈陳懷澄的街長公務職責與文人生活：以〈陳懷澄日記〉為論述中心（1920～1932）〉，《臺灣史研究》23：1（2016 年 3 月），頁 77。
〔註 9〕王世慶，〈黃旺成先生訪問紀錄〉，收錄於黃富三、陳俐甫編，《近代臺灣口述歷史》（臺北：林本源基金會，1991），頁 71～144。

日新報》、《民報》等報刊來添補日記所未盡之處。因此寫作本文所參照使用的資料除卻主要研究對象之日記外，亦有口訪資料、詩文作品以及當時的報刊等史料。

（二）文獻回顧

　　承前所述，筆者在本文中主要是藉由《水竹居主人日記》以及《黃旺成先生日記》兩部日記來探討張麗俊與黃旺成二人，分別做為舊知識分子與新知識分子，在日治時期的生活中有何異同，故所採用之文獻回顧主要分為四類，先從日記及生活史的研究開始，了解日記研究的趨勢，並知悉對於人物生命歷程的研究方式；再者各分一部份做張麗俊與黃旺成的相關研究回顧，先明白過去前人的成果，再力求在其之上的加深與加廣；最後，對於過往的知識傳播進行回顧，了解此領域的研究成果。以下便分日記及生活史研究、張麗俊研究、黃旺成研究、知識傳播研究四個項目來進行文獻回顧。

1. 日記及生活史研究

　　日記對於現今的臺灣史研究有著極為重要的價值，近十餘年來，各種日記的史料陸續面世，藉由這些資料所進行的研究也如雨後春筍一般冒出。這樣的日記解讀工作必須經過長時間的努力，才有辦法完善內容，庇蔭後是研究者。是故自 1999 年「林獻堂日記解讀班」由中研院臺史所成立，亦經歷了整整 14 年才得以將 27 冊的《灌園先生日記》出版完畢。〔註11〕隨著林獻堂日記的解讀完成，臺史所加緊腳步解讀其餘的日記，相關成果也在其後陸陸續續產出，例如《簡吉獄中日記》、《楊水心女士日記》、《陳岑女士日記》、《田健治郎日記》等等，目前繼續在進行的日記解讀有二，分別為 2009 年開始解讀的《黃旺成先生日記》，以及 2014 年所進行的《吉岡喜三郎日記》，臺灣歷史博物館則在另一頭致力於《陸紀盈日記》的解讀工作。〔註12〕從此處可以知曉，目前有關日記這項資料的發現、整理、出版與研究可說是相當的盛行，

〔註10〕黃繼文口述、張炎憲、許明薰、張啟明、陳鳳華訪問，〈父親黃旺成的追憶〉，《竹塹文獻》10（1999 年 1 月），頁 41～55。

〔註11〕許雪姬，〈《灌園先生日記》全套廿七冊出版完成記〉，收於林獻堂著、許雪姬等編，《灌園先生日記（廿七）》（臺北：中研院近史所、臺史所，2013），頁 493～504。

〔註12〕許雪姬，〈臺灣日記研究的回顧與展望〉，《臺灣史研究》22：1（2015 年 3 月），頁 163。

伴隨著這些種類如繁星閃爍的日記資料逐一浮上檯面，更促使我們能在臺灣史方面研究更加多元的內容，像是在社會、政治、音樂、精神、生活、文化、性別等範疇，研究的廣度能夠大幅度的增加。〔註13〕

　　臺灣史學界對於日記這樣的資源相當重視，時至今日，日記研討會已有八次的舉辦紀錄，前面三次依次以臺灣總督田健治郎的《田健治郎日記》（2000）、豐原當地傳統文人張麗俊的《水竹居主人日記》（2004）、臺中霧峰林家大家長林獻堂的《灌園先生日記》（2006）這三套已經出版完成的日記為研究主題。且後兩次的研討會皆有輯成論文集出版，分別為《水竹居主人日記學術研討會論文集》〔註14〕和《日記與臺灣史研究：林獻堂先生逝世 50周年紀念論文集》〔註15〕，這兩本論文集皆對記主的生活有著極其細膩的論述，涵蓋面向也可說是相當廣博。二者之別主要在涵蓋的廣度上，前者僅單純以《水竹居主人日記》做為主要素材來延伸討論；而後者除了《灌園先生日記》之外，還有探討其他人的日記，如賴和、簡吉、蔣渭水三人各自的《獄中日記》、《呂赫若日記》、《楊基振日記》、《林紀堂日記》、《林癡仙日記》、《王叔銘日記》與韓國的《求禮柳氏家日記》等等，除此之外，其中更是包含了學者對相關日記的價值解析，〔註16〕相比前面一次可說有很大的進展，對於日記的研究進程也可說是一大進步。

　　後五次則分別於 2010 年在中興大學、2012 年在臺灣歷史博物館、2014年在高雄歷史博物館、2016 年在暨南大學，以及 2018 年在宜蘭縣史館所舉辦。〔註17〕後五次的討論主題建築在前面的基礎上開枝散葉，內容涵蓋更廣、更多元，從各式各樣的日記中探討臺灣人的在社會中以及家族中的角色與舉措，另外也有諸如飲食、醫療、理財經驗與宗教等等不同的面相，展現出日記研究的廣度，其絕非只能像過往那般侷限在單一記主上去加以研究，亦可

〔註13〕許雪姬，〈臺灣日記研究的回顧與展望〉，頁 167～169。

〔註14〕臺中縣文化局編，《水竹居主人日記學術研討會論文集》（臺中：臺中縣文化局，2005）。

〔註15〕許雪姬編，《日記與臺灣史研究：林獻堂先生逝世 50 周年紀念論文集（上）、（下）》（臺北：中研院臺史所，2008）。

〔註16〕李毓嵐，〈〈林紀堂日記〉與〈林癡仙日記〉的史料價值〉、黃英哲，〈楊基振日記的史料價值〉，二者收於許雪姬編，《日記與臺灣史研究：林獻堂先生逝世 50 周年紀念論文集（上）、》（臺北：中研院臺史所，2008），頁 37～88；89～122。

〔註17〕許雪姬，〈臺灣日記研究的回顧與展望〉，頁 164。

與臺灣史、生活史、社會史等各個面向相互結合。〔註18〕

　　生活史研究亦是在近年開始蓬勃發展，並非指陳過去完全沒有相關研究，但將生活史特別顯明，成為研究中心確實是近代的事，過去曾有三篇文章對於這方面進行回顧，分別為陳文松〈一套日記庫、一本「趣味帳」領風騷：日治時期日常生活史研究回顧與展望〉〔註19〕、蒲慕州〈西方近年來的生活史研究〉〔註20〕、常建華〈他山之石：國外和臺灣地區日常生活史研究的啟示〉〔註21〕，三篇文章分別由不同的範圍進行歸納、分析及整理，有助於理解過往此一領域的研究成果。陳文松的〈一套日記庫、一本「趣味帳」領風騷：日治時期日常生活史研究回顧與展望〉中不只對生活史研究做了明確的論述和定義，且其關注的焦點擺在臺灣的日治時期，並著重於日記這樣一個珍貴的史料，和筆者研究重心相符，對於筆者理解這時期的生活史研究有極大幫助。蒲慕州的〈西方近年來的生活史研究〉則先揭示出生活史與過去主要被研究的政治史、制度史、經濟史等方向之同與不同，再從西方的生活史研究脈絡著手，探究西方對於此種研究的兩種面向，其一為一個地區在一段時間內的生活百態，其二則是以生活中特定問題為中心，探究文化性格上的變與不變，使筆者對於生活史的認識不會侷限於臺灣這個研究場域。常建華的〈他山之石：國外和臺灣地區日常生活史研究的啟示〉將東西方作品並呈進行討論，並且列進了臺灣的作品，使整個生活史放在全球的角度下被認識，跟上述兩篇正好相輔相成，使整個生活史的脈絡清晰可見。

　　另外，連玲玲〈典範抑或危機？「日常生活」在中國近代史研究的應用及其問題〉〔註22〕也是一篇以此為中心的文章，其中提到許多相關研究的核

〔註18〕2010 年 8 月 19 日，臺史所與中興大學合辦「日記與臺灣史研究學術研討會」；2012 年 11 月 16 日，臺史所與臺灣歷史博物館及成功大學合辦「日記與社會生活史學術研討會」；2014 年 11 月 20 日，臺史所與高雄歷史博物館與高雄醫學大學合辦「日記與臺灣史研究學術研討會」。許雪姬，〈《灌園先生日記》全套廿七冊出版完成記〉，頁 493～504；許雪姬，〈臺灣日記研究的回顧與展望〉，頁 164。

〔註19〕陳文松，〈一套日記庫、一本「趣味帳」領風騷：日治時期日常生活史研究回顧與展望〉，《漢學研究通訊》36：3（2017 年 8 月），頁 1～10。

〔註20〕蒲慕州，〈西方近年來的生活史研究〉，《新史學》3：4（1992 年 12 月），頁 139～153。

〔註21〕常建華，〈他山之石：國外和臺灣地區日常生活史研究的啟示〉，《安徽大學學報（哲學社會科學版）》第 1 期（2015 年），頁 15～25。

〔註22〕連玲玲，〈典範抑或危機？「日常生活」在中國近代史研究的應用及其問題〉，

心問題，像是將邊緣人物放置到中心來討論之的概念，或是以此探討認同的傾向，甚至從根本討論這樣從西方而來的研究觀念是否能直接套用在文化背景不同的中國研究上，可以說從各方面拓展了筆者在此領域的視野，對這樣的研究主題有更深的理解與認識。

在生活史的研究上，雖然西方相對我們而言，較早對這一塊進行研究，然最近幾年東方的研究亦急起直追，成果亦頗豐。對於筆者以及相關領域的研究者，了解全球史學在此部分的趨勢與沿革變化是相當重要的，以上四篇著作不僅介紹了這兩個部分，也提供了許多可以做為參考的研究方向。

從上述談及臺灣日記研究及生活史研究的歷史脈絡中，可以看出日記材料的使用層面越來越廣，尤其在對於生活史的研究上，如同陳文松提到「日常生活史」的研究已變成可能，並不僅為過去所認知的「社會文化史」以及「生活史」憑藉日記這樣貼身記載記主生活點滴的材料，我們除了可以更加全面了解記主，更可以透過記主的生活經歷，去了解整個時代的人民。

以下列出幾篇使用日記進行研究，並與本文探討範圍多所相關之著作，此處會除卻本文核心探討人物張麗俊以及黃旺成為主的研究，避免與後面的張麗俊研究與黃旺成研究有所重疊，藉此來做相關的文獻回顧。先是談及從日記來探討記主之家庭情況，然後是關於使用日記來了解當時人們的生活情形以及休閒娛樂，再者對於使用日記資料去知悉記主心理，以及使用日記資料進行比較研究的相關著作也是回顧的重點內容。

（1）家庭生活相關之研究

廖振富、張明權二人之〈《傅錫祺日記》所反映的親人互動及其家庭觀〉〔註23〕利用《傅錫祺日記》中記主對身邊親人之記載，先進行整理的工作，再從其中取出與記主關係密切者進行分析研究，透過其中的稱呼、互動等資訊，有助於了解記主與身邊親屬的關係，並且從記載上知悉記主在意的生活事務為何，最後與其他的櫟社人物進行比較，得知記主在當時的普遍性與獨特性，進而能掌握記主的心態。此篇藉由日記內容整理來分析記主與他人互動關係的作法是筆者可以學習的，許多互動若單一看之並不能進行深度的解釋，但若是將範圍加廣，無論是與單一人士的長年互動，或是與身邊所有人

《新史學》14：4（2006 年 12 月），頁 255～282。

〔註23〕廖振富、張明權，〈《傅錫祺日記》所反映的親人互動及其家庭觀〉，《臺灣史研究》20：3（2013 年 9 月），頁 125～175。

士之互動比較，以整體的宏觀視野見之，便能有截然不同的體悟。

　　李毓嵐的〈日治時期臺灣傳統文人的女性觀〉〔註24〕、〈林獻堂生活中的女性〉〔註25〕、〈1920 年代臺中士紳蔡蓮舫的家庭生活〉〔註26〕三篇均為使用日記材料描寫記主身邊人士的研究，前兩篇分別把研究重心擺在較大範圍的傳統文人與林獻堂個人上，二者皆為探討女性這個重要的研究方向，對於傳統文人、林獻堂對於女性的想法與態度有所解析與描述，且得以了解他們的內心世界，在近年婦女史蓬勃發展之下，是符合時代脈動且優異的作品；第三篇探討的則是蔡蓮舫的家庭互動，不過是以《黃旺成先生日記》中記主於蔡蓮舫家中任職家庭教師時，用其角度所見之情形來作書寫，從他者所見之景況做研究，除了可以看到許多自身不一定會寫出的互動關係外，還可以從中了解記主黃旺成的個人觀點與看法。這三篇作品不只有研究對象之區別，在資料方面也有自身描述與他者描述的區別，於研究內容上更有家庭生活以及對於女性之聚焦的不同，可以說涵蓋了各種不同層面，對於筆者研究記主之家庭、觀念、態度上有極大之助益。

　　游鑑明〈從《豐年》的家政圖像看戰後臺灣家庭生活的建構〉〔註27〕也是相當好的作品，作者採用當代雜誌的研究去理解家庭生活的內容，究竟何為家庭，裡面有哪些成分，作者都有分析及研究，此篇是相當好的參考用文章，使筆者對於家庭生活的範圍有更深入的了解，也避免落入個人生活經驗的窠臼，得以站在巨人的肩膀上，更宏觀的知曉家庭生活的議題該如何切入及探究。

（2）休閒生活之相關研究

　　吳奇浩所著〈喜新戀舊：從日記材料看日治前期臺灣仕紳之服裝文化〉〔註28〕中以衣著為出發點的研究是相當特別的，其藉由《灌園先生日記》、《水

〔註24〕李毓嵐，〈日治時期臺灣傳統文人的女性觀〉，《臺灣史研究》16：1（2009 年 3 月），頁 87～129。

〔註25〕李毓嵐，〈林獻堂生活中的女性〉，《興大歷史學報》24 期（2012 年 6 月），頁 59～98。

〔註26〕李毓嵐，〈1920 年代臺中士紳蔡蓮舫的家庭生活〉，《臺灣史研究》20：4（2013 年 12 月），頁 51～98。

〔註27〕游鑑明，〈從《豐年》的家政圖像看戰後台灣家庭生活的建構〉，《近代史釋論：多元思考與探索》（臺北市：東華出版社，2017），頁 473～524。

〔註28〕吳奇浩，〈喜新戀舊：從日記材料看日治前期臺灣仕紳之服裝文化〉，《臺灣史研究》19：3（2012 年 9 月），頁 201～236。

竹居主人日記》及《黃旺成先生日記》中的記載剖析當時仕紳穿的服裝款式，除此之外，並探究當時服裝所代表的文化意涵，其中涉及張麗俊與黃旺成之處對於筆者了解兩位記主的處世態度，以及他們的內心世界都有很大幫助。

邱坤良之〈林獻堂看戲——《灌園先生日記》的劇場史觀察〉〔註29〕，運用《灌園先生日記》中記主對自己看戲的詳細描寫，得以了解林獻堂筆下的戲劇演出，與前篇張麗俊主要都是平民的地方演出不同，其看戲的種類可說相當廣泛，不只是傳統的劇目，國外的演出以及新式的文化劇也都是其所記錄下的內容，可惜其很少在日記中書寫自己的看戲心得，所以研究也受到限縮，只能做為認識上層階級的輔助工具。

鄭政誠〈從《灌園先生日記》看林獻堂的讀書生活〉〔註30〕自《灌園先生日記》中記主對於閱讀書目的記載與心得書寫來進行研究，因為記主本身有加入詩社，加上家學淵源，有一定程度的文學涵養，又其並不拒斥新事物，故閱讀的內容廣泛，不會侷限於傳統的詩詞作品，對於當代的新議題與思想、佛學等書籍也多有涉獵，這樣的研究不只能認識記主之閱讀傾向，亦能了解他處在變動時代下的努力，除此之外，文中對於記主閱讀的時間也有整理與研究，藉此了解林獻堂的生活，以及閱讀在其中所佔有的位置，如此細膩的聚焦研究帶給筆者一個新的方向，得以更仔細地閱讀日記材料，不至於忽視重要的細節。

林丁國的〈從《灌園先生日記》看林獻堂的體育活動〉〔註31〕和《從日記資料析論日治時期臺日人士的體育活動》〔註32〕兩篇文章均使用日記資料探討日治時期的體育活動，不同的是前者聚焦在記主——林獻堂，就他的日記內容來探討林獻堂對於體育活動的參與，從其對於健康的觀念、體育活動的觀賞，以致其自身對於體育的實踐，無一不詳細的呈現；後者則是廣泛參考田健治郎、內海忠司、林獻堂、張麗俊、黃旺成等人的日記，討論在當時不同國籍、不同身分下的五人各自不同的體育活動，並透過這樣的運動參與，

〔註29〕邱坤良，〈林獻堂看戲——《灌園先生日記》的劇場史觀察〉，《戲劇學刊》16 期（2012 年 7 月），頁 7〜35。

〔註30〕鄭政誠，〈從《灌園先生日記》看林獻堂的讀書生活〉，《兩岸發展史研究》7 期（2009 年 6 月），頁 45〜72。

〔註31〕林丁國，〈從《灌園先生日記》看林獻堂的體育活動〉，收於許雪姬編，《日記與臺灣史研究》（臺北：中央研究院臺灣史研究所，2008），頁 819〜822。

〔註32〕林丁國，〈從日記資料析論日治時期臺日人士的體育活動〉，《運動文化研究》第 22 期（2013 年 6 月），頁 73〜118。

了解當代體育推廣與發展情形。林丁國的另一篇文章〈林獻堂遊臺灣──從《灌園先生日記》看日治時期的島內旅遊〉〔註33〕亦使用日記為主要材料，配合報紙與檔案資料，自清領以降的旅遊狀況討論，另外就交通、住宿、景點等層面一一解構當時的旅遊情形，透過灌園先生日記的描寫，藉由林獻堂的足跡了解當時的島內旅遊。

李毓嵐〈日治時期臺灣傳統詩人的休閒娛樂──以櫟社詩人為例〉〔註34〕亦廣泛採用日記資料，運用文人較易留下文字書寫這點，以當時為數不少的櫟社詩人做為觀察對象，將娛樂分成傳統休閒、西式休閒、西式動態休閒三者分別進行研究與討論，涵蓋面向相當廣泛，從此篇不只可以了解當時傳統詩人的休閒傾向，且可以推測當時讀書人的普遍現象，更能認識日治時期的娛樂發展情形，對於理解日治時期的休閒生活很有幫助。

陳文松《來去府城透透氣：一九三○～一九六○年代文青醫生吳新榮的日常娛樂三部曲》〔註35〕是相當新的一本書，作者透過對臺南地方菁英吳新榮的研究，聚焦在看電影、打麻雀和下圍棋的娛樂上，以日記為主要參照，來還原日治時期的日常生活，不僅內容豐富，且是符合大眾史學範疇的著作，能讓更多人了解我們臺灣人過去的樣貌，無論是寫作手法或是寫作意識都是值得學習的。

林淑慧〈觀景察變：臺灣日治時期日記的旅行敘事〉〔註36〕則是以張麗俊、林獻堂、田健治郎的日記為底，探討時代之下的旅行敘事，從旅行過程的描寫、地景的轉移變化，再延伸當時日本政府所提倡的臺灣八景遊覽行程，可以說相當全面地探討了日治時期的旅行一事，對於筆者了解該時期旅遊相關的知識，以及當時的氛圍有許多的幫助。

（3）心態史相關研究

曾士榮「*From Honto Jin to Bensheng Ren - the Origin and Development of*

〔註33〕林丁國，〈林獻堂遊臺灣──從《灌園先生日記》看日治時期的島內旅遊〉，《運動文化研究》第 17 期（2011 年 6 月），頁 57～111。

〔註34〕李毓嵐，〈日治時期臺灣傳統詩人的休閒娛樂──以櫟社詩人為例〉，《臺灣學研究》7 期（2009 年 6 月），頁 51～76。

〔註35〕陳文松，《來去府城透透氣：一九三○～一九六○年代文青醫生吳新榮的日常娛樂三部曲》（臺北：蔚藍文化出版股份有限公司，2018）。

〔註36〕林淑慧，〈觀景察變：台灣日治時期日記的旅行敘事〉，《臺灣文學學報》32 期（2018 年 6 月），頁 23～52。

the Taiwanese National Consciousness」〔註37〕一書，同樣使用了日記為主要媒材，其主要藉由黃旺成以及吳新榮的日記為核心文本，觀察他們二人在政治環境之轉變下所呈現的內心矛盾與掙扎，此書主要研究政治認同上的問題。同一作者另有《近代心智與日常臺灣：法律人黃繼圖日記中的私與公（1912～1955）》〔註38〕一書，文中藉由黃繼圖的日記來探究記主的人生經歷，自他求學、出國深造、執業律師的經歷，兼及他所處的時代變動，以此了解記主在其中的心態變化，這本書採用了法國年鑑學派所談及的心態史、私領域以及日常性，可謂一個指標性的著作，彰顯日記研究的其他面向，以利筆者對於主題的呈現與聚焦。上述兩書著重於對記主的心態描寫，是過去較少被拿出來討論的研究方式，在筆者欲討論的主題中，心態研究是很重要的部分，可以藉此了解記主對於身旁人、事、物的態度，以發揮日記史料的最大功用。

2. 張麗俊研究

　　誠如前述所言，研究張麗俊最主要的資料——《水竹居主人日記》早已出版完畢，並且有相關的日記研討會，對於張麗俊的相關研究一時半刻之間可說蔚為風尚，所以關於張麗俊的研究多如天上繁星遍布，並且涵蓋許多的面向，筆者整理後發覺前人的研究主要著重在其當時所擁有的不同身分下，所必須從事的事務，包含其做為地方有力人士以及保正職位所需要參與的地方建設，還有他身為文人與文學有關聯之著作或記載，除此之外，在這樣身分下得以從事的休閒娛樂和他特出的生活也是過往學者有所涉略的部分。

　　首先，談及地方上的建設以及舉措有三，陳鴻圖〈日治時期八堡圳的水利運作——以《水竹居主人日記》為中心的探討〉〔註39〕、范燕秋〈從「水竹居主人日記」看殖民地公共衛生的運作〉〔註40〕以及陳世榮〈近代豐原地

〔註37〕Tzeng, Shih-jung. *From Honto Jin to Bensheng Ren- the Origin and Development of the Taiwanese National Consciousness*(Lanham, Maryland: University Press of America, 2009).

〔註38〕曾士榮，《近代心智與日常臺灣：法律人黃繼圖日記中的私與公（1912～1955）》（新北：稻鄉出版社，2013）。

〔註39〕陳鴻圖，〈日治時期八堡圳的水利運作——以《水竹居主人日記》為中心的探討〉，臺中縣文化局編，《水竹居主人日記學術研討會論文集》（臺中：臺中縣文化局，2005 年），頁 191～217。

〔註40〕范燕秋，〈從「水竹居主人日記」看殖民地公共衛生的運作〉，臺中縣文化局編，《水竹居主人日記學術研討會論文集》（臺中：臺中縣文化局，2005 年），頁 401～420。

區地方菁英影響力的形成與發揮〉〔註41〕。第一篇是藉由記主做為保正身分
所必須協助之地方事務為中心,利用記主的記載了解八堡圳的水利運作情
形,過往只能藉由政府檔案或耆老的口述訪談來對此進行研究,此篇使用一
個地方有力人士的日記記載,從早期豐原的水利開發一路談到水利組合的舉
措,自真正經手地方事務之人便能更加了解這些事情的全貌;第二篇的作者
范燕秋長期關注日治時期的衛生及醫療,因為同樣的原因,其也使用了張麗
俊的日記來進行研究,因為保正所參與的地方事務眾多,也包含當時政府最
在意的公共衛生,在張氏的筆下便能知悉當時政府所做的一些衛生政策在地
方的實際施行情況,且能在記載中了解地方上對於衛生政策的接受度以及反
應;第三篇作者則是做一個更全面性的整理和研究,焦點並不僅只擺在張麗
俊其人,還有其他豐原地區的地方菁英,利用時代斷限以及當地菁英所從事
的種種活動,建構出豐原地區在日治時期的重要勢力,以及他們的生活圖像,
作者大量使用日記的材料,對於筆者認識記主及其身邊人士有相當的幫助。
前兩篇雖與筆者要探究的內容較無關聯,不過因為記主的生活、休閒有很大
部分便是建立在其做為保正、地方有力人士這樣的身分上,所以在其中也能
從旁了解他的心態。

　　再者,談及其文學活動的則有廖振富〈日治時期臺灣傳統文人日常生活
中的漢文書寫──以張麗俊《水竹居主人日記》為考察對象〉〔註42〕、施懿
琳〈從張麗俊日記看日治時期中部傳統文人的文學活動與角色扮演〉〔註43〕
以及李毓嵐〈從《水竹居日記》看張麗俊的詩社活動〉〔註44〕。第一篇是透
過日記以及記主的其他文學作品為本,來研究當時的漢文書寫情形,因為記
主不只是當地的有力人士,其另一個身分便是傳統的知識分子,所以從他的
生活中可以找到很多文學活動的痕跡,作者便利用這點從其漢學的學習背景

〔註41〕陳世榮,〈近代豐原地區地方菁英影響力的形成與發揮〉(臺北:國立政治大
　　　　學歷史研究所博士論文,2010)。
〔註42〕廖振富,〈日治時期台灣傳統文人日常生活中的漢文書寫──以張麗俊《水
　　　　竹居主人日記》為考察對象〉,臺中縣文化局編,《水竹居主人日記學術研討
　　　　會論文集》(臺中:臺中縣文化局,2005年),頁249～291。
〔註43〕施懿琳,〈從張麗俊日記看日治時期中部傳統文人的文學活動與角色扮演〉,
　　　　臺北縣立文化中心編,《中臺灣鄉土文化學術研討會論文集》(臺北:臺北縣
　　　　立文化中心,2000)。
〔註44〕李毓嵐,〈從《水竹居日記》看張麗俊的詩社活動〉,臺中縣文化局編,《水竹
　　　　居主人日記學術研討會論文集》(臺中:臺中縣文化局,2005年),頁293～334。

開始研究，以至其寫作的動機、書寫的內容等無一不包，可以說藉此解構了
當時的漢文發展；第二篇作者是採用中部做為中心，以地區性來呈現該研究
的特色，主要研究記主的文學作品以及櫟社做為中部最大詩社，其中部地區
成員的相關舉措，解讀文學作品為作者的專長，在其中有精彩的研究成果，
另外，關於櫟社的相關活動也有一定的記載，雖部分內容未提及，但仍能大
致了解當時中部地區的文學活動；第三篇和前篇關注的重點相彷，透過記主
身為櫟社詩人的身分，以櫟社這個日治時期最大且最知名的文人社群做為研
究中心，並且對於記主的詩社活動及詩作皆有詳細的記載，不管是在詩會中
討論了哪些詩作，或是參與的有哪些人都有記載，對於認識當時的詩會運作
和參與者都有極大助益，畢竟過往透過詩社紀錄的研究總會有其不足，有了
這樣參與者自身的書寫，便能知道這些文學社團下的成員對於詩社活動的看
法以及每個人在其中不同的角色。二、三篇不同之處便是研究者關注重點的
不同，第二篇做為中文專業的研究者，較關注文學作品的解讀，第三篇為歷
史專業的研究者，主要了解的是詩社的活動情形、成員對於詩社活動之參與、
詩社除了文學外的休閒活動等層面。以上三篇均對於理解記主的文學生活有
幫助，並與筆者欲探討記主之休閒和文學傳播有相當大的關係。

　　最後，與其生活相關的研究，分別是呂紹理〈老眼驚看新世界：從《水
竹居主人日記》看張麗俊的生活節奏與休閒娛樂〉〔註45〕、林蘭芳〈傳統士
紳與新科技的對話——豐原張麗俊的近代化體驗（1906～1936）〉〔註46〕、許
雪姬〈張麗俊生活中的女性〉〔註47〕以及許書惠《從《水竹居主人日記》看
日治時期常民生活中的演藝活動》〔註48〕。第一篇所研究的是過往少見的時
間觀念和生活作息，透過張麗俊在日記中鉅細靡遺的記載以小見大，試圖建
構出日治時期臺灣人，在受到日本人影響而有了現代時間觀念後的轉變，以

〔註45〕呂紹理，〈老眼驚看新世界：從《水竹居主人日記》看張麗俊的生活節奏與
　　　　休閒娛樂〉，臺中縣文化局編，《水竹居主人日記學術研討會論文集》（臺中：
　　　　臺中縣文化局，2005年），頁369～400。
〔註46〕林蘭芳，〈傳統士紳與新科技的對話——豐原張麗俊的近代化體驗（1906～
　　　　1936）〉，臺中縣文化局編，《水竹居主人日記學術研討會論文集》（臺中：臺
　　　　中縣文化局，2005年），頁335～368。
〔註47〕許雪姬，〈張麗俊生活中的女性〉，臺中縣文化局編，《水竹居主人日記學術
　　　　研討會論文集》（臺中：臺中縣文化局，2005年），頁69～121。
〔註48〕許書惠，〈從《水竹居主人日記》看日治時期常民生活中的演藝活動〉（臺北：
　　　　國立臺北藝術大學傳統藝術研究所碩士論文，2008）。

及從記載中了解記主生活中的休閒娛樂,即便最後的成果顯示出許多臺灣人依舊是照著過往的傳統風俗習慣在過日子,或是選擇過兩個年的方式以配合政府,不過新興的時間觀念傳入仍是帶來了影響,另外,對於記主休閒娛樂之研究,可以由小見大,了解到當時的知識分子階級主要的休閒娛樂,不過其為研討會論文,有些層面受限於篇幅,僅能點出而未能深入,期許本篇能補足其休閒娛樂部分不足之處;第二篇則是談到張麗俊的現代化體驗,張氏在當時傳統文人中可說是相對新潮的,他熱愛體驗新事物的性格,使得他會運用時間參與許多在當時較新穎、較現代的事物,無論是當時的博覽會或是一些新科技的使用,都是記主所好奇的,所以藉由他的描寫內容可以研究當時的臺灣人對於這些新事物的看法,並且因為他的身分也讓他有更多的時間、金錢、機緣等去協助他進行新奇的體驗,其日記便是我們認識當時新玩意的寶庫,本篇無論是地方上的新事物或是因為保正身分接觸的新科技皆有探究,可以透過此篇了解當時的各種新事物;第三篇的重心擺在張氏對於生活中女性的看法,以及其與身邊女性之互動情形,主要分為幾個部分做研究,含括了其親朋好友等將近十人,作者透過關係網絡的概念,文章脈絡先從作者身邊的親戚開始,擴散到他生活中會接觸到的女性們,由於張氏在當時與不少女性過從甚密,且對於一些與其關係密切人物的敘寫詳細,故可以從此處著手,除了對於個人進行研究,亦能擴及整個時代氛圍;第四篇注重「常民」這樣的階層角色,透過《水竹居主人日記》做為材料進行解析,藉由張麗俊的演藝活動參與,整理出當代的戲劇、戲曲、迎神賽會相關表演,甚至是更為新穎的電影。雖然張麗俊在當時絕對是生活較為優渥的人物,但由於張麗俊所參與的多半為民間的演藝活動,所以可以將這些記載用以認識當時的庶民娛樂,也能藉此了解張麗俊平時對於休閒娛樂的傾向,如此在休閒參與上整理、分析及書寫的作法,對筆者的研究亦有啟發之效。生活方面的研究與筆者研究方向有一定程度關聯,除了使筆者可以對於這方面研究有初步的了解,對於筆者尋找研究可以著手的方向與需要注意的細節也有幫助。

3. 黃旺成研究

黃旺成的部分雖然有日記的出版,但相較於筆者要探討的另一位對象——張麗俊來說,因為其日記不似《水竹居主人日記》已出版完畢,尚在日記解讀班的努力之下陸續解讀、出版中,在仍有部分日記尚未出版的情況下,

只能就已經出版的內容作分析與研究是較為可惜之處。當然，在這樣的限制下，依然有不少研究產生，這些研究主要方向有三，其一是聚焦在他 1920 年代以後從事的政治相關事務；其二為研究他在當時職業選擇上的轉換，了解他日記所載的不同從業情形；其三則是主題式的探究黃旺成的生活百態，尤其以了解其休閒生活的占最大宗。

政治相關部分，在學位論文及期刊論文中各取兩篇進行回顧，雖與筆者欲研究的方向較無聯繫，不過仍希冀藉由這些文章，得以了解黃旺成在政治參與中所透露出的思想、性格與心態，並在此之上了解這些對於其生活上的影響。

在學位論文方面有黃美蓉的〈黃旺成及其政治參與〉[註49]，以及吳沁昱的〈新竹市自治選舉與議會運作──以黃旺成政治參與經驗為中心（1935～1951）〉[註50]，前者是對於黃旺成在政治方面的作為進行大範圍的探討，從其社會參與、任報社主筆所寫的社論到其實際參與政治之中，敘寫黃旺成做為當代知識分子對於社會、對於公領域的投入，對於了解黃旺成其人有很大的幫助；後者則是透過黃旺成的政治參與來了解日治後期到國民政府遷臺初期新竹的政治情形，從新竹市會、新竹市參議會到地方派系，其構築出清晰的脈絡，使得新竹的政治變遷得以簡單而明瞭的呈現。

期刊論文則有曾士榮的〈一九二〇年代臺灣國族意識的形成：以《陳旺成日記》為中心的討論（1912～1930）〉[註51]以及莊勝全的〈紅塵中有閒日月：1920 年代黃旺成的社會觀察、政治參與及思想資源〉[註52]，前者運用日記材料討論臺灣的國族意識，先定義出所謂的國族意識，接著整理黃旺成身邊的朋友圈，透過當時的社會情勢以及社會事件，分析黃旺成自身以及身邊人物的舉措，藉此了解 1920 年代的國族意識產生、建構與調整；後者與前者的時代斷限相似，不過所探討的主題有所不同，此篇主要也是使用日記資

[註49] 黃美蓉，〈黃旺成及其政治參與〉，（臺中：私立東海大學歷史研究所碩士論文，2008）。

[註50] 吳沁昱，〈新竹市自治選舉與議會運作──以黃旺成政治參與經驗為中心（1935～1951）〉，（臺北：國立臺北教育大學人文藝術學院臺灣文化研究所碩士論文，2012）。

[註51] 曾士榮，〈一九二〇年代臺灣國族意識的形成：以《陳旺成日記》為中心的討論（1912～1930）〉，《臺灣文學學報》第 13 期（2008 年 12 月），頁 1～64。

[註52] 莊勝全，〈紅塵中有閒日月：1920 年代黃旺成的社會觀察、政治參與及思想資源〉，《臺灣史研究》23：2（2016 年 6 月），頁 111～164。

料,不過聚焦在記主從公學校教師時期因受到不平待遇而在社會參與上種下種子,經過任職蔡蓮舫家庭教師結識許多議會設置請願運動的參與人士,使其有了管道接觸更多的社會事務,當時報業的興起,除了帶來許多新知,也使其在擔任主筆期間累積不少資本,黃旺成的人生境遇就是當時知識分子參與社會運動的縮影,以其為中心可以更了解當時的政治局勢與社會情景。

職業相關部分,過往研究者主要探究黃旺成的社會參與以及任職記者、公學校教師等行業的種種,並且就這樣大又特別的職涯轉變中試圖了解當時他的心態變化,以及對於時代變遷的舉措,對於筆者而言,這樣的社會經歷或多或少與其生活有相互影響,尤其是關於其在公學校任職的種種,對於筆者認識其人之生活以及知識傳播有直接的幫助,得以直接了解他在擔任教師的過程中有什麼樣的想法與做法。

陳萬益〈臺灣報業史上的一等評論——論黃旺成的「冷語」「熱言」〉〔註53〕、張炎憲〈黃旺成的轉折——從社會參與到纂寫歷史〉〔註54〕以及張德南〈黃旺成——從教師到記者的轉折〉〔註55〕三篇文章均出自《竹塹文獻》的第十期,顯見地方上對於黃旺成已有一定程度的關注,第一篇著重在其任職報社主編時使用兩種不同筆名所撰寫的文章,藉此談論其意識與觀點;第二篇及第三篇則都是研究其生涯的轉折,試圖解釋其在長久人生中幾次大轉變的源起以及產生的影響。

李昭容的〈1910年代公學校教師的時代相貌:以《黃旺成先生日記》(1912～1917)為中心〉〔註56〕則是發表在研討會中,文章使用日記資料對記主的生活進行整理,還原當時公學校教師的一舉一動,比起過往常常需要藉由各種法規、課表,或是學生的描述去認識日治時期的教師一職,藉由教師自身日記去研究可說是第一遭,可以在此篇中了解記主任職公學校教師的生活百態。

〔註53〕陳萬益,〈臺灣報業史上的一等評論——論黃旺成的「冷語」「熱言」〉,《竹塹文獻》10(1999年1月),頁29～40。

〔註54〕張炎憲,〈黃旺成的轉折——從社會參與到纂寫歷史〉,《竹塹文獻》10(1999年1月),頁6～28。

〔註55〕張德南,〈黃旺成——從教師到記者的轉折〉,《竹塹文獻》10(1999年1月),頁58～67。

〔註56〕李昭容,〈1910年代公學校教師的時代相貌:以《黃旺成先生日記》(1912～1917)為中心〉,「日記與臺灣史研究」學術研討會,2010年8月19日至20日,臺中:中興大學。

　　莊勝全〈《臺灣民報》的報導取材與新聞採訪：以黃旺成的記者生涯為例〉〔註57〕又是一篇與黃旺成記者生涯相關的研究，然而他探討的重心與前述較不相同，是以《臺灣民報》的報導為中心，兼及黃旺成在該報的任職，從該報的經營開始，講述了該報的興衰，以及在其中廣為人知的要角黃旺成，這樣的編排使該報的特色及重要性等價值呼之欲出。不僅讓筆者對於《臺灣民報》這樣對於臺灣人舉足輕重的報業先驅之一更加了解，且更加認識了本論文討論中心之一的黃旺成在其中的舉措。

　　研究黃旺成生活方面的文章部分，主要提及其閱讀生活、其他的休閒娛樂以及對孩童的照護，藉由黃旺成的日記書寫，從黃旺成的生活舉措來了解當時的社會生活。

　　莊勝全〈腹有詩書氣自華？黃旺成公學校教師時期的閱讀生活〉〔註58〕以及許俊雅的〈知識養成與文學傳播：《黃旺成先生日記》（1912～1924）呈現的閱讀經驗〉〔註59〕皆是從黃旺成日記中所載的閱讀狀況去了解記主的閱讀情形，再藉由不同的角度進行研究，前者的聚焦年代較短，以黃旺成任職公學校教師期間之閱讀出發，探討其「讀些什麼？」、「如何閱讀？」以及「如何看待一本書？」的三面向，在結語之處，亦有與同時期的知識分子張麗俊進行比較，其文中所提之「入戲」閱讀方式，以及兩人雖為知識分子但學習歷程有所不同而導致的二人差異，皆對筆者寫作此文有極大幫助；後者著重於以小見大，試圖在黃旺成的閱讀中找到當時知識分子閱讀的普遍狀況，與前者不同之處在於，其致力於考訂日記中註解之疏漏以及錯誤之處，並且將黃旺成的閱讀書目及時間製表，透過此篇，使筆者可以更容易了解當時黃旺成閱讀之書目，以及其與當代知識分子的異同。

　　傅鈺鈞的〈從《黃旺成先生日記》看黃旺成1912～1917年的生活休閒娛樂〉〔註60〕也是以日記的內容為主要材料，對於記主的休閒生活進行研究，在有限的資料中探討記主在那段時間內的休閒活動，可惜在資料不足的情況

〔註57〕莊勝全，〈《臺灣民報》的報導取材與新聞採訪：以黃旺成的記者生涯為例〉，《臺灣史研究》第26卷第1期（2019年3月），59～111。

〔註58〕莊勝全，〈腹有詩書氣自華？黃旺成公學校教師時期的閱讀生活〉，《跨域青年學者臺灣史研究》（臺北：稻鄉出版社，2011），頁269～302。

〔註59〕許俊雅，〈知識養成與文學傳播：《黃旺成先生日記》（1912～1924）呈現的閱讀經驗〉，《東吳中文學報》第27期（2014年5月），頁267～307。

〔註60〕傅鈺鈞，〈從《黃旺成先生日記》看黃旺成1912～1917年的生活休閒娛樂〉，《史苑》75（2015年7月），頁141～170。

下，難以完善記主在休閒層面的生活百態，於日記出版更多冊的現在，筆者可以藉由更加完整的資料，精進這部分的研究，加深加廣之際，再藉由比較方法，使整體脈絡更加顯明。

沈佳姍〈從《黃旺成先生日記》看臺灣民間的兒童疾病及照護（1912～1925）〉〔註61〕則是利用黃旺成先生日記中對於小孩疾病的相關記載，以小見大來理解當時的疾病照護，可以從中發覺日記史料的廣泛性與多面性，一件小事可以透過時間的累積成為重要的線索，一件事情更是可以從許多不同面向去探討，可以說是收穫良多。

4. 知識傳播相關研究

對於知識傳播，過往多半是採用傳播學的概念去解釋之，著重在傳遞的路徑上，現今知識傳播亦可以從文化、知識隨著不同的方式以及場域之呈現來做區分與分析，像是臺灣大學臺灣文學研究所主辦的兩場文化流動與知識傳播國際學術研討會，其中就有不少討論聚焦於此，可說是相當重要的一步。知識轉譯則是更強調轉換一事，在過往的知識傳播主要針對的傳播之外，加深對於傳播者轉換知識的概念。此篇論文所談及的知識傳播，主要聚焦在記主張麗俊及黃旺成二人日治時期的教學，加上後者參與演講和報紙撰文這樣主動且有意識的作為為主。無論是公學校教師、夜學教師、演講者、報紙編輯，其中所從事的知識轉譯都是探討要點，故在回顧上也會著重於日治時期以及知識轉譯兩部分。

首先是關於日治時期的知識傳播，蘇碩斌〈新文學的新時空：日治臺灣寫實小說的現代意義〉〔註62〕藉由對於日治時期文學評論的分析與解釋，了解當代在新文學論戰下的文學走向，以小說這樣的媒材了解文學本質的傳播情形；林巾力〈臺灣文化的「多元」與「特殊性」建構：以「愛書」為探討中心〉〔註63〕運用《愛書》此一在當時聚集眾多日本知識階級的雜誌做為觀

〔註61〕沈佳姍，〈從《黃旺成先生日記》看台灣民間的兒童疾病及照護（1912～1925）〉，《空大人文學報》27期（2018年12月），頁35～98。

〔註62〕蘇碩斌，〈新文學的新時空：日治臺灣寫實小說的現代意義〉，臺灣大學臺灣文學研究所編，《第二屆文化流動與知識傳播國際學術研討會論文集》，頁25～39。

〔註63〕林巾力，〈臺灣文化的「多元」與「特殊性」建構：以「愛書」為探討中心〉，臺灣大學臺灣文學研究所編，《第二屆文化流動與知識傳播國際學術研討會論文集》，頁41～55。

察中心，解析當時以臺灣為主體的文化和特殊性是如何在殖民統治之下去建構；大東和重〈書寫在遠離中央文壇的邊陲：殖民統治下臺南寫作者的處境〉〔註64〕則是透過日治時期臺南寫作者的特殊性進行研究，知曉在中北部核心以外的寫作狀況，這些臺南的寫作者，在被稱為「鹽分地帶」的地方，透過當地的文學團體以及一些留外歸國者傳進左翼思想，創造出不同於其他地區的地方性特色。以上三篇皆是探討日治時期，使筆者對於當時的文化、知識體系與知識傳播都有更深一層的認識與理解，如此一來亦有助於了解本文的兩位記主所處的時代背景。

知識轉譯的部分，廖冰凌〈馬來西亞臺灣中文書籍與臺灣文化知識的傳播——以大眾書局為研究個案〉〔註65〕以馬來西亞當地最大的書局做為研究中心，試圖看清那些中文的書籍是如何將臺灣的文化傳遞至馬來西亞，並且從銷售量中看出的書籍選擇，來反思馬來西亞當地的人民意識；蔡建鑫〈知識傳播與小說倫理：以《零地點》為發端的討論〉〔註66〕是以小說進行知識傳播的建構，過往較多是現實去影響小說的立場，而《零地點》這部小說則試圖以小說之姿來影響大家的觀念，將反核的概念深植人心，所以是種知識的反向傳遞，作者便探究這其中的特殊性。這兩篇知識轉譯相關著作提點了筆者知識傳遞的多種可能性，知識的傳播從來不是只有單一的形式，各種做法都有機會影響到人們的意識，使筆者在此處的研究能更廣泛，不至於有過度的侷限。

三、研究方法與章節安排

本文所使用之研究方法主要採用的是歷史學的歸納、比較、綜合、分析方法，再輔以心態史的分析方式，藉由日記做為主要媒材，將日記中的相關資料做鋪排整理，以釐清整體脈絡，雖然日記是很好的一手資料，但若未經過整理，僅是斷簡殘篇，無法從微觀轉為巨觀，去了解整體情形，故需要進

〔註64〕大東和重，〈書寫在遠離中央文壇的邊陲：殖民統治下台南寫作者的處境〉，臺灣大學臺灣文學研究所編，《第二屆文化流動與知識傳播國際學術研討會論文集》，頁179～193。

〔註65〕廖冰凌，〈馬來西亞臺灣中文書籍與臺灣文化知識的傳播—以大眾書局為研究個案（1984～2014）〉，《臺灣文學研究集刊》第18期（2015年8月），頁23～44。

〔註66〕蔡建鑫，〈知識傳播與小說倫理：以《零地點》為發端的討論〉，《臺灣文學研究集刊》第16期（2014年8月），頁61～82。

行歸納的手法，將日復一日的記載轉化為有意義的訊息；並且運用比較的方式，使研究主題更加顯明；綜合以及分析的做法可以將整理、比較完畢的內容昇華成脈絡下的理解；最後，借助心態史的角度，不只是表述記主行為，更能了解他們在各種作為背後的心理因素，透過兩位記主在生活上各種舉措的心理變化，更能體會當時的知識分子的一舉一動，希冀在這樣的方法下，能更加了解當時知識分子的普遍生活景況。

　　為了對日治時期臺灣的知識分子的生活做一個完整的介紹，本文的章節安排如下：第一章為緒論，分為研究動機與目的、資料運用與文獻回顧、研究方法與章節安排共三節，以呈現整個文章的章法與脈絡；第二章為日治時期臺灣知識分子的家庭生活，分為源自父母的人格啟發與塑造、從夫妻生活看性格與價值觀的體現、子女教養中的傳承與寄託共三節，透過兩位記主在日常生活中與父母、妻子、子女三方的互動來剖析記主其人，並從中更加認識知識分子角色所造就的差異：第三章為日治時期臺灣知識分子的休閒娛樂，分為傳統娛樂從事舉隅、新式休閒的參與、知識分子的行腳生活共三節，從傳統和現代的休閒娛樂參與去了解知識分子在當時如何受到時代浪潮影響，並從中了解新事物是如何被他們所接受；第四章為日治時期臺灣知識分子的教育及知識傳播，分為當代及各自教育背景探悉、張麗俊的知識傳播以及黃旺成的知識傳播三節，從當時知識分子的受教背景開始討論，兼及當時的時代氛圍，而後討論兩位知識分子在知識傳播上的選擇；最後的第五章則是結論，綜合上述所有資訊，以完整本文的中心議題。

第二章　日治時期臺灣知識分子的家庭生活

第一節　源自父母的人格啟發與塑造

　　若沒有意外，所有人生命中的最初皆是從家庭出發，對於人格的養成，無論是身教或言教，受父母的影響都是極大的，所以為了認識知識分子的生活，從父母的影響開始研究是再好也不過的。

　　由於在資料的使用上，主要以兩位記主的日記為主，在他們寫作日記時皆已成年，有許多他們的過往因為資料不足的緣故而無法深究是可惜的部分，不過父母對子女的影響本就不局限於某個年紀，藉由日記裡面記主與父母互動的狀況，仍是可以見微知著地了解知識分子是如何受到父母的陶鑄，成就未來我們印象中的樣貌，所以資料上會以日記中的記載為主。張、黃二人的三代世系表則錄於此章最末，可供參照人物之間的關聯。

　　雖然張麗俊與黃旺成分別出生自不同的家庭中，然而卻能在其中找到一些共通的特性，得以解析當時的知識分子，本節所討論的便是兩位記主的父母帶給他們的影響，從父母的背景出發，探討兩個家庭不同的互動與結果，試圖在其中找到能反映當時時代樣貌的重要資訊。

（一）父母的背景介紹

　　教養孩子可以理解為文化再製、階級再製的過程，便是我們常說的「龍生龍，鳳生鳳，老鼠生的孩子會打洞」所以要探究父母的影響可以追溯他們

各自的背景，更能了解何以有如此結果。

　　張麗俊出生自豐原的大家族，其父為十五世祖張名色。生於道光七年（1827），卒於光緒十六年（1890），享年六十四歲。〔註1〕開臺祖為張達朝，家族於雍正年間開墾揀東上下堡，使葫蘆墩的上、下埤圳灌溉成功，於該地成為頗負盛名的業戶，並聚居於頭家厝。雖然以水竹居主人日記的記載時間，其父早已仙逝，我們仍能就大家族之後的身分來解釋之，做為一個大家族的接班人，張麗俊不僅文學涵養豐富，與鄉里人士之間的關係亦保持良好，即便來了新的統治者，張麗俊亦可維持豐原該地的平和，想必與其父對其的影響、灌輸有關。其母則姓林名盡，生於道光十五年（1835）元月十日，卒於大正七年（1918）八月六日，享壽八十四歲。生二子，長金池，次麗俊。〔註2〕於日記的敘述中主要都是傳統家庭主婦的角色，不會有過多的意見，若遇到需要決斷的事情，多半以張麗俊的意見為主，空閒時間也常會跟親朋好友串門子、看戲，〔註3〕生活上亦不無趣，唯晚年疾病纏身，張麗俊遍尋方法仍藥石罔效，從她和張麗俊的交流可以看出他們在家族中的角色，並更認識張麗俊其人。

　　黃旺成和張麗俊不同，並非出生自大家族，甚至其父還是入贅進黃家當女婿的，這造成黃旺成在稱呼上有陳旺成與黃旺成之別，便是根據從父姓及從母姓之不同而來，也因為這層關係上的不同，影響了黃旺成其人。黃旺成的父親為陳送，生於1862年，卒於1921年，是陳降之長男，母親是洪氏進治。陳送在1886年入戶黃金瓜家。〔註4〕做為一個入贅者，其與妻子的感情並不和睦，〔註5〕甚至在妻子離世後很快地就想迎娶後妻，〔註6〕這樣的身教自然也對於黃旺成有不小影響。黃旺成的母親則是黃氏偷，出生自1871年，

〔註1〕〈清河堂張氏族譜〉，未刊稿。

〔註2〕張麗俊著，許雪姬、洪秋芬編纂‧解讀，《水竹居主人日記（一）》（臺北：中央研究院近代史研究所；臺中：臺中縣文化局，2000），頁8。

〔註3〕張麗俊著，許雪姬、洪秋芬編纂‧解讀，《水竹居主人日記（一）》，頁266；張麗俊著，許雪姬、洪秋芬編纂‧解讀，《水竹居主人日記（二）》（臺北：中央研究院近代史研究所；臺中：臺中縣文化局，2000），頁219。

〔註4〕黃旺成著，許雪姬編註，《黃旺成先生日記（一）：一九一二年》（臺北：中央研究院臺灣史研究所；嘉義：國立中正大學，2008），頁20～21。

〔註5〕黃旺成著，許雪姬編註，《黃旺成先生日記（二）：一九一三年》（臺北：中央研究院臺灣史研究所；嘉義：國立中正大學，2008），頁148。

〔註6〕黃旺成著，許雪姬編註，《黃旺成先生日記（二）：一九一三年》，頁370。

卒於 1913 年，是黃金瓜之女，與陳送於 1886 年成婚，生有五男二女。〔註7〕
因為前述之入贅一事，黃旺成其母在家中是能夠參與許多大事討論的，並非
普遍傳統女性那般的嫁雞隨雞、嫁狗隨狗，在家中若有不滿意也會直接反映
出不滿，〔註8〕直接的個性也影響到黃旺成的待人處事，在家中地位上並不
在丈夫之下，可以說是一位女強人。黃旺成後母為鄭氏匏苳，1888 年生，於
1917 年嫁給陳送為繼室。〔註9〕雖然繼母對於黃旺成性格養成的影響不大，
但可以做為與其父母的比較，亦能了解黃旺成對於父母、長輩的態度，進而
理解黃旺成。

　　從這兩位記主的記載中，雖然僅是兩個不同的家庭，然而當代的知識分
子不少為相似背景，故可以在所得資料有限的情形中，盡可能使時代下的知
識分子圖像顯現。

（二）與父母的重要互動探析

　　張麗俊在此處可以說是一個相當顯著的典型，他的家庭互動呈現出一種
信任與交付的意象，其父雖在日記寫成之時早已去世，少數的記載均是寫到
對其父的祭祀，〔註10〕然而可以從其不僅掌管豐原張家之中的大小事務，且
相當嫻熟這點來推測張麗俊和父親的互動應是較為傳統且權威的，這也塑造
出張麗俊一脈相承的傳統知識分子風貌，後面第三節會就張麗俊與其子嗣的
互動來更加印證此點。張麗俊的母親林盡也於西元 1918 年去世，被記載到的
部分分為「休閒遊樂」、「臥病診治」及「事後哀悼」三部分，雖然僅有母親
的記載，仍然可以在少量的資料中找到一些端倪。

　　「休閒遊樂」主要聚焦在 1915 年以前的時間軸，〔註11〕因為自 1914 年

〔註7〕黃旺成著，許雪姬編註，《黃旺成先生日記（一）：一九一二年》，頁 11。

〔註8〕黃旺成著，许雪姬編註，《黃旺成先生日記（一）：一九一二年》，頁 12～13。

〔註9〕黃旺成著，许雪姬編註，《黃旺成先生日記（六）：一九一七年》（臺北：中央
研究院臺灣史研究所，2010），頁 76～77。

〔註10〕張麗俊著，许雪姬、洪秋芬編纂‧解讀，《水竹居主人日記（一）》，頁 57、
223。

〔註11〕張麗俊著，许雪姬、洪秋芬編纂‧解讀，《水竹居主人日記（一）》，頁 72；
張麗俊著，许雪姬、洪秋芬、李毓嵐編纂‧解讀，《水竹居主人日記（三）》
（臺北：中央研究院近代史研究所；臺中：臺中縣文化局，2001），頁 121；
張麗俊著，许雪姬、洪秋芬、李毓嵐編纂‧解讀，《水竹居主人日記（四）》
（臺北：中央研究院近代史研究所；臺中：臺中縣文化局，2001），頁 11～
12。

開始，張麗俊便常常提到為母親林盡買藥，或是帶醫生回家做檢查，〔註12〕可看出其母在張麗俊有日記記載時不僅年邁，身體亦有狀況，所以一定程度限制了她的活動。不過在此之前，即使年紀已過七旬，林盡仍是有一定程度的休閒，這和他的兒子張麗俊一樣，對於新奇事物是感到興趣而不會排斥的。其中有次張麗俊帶他的母親前往電火（電燈）開通的祝賀會，〔註13〕文章中提到八旬母親能目睹這樣平生所未能見的景象是非常幸福的，可以印證其母親對於看熱鬧也有一定的興趣。雖因為寫作日記時記主已有一定年紀，無法武斷判定張麗俊的興趣與其母有關，然而，可以肯定的是在張麗俊的父母眼裡，對於新事物並不會拒於千里，這使得張麗俊即便是在舊教育的薰陶下，仍能廣泛了解新事物。

「臥病診治」則在日記記載之初至林盡去世皆有，可以從中了解張麗俊對其母的關愛之情，當時的醫療與現今不同，並非完全以醫院為中心，仍有到家中診治的方式，張麗俊為了治好母親的病可以說是四處奔走，有去藥局拿藥，〔註14〕亦有不少次找醫生到家中醫治母親的紀錄，〔註15〕其中並非只有較為新穎的西方醫學，亦有求助中醫生的記載，〔註16〕在日記中無法知曉其中的花費，但我們可以就其他記載，知道大略的數字，這絕對是一筆不小的開銷。除了找醫生以外，張麗俊做為較傳統的知識分子，也沒有排除求神拜佛的方式，〔註17〕一心一意想讓母親好轉的孝心可說是感人肺腑，想必對待其父應該也是這樣的吧！

「事後哀悼」的部分則是在其母過世後幾年之間，張麗俊除了為自己的母親盡力的做完繁重的禮俗外，因為他知識分子和一家之主的角色，自己寫

〔註12〕張麗俊著，許雪姬、洪秋芬、李毓嵐編纂‧解讀，《水竹居主人日記（四）》，頁91、200、206。

〔註13〕張麗俊著，許雪姬、洪秋芬、李毓嵐編纂‧解讀，《水竹居主人日記（四）》，頁11～12。

〔註14〕張麗俊著，許雪姬、洪秋芬、李毓嵐編纂‧解讀，《水竹居主人日記（四）》，頁208～209。

〔註15〕張麗俊著，許雪姬、洪秋芬、李毓嵐編纂‧解讀，《水竹居主人日記（三）》，頁140。

〔註16〕張麗俊著，許雪姬、洪秋芬、李毓嵐編纂‧解讀，《水竹居主人日記（四）》，頁204～205。

〔註17〕張麗俊著，許雪姬、洪秋芬、李毓嵐編纂‧解讀，《水竹居主人日記（四）》，頁213。

了祭文，其中可說是字字血淚，[註18]他還在日記中創作了兩首思親的七言律詩，當日亦有感懷詩七首的抄錄，[註19]那日並非忌日，也非百日之期，可以想見母親長留張麗俊的心中，久久不能釋懷。在那之後的每年記載，都能見著祭祀母親的紀錄，倒是父親就沒有這樣的待遇，可以想見對於他而言，母親的影響力不可謂不小。

黃旺成則算得上是此時知識分子家庭的變體，因為並非傳統大家族，所以父親的地位並沒有似其他家庭那般顯著，如前一小節所提及，在黃旺成的家中，反而母親擁有很大發話權，與張麗俊相反之處是黃旺成的母親較早離世，記載相對父親為少，然而，黃旺成的父親在其妻離世後，很快地找了後母一事亦是值得探討的地方。故在此部分主要分為「商業討論」、「母親的發話權」、「迎娶後母」三個主要事件來做分析。

「商業討論」部分，由於黃旺成的父母是以經商維生，所以無論是父親還是母親，均有和黃旺成進行商業討論的記載，[註20]從這樣的記載中可以了解到幾件事情，首先，黃旺成的父母對其都有極大的重視，在自己的事業上會與他進行討論，並聽取其部分意見；再者，承前所述這樣的商業討論並非僅有其父與其討論，其母甚至是後母也都有與其討論的記載，[註21]顯見其生長的家庭父母地位上幾乎是平等的，這與當時臺灣的普遍狀況有所不同。

「母親的發話權」則是取自日記內容中其母黃偷在幾個記載中的表現，不僅是前述在事業上有其權力，在家中也相當有份量，像是她和丈夫均會對黃旺成的妻子表達不滿，還有將其罵哭的紀錄，[註22]即使有時連黃旺成都

〔註18〕張麗俊著，許雪姬、洪秋芬、李毓嵐編纂．解讀，《水竹居主人日記（五）》（臺北：中央研究院近代史研究所；臺中：臺中縣文化局，2002），頁 210～211。

〔註19〕思親七律二首：「憶別慈顏敕正秋，芳辰一到赴仙遊，怪他青使傳何早，累我烏私願未酬。色笑難承樓去鶴，音容宛在杖扶鳩，於今獨抱終天恨，屺岵登來淚自流。」、「風木悲鳴雜蟪吟，北堂虛冷更傷心，庭前露重萱花萎，天末風高寶婺沉。一注爐香空想像，三餐麥飯渺聆音，生平無限羔魚感，況在窮愁感倍深。」張麗俊著，許雪姬、洪秋芬、李毓嵐編纂．解讀，《水竹居主人日記（五）》，頁 225～227。

〔註20〕黃旺成著，許雪姬編註，《黃旺成先生日記（二）：一九一三年》，頁7。

〔註21〕黃旺成著，許雪姬編註，《黃旺成先生日記（十）：一九二三年》（臺北：中央研究院臺灣史研究所，2012），頁 199～200。

〔註22〕黃旺成著，許雪姬編註，《黃旺成先生日記（二）：一九一三年》，頁 164。

覺得是不實的指控，〔註23〕仍然對於黃旺成夫妻的感情造成影響，這部分僅作簡單描述，詳細說明會在此章第二節呈現。除此之外，對於家中的僕從或是晚輩，黃偷的標準也是相當苛刻，日記中都能見到她發怒、破口大罵的記載，〔註24〕絲毫不似過去傳統婦女那般的柔弱，為相當罕見的現象。甚至是黃旺成的繼母，即便已經沒有招贅家族的庇蔭，仍然在家中有一定權力，可以在日記記載中看到她也有參與事業上的討論，黃旺成也並未因為其為後母就忽視她的意見，家裡的事務仍會與其討論，〔註25〕可顯見過往的家庭生活對於黃旺成造成一定程度的影響。

「迎娶後母」可以說是黃旺成家中的巨大變動之一，這有幾個面向可以探討，首先，黃旺成的父母感情並不好，在日記中有明確記載這個狀況，〔註26〕與家庭中的地位脫不了關係，前述提及他的父親是招贅進黃家，在家中其母的地位可說很高，對於其父來說是一個不大光彩的經歷，且在日記記載中並不能明確看出他們有良好的溝通，出遊也幾乎都是其母自行前往，很少有兩人同行之記載。其父在妻子過世未滿百日之時就傳出要有續弦之風聲，〔註27〕過世兩年後有與兒子的討論，〔註28〕日記中也有提到其對於家人不甚支持的不滿，〔註29〕最後終於在 1917 年娶鄭氏匏莢為繼室。〔註30〕有了繼室之後，他們夫妻間雖有爭吵，相較之前好了許多，起初可見黃旺成父親為了繼室付出金錢，〔註31〕後來也有為繼室買婢女一事，〔註32〕可以說極盡寵愛之能事，最後其父身體狀況不佳，先留下的遺產分配也都是以這位

〔註23〕黃旺成著，許雪姬編註，《黃旺成先生日記（一）：一九一二年》，頁 72～73。

〔註24〕黃旺成著，許雪姬編註，《黃旺成先生日記（一）：一九一二年》，頁 12～13、306～307。

〔註25〕黃旺成著，許雪姬編註，《黃旺成先生日記（十二）一九二五年》（臺北：中央研究院臺灣史研究所，2013），頁 50。

〔註26〕黃旺成著，許雪姬編註，《黃旺成先生日記（二）：一九一三年》，頁 148。

〔註27〕黃旺成著，许雪姬編註，《黃旺成先生日記（二）：一九一三年》，頁 330。

〔註28〕黃旺成著，许雪姬編註，《黃旺成先生日記（四）：一九一五年》（臺北：中央研究院臺灣史研究所；嘉義：國立中正大學臺灣人文研究中心，2009），頁 279。

〔註29〕黃旺成著，许雪姬編註，《黃旺成先生日記（六）：一九一七年》，頁 76。

〔註30〕黃旺成著，许雪姬編註，《黃旺成先生日記（六）：一九一七年》，頁 76～77。

〔註31〕黃旺成著，许雪姬編註，《黃旺成先生日記（六）：一九一七年》，頁 83、85。

〔註32〕黃旺成著，许雪姬編註，《黃旺成先生日記（六）：一九一七年》，頁 134。

繼室為主，〔註33〕這樣的經驗對於黃旺成的影響不小，畢竟在與妻子感情不佳之下，和繼室渡過了較為歡快的時光。黃旺成在其父過世之後，對於繼母的描寫甚少，故本論文不對這位家中成員進行過多的描述，從可以見得的資料中至少能知道父親與續絃的關係比起與故妻要好。

（三）時代下的普遍性

前面一部分對於張麗俊以及黃旺成二人與父母之互動有一定程度的分析，此小節便是要從這兩人的歷史記載，見微知著地了解時代下的知識分子。

從前一小節可以了解知識分子主要可劃分為傳統與新興二元，傳統知識分子如張麗俊多屬於子承父業，主要任務是守成而非開創，所以有較明顯之家父長制，且做為子女，很快地就被賦予家中之長的任務，〔註34〕主要性格養成和父親有關，母親的影響較小，即便做為吸收較多新觀念的知識分子，仍多以這樣的關係為主，直到他們的孩子那輩才逐漸有所改變，開始透過參與公眾事務等方式更加走入新的社會，兩位記主與子代的接觸與交流則會在此章第三節詳述。

新興知識分子如黃旺成，因為家族中並無明顯家業可以繼承，多半重心會擺在開創，無論是因為沒有家業可以繼承的不得已，或是普遍對於自己前程自負責任的心態，這成為新興知識分子的常見情形。且家中的興亡牽涉到所有人，並非依據明確的家父長制度來規範，家中的成員較有平等之地位，自然其母的影響力就有增大的趨勢，當然，並不能完全免除前面所提黃旺成其父招贅的事實，這絕對也是有影響的，所以在黃旺成的家中，這樣的現象特別明顯，亦特別引人關注。與另一位探討對象的傳統家族相比，這樣的家庭確實是有其不同之處，非常值得玩味。

第二節　從夫妻生活看性格與價值觀的體現

承前所述，做為人活在這個社會上，最初的生活在家庭，並且受到父母影響甚鉅，故以人格啟發與塑造為題。然而，人在生命中最多重疊的生活時間亦不完全是自己的父母，成家立業後最多互動的多半是自己的配偶，在經

〔註33〕黃旺成著，許雪姬編註，《黃旺成先生日記（八）：一九二一年》（臺北：中央研究院臺灣史研究所，2012），頁58～60。

〔註34〕張麗俊著，許雪姬、洪秋芬編纂‧解讀，《水竹居主人日記（一）》，頁67、69。

過父母養成、塑造後的人們，透過婚姻一事建立連結，致使雙方得以成為一起度過生命中大半寒暑的親密戰友，這段日子裡將會呈現出較固定的性格與價值觀，可以在其中更加認識所要研究的對象。

　　傳統社會裡，妻子在家庭中多半做為一個附屬的角色，而且在婚姻上並不自由，因此導致過不少悲劇，在日治時期的這段日子，是自由戀愛觀念慢慢擴散、發酵開來的狀態。知識分子平常相對於其他人是更容易被傳統思潮所影響的，畢竟懂得更多，文化水平也較高，容易將一些傳統禮教潛移默化成為自身性格的一部份。不過，和常人相較也更容易得到一些新的知識與訊息，因此知識分子算得上是時代中觀念最受衝擊的一群，在這樣新舊衝突之中，知識分子於夫妻關係中是如何應對的？這點有許多值得探究之處。另外，值得反思還有現今高離婚率的臺灣，是否便是這樣大幅度轉變的末流？

（一）與正室間的生活

　　張麗俊與黃旺成二位記主在日記中均有對妻子的記載，與另一位廣為人知的記主林獻堂不同的是，他們的妻子不僅出身傳統，甚至無識字能力，且不似林獻堂妻子楊水心有明確翻閱丈夫日記的行徑，所以有許多家庭之中較私密的事件，甚至是與其他女性過從甚密的記載亦沒有過多的隱藏。在這之中可以見之記主與妻子間的互動及其中所面對的困境，除了反映了兩人自身的狀態，還有相當程度的參照性，可以藉由此處的資料闡述與分析，去了解當時知識分子間的普遍狀況。

　　張麗俊的妻子為何氏燕，據日記記載其因病逝於 1932 年 12 月 12 日，〔註 35〕與張麗俊的婚姻自十八歲始，期間生有清漣、彩鶯、彩娥、世藩、世垣、彩淑、世棟、世屏、世翰、世寧、世城、彩鶴。以上多人中的三女、四女在出生後便送人，世棟、世寧二人原是雙胞胎中的一員，則是不幸幼殤。〔註 36〕可以說何氏燕一生大半時間均以張麗俊之妻的身分活著，有很多與張麗俊交集之處，可以從中了解張氏此人在私領域的性格呈現。過往學者許雪姬也曾以張麗俊身邊女性為主題論之，〔註 37〕顯見這樣的關係網絡對於了解張麗俊是很重要的，筆者此處則不僅要呈現個人的情狀，更要

〔註35〕張麗俊著，許雪姬、洪秋芬編纂・解讀，《水竹居主人日記（九）》（臺北：中央研究院近代史研究所；臺中：臺中縣文化局，2004），頁 178～179。
〔註36〕張麗俊著，許雪姬、洪秋芬編纂・解讀，《水竹居主人日記（一）》，頁 156。
〔註37〕許雪姬，〈張麗俊生活中的女性〉，頁 69～121。

藉此了解知識分子在家庭生活上的舉措。於此為了聚焦重點，故筆者擷取資料中較切合主題的部分，這部分主要從幾點作切入，分別是「家庭事務」、「休閒生活」、「與徐氏妹之交流」從這幾點中來解析何氏燕以及張麗俊之間的關係。

　　在「家庭事務」的部分，可以看到許多普遍傳統女性的印象在其中，像是在家中準備食材，〔註38〕或是為了祭祀、過節而採買日用品，〔註39〕處處呈現了一個傳統女性的輪廓。另外，其對於家中成員也很是照顧，做為家中較年長的婦女，家中大小事務都難不倒她，像是關於生育以及產後的調養，何氏燕可以說是相當嫻熟，常常有去親戚家協助生產的紀錄，〔註40〕而且往往都是直接來請何氏燕幫忙，等同她在家族中於此方面已經有一定的名聲、信譽，讓大家普遍信任她。雖然我們知道日治時期，政府相當積極推動產婆的教育，〔註41〕不過成效一般，在一般漢人家中，年長的婦女仍在這方面有其影響力。除了協助生產相關事務之外，她也會去自己女兒嫁過去的家中關心，可以說是一位相當盡責的母親，時時刻刻都將子女放在心中，與林獻堂的妻子楊水心相比可說毫不遜色。〔註42〕除上述以外，她對於娘家那邊亦是挺上心，並未因為自身嫁雞隨雞、嫁狗隨狗就疏遠，反倒是常常都會歸寧來返家關懷親屬，〔註43〕張麗俊在這部分也給予其最大的自由，並無干涉歸寧一事，對於妻子家中的成員，張麗俊亦能維持良好關係。在家庭事務上，何氏燕可以說做的相當好，完全符合一位稱職的家庭主婦該做到的事情，與丈夫的配合上也很不錯。

　　「休閒生活」的部分，有很大的成分是受到丈夫張麗俊所影響，即便不

〔註38〕張麗俊著，許雪姬、洪秋芬、李毓嵐編纂‧解讀，《水竹居主人日記（三）》，頁376～377。

〔註39〕張麗俊著，許雪姬、洪秋芬、李毓嵐編纂‧解讀，《水竹居主人日記（三）》，頁247。

〔註40〕張麗俊著，許雪姬、洪秋芬、李毓嵐編纂‧解讀，《水竹居主人日記（六）》（臺北：中央研究院近代史研究所；臺中：臺中縣文化局，2002），頁291。

〔註41〕洪有錫、陳麗新著，《先生媽、產婆、婦產科醫師》（臺北：前衛出版社，2012），頁25～69。

〔註42〕李毓嵐，〈丈夫日記中的妻子：以林獻堂、張麗俊、黃旺成為例〉，發表於中央研究院臺灣史研究所、國立暨南大學歷史學系主辦，「第六屆日記研討會：日記中臺灣的時代轉換」，2016.11.18。

〔註43〕張麗俊著，许雪姬、洪秋芬、李毓嵐編纂‧解讀，《水竹居主人日記（五）》，頁29。

是與張麗俊同行，亦有多次帶家人前往看戲的記載，〔註44〕不過這裡仍是有些值得討論之處，其一在後面與徐氏妹之交流也會談及，便是他們的出遊除了家人外，常常也有徐氏妹這一個早已被認定為家人，但實質上像是妾一般的存在。其二則是有許多的出遊，何氏燕並不一定會與丈夫同行，不少次都是各自去參與，且日記幾乎是沒有過多記載兩人的互動，難以從此近一步了解兩人的感情。可以從其中得知的僅只於丈夫啟蒙妻子對於這些熱鬧事，也就是戲劇、廟會、展覽等活動的興趣，使得何氏燕不同於過往傳統的女性多半久處深閨，反倒像是受教育新女性一般，能夠適度接受一些新事物，不過這樣接受新事物的部分，似乎並沒有對於兩人的關係產生影響，張麗俊與何氏燕的感情依舊是較為平淡的。

「與徐氏妹之交流」的部分以後面要提到的主角徐氏妹與之的互動為主，這樣近似過往三妻四妾時代大老婆與小老婆的關係，維持了不算短的時間，如此行為可以解釋成包容、大度的表現，也可以說對於這般行為莫可奈何的結果，其中有些部分相當有趣，可以從中看出端倪。首先，在平時的活動上，無論是婚喪喜慶，〔註45〕或是團體出遊，〔註46〕常常都有徐氏妹參與的記載，甚至他們在張麗俊的筆下可以說是情同姊妹，還有近似今日所說的閨密談天，不願將談話內容告訴張麗俊的情形，〔註47〕在二人皆已去世之後，張麗俊還在一次巡墳之時說出「因二人生相愛，死墳亦相近也。」〔註48〕這些證據再再顯示出正宮何氏燕與徐氏妹的交情不差。在兩人的家人或是自身有疾病或是一些狀況時，也都會去噓寒問暖，盡到極大程度的關心，〔註49〕可以說就像是家人一樣了，何氏燕這樣的包容對於在當時風流一世的張麗俊而言算得上是不可多得的好對象，所以前段亦有提到張麗俊對於何氏燕的行

〔註44〕張麗俊著，許雪姬、洪秋芬、李毓嵐編纂·解讀，《水竹居主人日記（三）》，頁330～331。

〔註45〕張麗俊著，許雪姬、洪秋芬、李毓嵐編纂·解讀，《水竹居主人日記（五）》，頁455～456。

〔註46〕張麗俊著，許雪姬、洪秋芬、李毓嵐編纂·解讀，《水竹居主人日記（七）》（臺北：中央研究院近代史研究所；臺中：臺中縣文化局，2004），頁25。

〔註47〕張麗俊著，許雪姬、洪秋芬、李毓嵐編纂·解讀，《水竹居主人日記（四）》，頁244。

〔註48〕張麗俊著，許雪姬、洪秋芬編纂·解讀，《水竹居主人日記（九）》，頁197。

〔註49〕張麗俊著，許雪姬、洪秋芬、李毓嵐編纂·解讀，《水竹居主人日記（四）》，頁248；張麗俊著，許雪姬、洪秋芬、李毓嵐編纂·解讀，《水竹居主人日記（六）》，頁176。

動是給予最高等級的自由，無論是要回娘家，或是要出遊、採買都是可以的，並未有行動被限制在家中的狀況。至於後面也會談及的婚姻關係，這邊有個很重要的日記內容，便是張麗俊曾經想過為了更能照顧徐氏妹，所以想將她接入家中，不過在當時便被何氏燕給拒絕了，[註50] 何氏燕在張麗俊的日記中幾乎沒有任何與丈夫起衝突，或是提出相反意見的情形，十足傳統女性依附丈夫的樣子，不過在這個敏感問題下，她仍是勇敢地跳出來捍衛自己「大老婆」的權力，即便她可能也知道丈夫的心已經偏向外頭的女人，仍是有所堅持。

根據上述的幾點可以想見張麗俊與何氏燕之間的感情是相當平淡的，與前人研究中所提出的相關解析有其相似之處，[註51] 張麗俊曾在日記中幫妻子何氏燕寫了一首七言詩，[註52] 裡頭寫到「生平婦道頗能諳，三五胎存十女男，竊把齊眉孟光比，稚孫繞膝欲分甘。」可以發現張麗俊聚焦的便是何氏燕能將家裡打理好的婦道，以及替他生養許多孩子的部分，做為賢內助，她是相當稱職的，不過這卻不能彌補精神層面上的缺憾。不能說張麗俊完全不在乎妻子的一切，但確實在日記中是難以找到兩人互動親密的紀錄，對於妻子的好多半屬於形式上的，就像為其求醫或是辦理後事，都只是一個形式罷了。

黃旺成的妻子為林氏玉盞，生於西元 1889 年，卒於西元 1963 年，為林珍與郭氏富的長女。其為福佬人且纏足，於 1910 年嫁入黃旺成家中。該林家是最早於新竹北門大街活躍的郊商「林泉興」。[註53] 雖然出身自大家族，然而林氏玉盞並未得利於這樣好的環境之下受過教育，[註54] 依然如傳統女性一般，有舊時代女性的種種特色，這裡可以想見此時期有不少知識分子的另一半仍是傳統的女性，並因為舊式婚姻而結合，從而造就了不少家庭悲劇。關於黃旺成與林玉盞之間的互動相較另一位記主張麗俊與其

〔註50〕張麗俊著，許雪姬、洪秋芬、李毓嵐編纂・解讀，《水竹居主人日記（四）》，頁 272。

〔註51〕李毓嵐，〈丈夫日記中的妻子：以林獻堂、張麗俊、黃旺成為例〉，發表於中央研究院臺灣史研究所、國立暨南大學歷史學系主辦，「第六屆日記研討會：日記中臺灣的時代轉換」，2016.11.18。

〔註52〕張麗俊著，許雪姬、洪秋芬、李毓嵐編纂・解讀，《水竹居主人日記（七）》，頁 390。

〔註53〕黃旺成著，許雪姬編註，《黃旺成先生日記（一）：一九一二年》，頁 6～7。

〔註54〕張炎憲、許明薰、張啟明、陳鳳華訪問，黃繼文口述，〈父親黃旺成的追憶〉，《竹塹文獻》10（1999 年 1 月），頁 43～44。

妻何氏燕要容易得多,因為黃旺成在自己的日記中較常提及與妻子的互動狀況,故此處筆者採用不同階段兩人的互動情形來解構他們夫妻間的情感變化,雖然三部分的界線有些重疊,但筆者盡量在不影響理解之下進行資料整理及分析。

　　首先,便是兩人結婚之初,也就是黃旺成最初寫作日記的那幾年,就日記中提到妻子的頻率而言,黃旺成是相當在意自己妻子的,這段期間黃旺成與妻子間的情感可以說是相當反覆,有時批判妻子的不賢,舉凡妻子做為賢內助但持家能力不足、〔註55〕對妻子日常行為有意見、〔註56〕對妻子的個性有意見等,〔註57〕可以說經常性的表達對妻子的不滿,然而,黃旺成在這個時期也經常提到對妻子的思慕,有不少日記講到對妻子的愛,像是妻子若因回娘家或其他原因不在家中,黃旺成便會在日記中表達思念之情,〔註58〕甚至還會夢到妻子提早回來,〔註59〕又有一次黃旺成深刻描寫他等待妻子的情形,〔註60〕種種的文字敘述印證了黃旺成對妻子曾經也是很有感情的,他也曾表示自己應該要好好經營夫妻關係,〔註61〕有段時間他與林玉盞的男女之情更勝於他對父母、家人的親情,〔註62〕這可說是他們感情的高峰了!到這裡為止,我們都可以理解兩人的感情雖然不是一帆風順,至少在起伏之中,也有過美好的時光。不過,在中間仍能看出一些問題癥結點。

　　首先,從這個階段可以發現大兒子繼圖的出生影響了兩人的情感,在1912年7月7日提到繼圖出生後,可以發現黃旺成記下的幾篇日記內容都有情感發生變化的表述,像是繼圖出生約兩個月後,黃旺成寫到對妻子越來越失去興趣,〔註63〕其後除了再次提及此點,〔註64〕對於妻子也越來越挑三揀四,一下子批評其沒有真情,〔註65〕一下子又批評其不親切,〔註66〕

〔註55〕黃旺成著,許雪姬編註,《黃旺成先生日記(一):一九一二年》,頁64。
〔註56〕黃旺成著,許雪姬編註,《黃旺成先生日記(一):一九一二年》,頁128～129。
〔註57〕黃旺成著,許雪姬編註,《黃旺成先生日記(一):一九一二年》,頁306～307。
〔註58〕黃旺成著,許雪姬編註,《黃旺成先生日記(一):一九一二年》,頁107～108。
〔註59〕黃旺成著,許雪姬編註,《黃旺成先生日記(一):一九一二年》,頁116～117。
〔註60〕黃旺成著,許雪姬編註,《黃旺成先生日記(一):一九一二年》,頁146～147。
〔註61〕黃旺成著,許雪姬編註,《黃旺成先生日記(一):一九一二年》,頁74～75。
〔註62〕黃旺成著,許雪姬編註,《黃旺成先生日記(一):一九一二年》,頁96～97。
〔註63〕黃旺成著,許雪姬編註,《黃旺成先生日記(一):一九一二年》,頁326。
〔註64〕黃旺成著,許雪姬編註,《黃旺成先生日記(一):一九一二年》,頁335～336。
〔註65〕黃旺成著,許雪姬編註,《黃旺成先生日記(一):一九一二年》,頁337。
〔註66〕黃旺成著,許雪姬編註,《黃旺成先生日記(一):一九一二年》,頁356～357。

最直白的描述直接狠心寫下對妻子的戀情完全的消失，〔註67〕甚至開始外宿不回家，〔註68〕即便有時又提到他們之間舊情重燃，〔註69〕但兩人之間的問題並未解決，黃旺成在生活中對妻子林玉盞的挑剔層出不窮，使黃旺成越來越不能接受這樣的妻子，已種下的悲劇種子悄悄發芽，預示未來的兩人終究不能合的結局。他們之間有了愛的結晶的牽絆並未加深感情，反倒是因為妻子魅力的減少，以及不同的教養觀念等原因，使兩人漸行漸遠。另外一個影響兩人關係的，則是前一節有提及父母對於其妻不滿的部份，從日記中可以看出有數次黃旺成父母對林玉盞有所不滿是連黃旺成都看不下去的，像是在1912年的一篇日記提到父親誇大了妻子的壞話，還擔心自己難以面對妻子，〔註70〕其他次的表述，有的是只有父親責備妻子，〔註71〕有的還是父親和母親一同發難，〔註72〕即便黃旺成並未明確表達自己的觀點，但也一定程度加深黃旺成對其妻子的不滿，對於關係轉趨惡劣有催化劑的效果。

　　接著，談及的是兩人在生活中有了越來越多的衝突，在1914年以後，黃旺成對於妻子的批判越來越多，且越來越強烈的階段。黃旺成比起前一階段，罵妻子可以說更加直接，〔註73〕像是會直接罵林玉盞像笨蛋、〔註74〕無頭腦、〔註75〕又提及一次本來要藉妻子來罵小孩但妻子反而不知丈夫用心對號入座。〔註76〕至於之前就頗有微詞的家事，當然也是黃旺成看不慣的，像是做

〔註67〕黃旺成著，許雪姬編註，《黃旺成先生日記（一）：一九一二年》，頁365～366。

〔註68〕黃旺成著，许雪姬編註，《黃旺成先生日記（一）：一九一二年》，頁368～370。

〔註69〕黃旺成著，许雪姬編註，《黃旺成先生日記（一）：一九一二年》，頁376～377。

〔註70〕黃旺成著，许雪姬編註，《黃旺成先生日記（一）：一九一二年》，頁72～73。

〔註71〕黃旺成著，许雪姬編註，《黃旺成先生日記（二）：一九一三年》，頁154～155。

〔註72〕黃旺成著，许雪姬編註，《黃旺成先生日記（二）：一九一三年》，頁164。

〔註73〕黃旺成著，许雪姬編註，《黃旺成先生日記（十一）一九二四年》（臺北：中央研究院臺灣史研究所，2013），頁118；黃旺成著，许雪姬編註，《黃旺成先生日記（十二）一九二五年》，頁103；黃旺成著，许雪姬編註，《黃旺成先生日記（十三）一九二六年》（臺北：中央研究院臺灣史研究所，2014），頁373；黃旺成著，许雪姬編註，《黃旺成先生日記（十四）一九二七年》（臺北：中央研究院臺灣史研究所，2015），頁24。

〔註74〕黃旺成著，许雪姬編註，《黃旺成先生日記（三）：一九一四年》（臺北：中央研究院臺灣史研究所；嘉義：國立中正大學臺灣人文研究中心，2009），頁233～234。

〔註75〕黃旺成著，许雪姬編註，《黃旺成先生日記（十三）一九二六年》，頁358。

〔註76〕黃旺成著，许雪姬編註，《黃旺成先生日記（八）：一九二一年》，頁333～334。

個飯慢吞吞就讓黃旺成大為震怒，〔註77〕疏於打掃家裡在黃旺成眼中也是罪不可赦。〔註78〕除此之外，對於小孩教養的歧異也再加深感情的裂痕，像是會生氣妻子不善於教導孩子，〔註79〕以及提到有次繼圖跟鄰居小孩之間的衝突妻子處理不善。〔註80〕最嚴重的或許是黃旺成也會對妻子拳腳相向，〔註81〕可以說兩人的裂痕早已無法挽回。此時他時常表示自己這個婚姻是錯誤的，認為自己不應該有個沒受過教育，完全不能溝通的妻子做為一輩子的牽手，或提及傳統式的婚姻是如何的失敗，〔註82〕尤其是與一些朋友的交流中，能明確的看出他對婚姻的態度。必須說黃旺成其人在當時的浪潮中，至少感情部分，算是受新思潮影響甚深的，他很嚮往自由戀愛，不能接受這樣陳腐的舊式婚姻。

最後，要討論的便是林高麗與李招治兩位女性與黃旺成情感升溫後的夫妻關係，兩人均是黃旺成於妻子外，過從甚密的女性，詳細介紹會在下一小節提出。前者因為林玉盞表達出可以體諒丈夫出軌行為，且願意接納這位家中堂姊妹共事一夫，反倒使黃旺成與林玉盞的感情短暫回溫，可以說是兩人感情中的迴光返照，〔註83〕在後來娶妾一事未果後，兩人依舊恢復到過往逐漸淡薄的關係。後者的部分則又有所不同，在前一小節已知悉黃旺成和其妻的感情不睦，然而，在有了這位「外遇」的對象之後，他們之間的互動反倒沒有相當激烈的衝突，連稱呼妻子都用了「玉君」這樣尊敬的字眼，〔註84〕過往有研究者將之解釋為對妻子的愧疚，〔註85〕也就是說這樣的反轉並非是在感情上升溫，僅是羞愧於自身的不忠。這某方面可以理解為黃旺成的女性

〔註77〕黃旺成著，許雪姬編註，《黃旺成先生日記（三）：一九一四年》，頁258。

〔註78〕黃旺成著，许雪姬編註，《黃旺成先生日記（四）：一九一五年》，頁72～73。

〔註79〕黃旺成著，许雪姬編註，《黃旺成先生日記（七）：一九一九年》（臺北：中央研究院臺灣史研究所，2010），頁1～2。

〔註80〕黃旺成著，许雪姬編註，《黃旺成先生日記（十二）一九二五年》，頁88。

〔註81〕黃旺成著，许雪姬編註，《黃旺成先生日記（十五）一九二八年》（臺北：中央研究院臺灣史研究所，2015），頁200。

〔註82〕黃旺成著，许雪姬編註，《黃旺成先生日記（十二）一九二五年》，頁88。

〔註83〕黃旺成著，许雪姬編註，《黃旺成先生日記（七）：一九一九年》，頁271。

〔註84〕黃旺成著，许雪姬編註，《黃旺成先生日記（十六）一九二九年》（臺北：中央研究院臺灣史研究所，2016），頁125。

〔註85〕李毓嵐，〈丈夫日記中的妻子：以林獻堂、張麗俊、黃旺成為例〉，發表於中央研究院臺灣史研究所、國立暨南大學歷史學系主辦，「第六屆日記研討會：日記中臺灣的時代轉換」，2016.11.18。

觀在當時算得上是相當進步的，〔註86〕在眾多人仍是會納妾的風氣中，即使早已變心，亦堅守名義上的夫妻關係。另一方面，正因為黃旺成對於妻子的需求在外面的女性李招治身上得到了滿足，自然不需要再多要求髮妻，相處上沒有過多衝突，成為「相敬如冰」的狀況。在這段時間裡，正室林玉盞有發現黃旺成與這位被稱之為「愛菊」的人過從甚密，〔註87〕也試圖要做些什麼來挽回丈夫的心，〔註88〕不過這並沒有改變黃旺成的想法，不能合的終究不能合，他並沒有因為一時的心軟，繼續像他最初那樣試著好好的愛他的元配，這與前述張麗俊與何氏燕的婚姻狀況近似，走入一個相當平淡的關係，走向一段名存實亡的結局。

（二）正室外的因緣

除了前一小節所提的正室以外，張麗俊和黃旺成二人身邊分別有其他的女性，這在日治時期的臺灣是相當常見的，故此處並非要評斷這樣行為的優劣，而是就客觀的立場，去了解背後的緣由，何以此時的知識分子間，普遍於妻子外需要有另外的慰藉？除了個人的性格外，肯定也有時代、身分等其他的因素，釐清知識分子在夫妻之間所感受到的匱乏也是相當重要的課題，無論是對於該時代的認識及了解，或是對於知識分子與他人的異同，都能促使我們增進對於那個場域的理解。

首先是張麗俊的部分，就日記中的描寫，他過從甚密的對象繁多，過往即有專家對於此事進行探析，〔註89〕主要提到的人物不外乎徐氏妹、繼室楊氏梨等人，此處筆者並沒有要推翻前人辛勤的耕耘結果，倒是要在此之上再繼續疊加資訊，並且闡述這之中的玄妙之處，何以在妻子之外需要這樣的依靠？這是相當值得去了解之處，前段已提出張麗俊及何氏燕之間的交流關係，可以見之他們之間有相當程度的問題，紀錄兩人之間的事多半是例行性的，像是生產、祭祀等，出遊則如前述，許多次都是何氏燕帶領家人參與，但張麗俊並未同行。但是和徐氏妹的相處就精彩得多，不只是常常出遊都有

〔註86〕李毓嵐，〈日治時期臺灣傳統文人的女性觀〉，頁121。

〔註87〕黃旺成著，許雪姬編註，《黃旺成先生日記（十六）一九二九年》，頁288～289。

〔註88〕黃旺成著，許雪姬編註，《黃旺成先生日記（十九）：一九三三年》（臺北：中央研究院臺灣史研究所，2018），頁24～25。

〔註89〕許雪姬，〈張麗俊生活中的女性〉，頁69～121。

徐氏妹相伴，張麗俊更常常有隻身去找徐氏妹燕好的紀錄，〔註90〕從記述的言詞中可以見之，張麗俊和徐氏妹之間的相處是相當快樂的。在生病時，徐氏妹所受到的關心，亦絲毫不少於正室何氏燕。這裡有其他值得注意之處，張麗俊此人交好的女性不少，若僅貪圖美色，或許只會有幾次的相好，然而，對待徐氏妹的部分，張麗俊完全是比照妻子的模式，甚至是給得更多，所以可以得知張麗俊在這段和徐氏妹之間的關係中，得到了何氏燕給不了的情感。

另外，張麗俊有個繼室楊氏梨，透過張麗俊與楊氏梨的相處，可以得知更多關於張麗俊婚姻生活中有所欠缺的部分。首先，張麗俊與楊氏梨出遊的次數不少，比起和何燕出遊與日遽減，張麗俊與楊氏梨單獨出遊的記載並不少，張麗俊常會抱怨楊氏梨出遊狀況繁多，導致每次出遊不盡興，但即便如此，他也不不大會撇下楊氏梨，自己出去玩樂，可以想見張麗俊同楊氏梨出遊的意願較何燕為高。另外，楊氏梨的出現是在徐氏妹過世之後，亦可以理解張麗俊看待楊氏梨和看待何燕不同，並非只將她當作傳統家裡的妻子，仍是有加入新式的觀念，希望兩人的相處上也是和諧快樂的，沒有了心靈上的伴侶徐氏妹，又失去在身邊盡心盡力大半輩子的何燕，這位楊氏梨被賦予的角色應是兩者合一，所以有些記載中張麗俊對於楊氏梨的表現算是有些失望的，可以說期待越大，失望也越大。楊氏梨雖在當時亦是經過種種篩選，〔註91〕但畢竟還是張麗俊主導，是較為接近自由戀愛的，非似和何燕的那段情感，主要是傳統觀念下的婚姻，這對於兩人之間的相處影響不小，即便同前述，張麗俊對其的抱怨較何燕要多，但筆者認為有期待和要求，正是張麗俊對於楊氏梨關愛的表現。

接著是黃旺成的部分，其過從甚密的女性並非似張麗俊那樣多，但也不少，可以說是當時代下的常態。相處較佳且能稱得上用情甚深的主要為林高麗以及李招治，兩人有個共通點，即是兩人均是有受教育的女性，這和正室林玉盞相當不同，黃旺成曾多次在日記中提及對於舊式婚姻的不滿，很大的原因便是許多過去的女性是未受教育的。〔註92〕林高麗畢業於公學校，為林玉盞叔叔林鵠的長女，和妻子林玉盞是堂姊妹，因為常做為林玉盞娘家與黃

〔註90〕張麗俊著，許雪姬、洪秋芬編纂‧解讀，《水竹居主人日記（二）》，頁205、張麗俊著，許雪姬、洪秋芬、李毓嵐編纂‧解讀，《水竹居主人日記（四）》，頁361。

〔註91〕許雪姬，〈張麗俊生活中的女性〉，頁95～104。

〔註92〕黃旺成著，許雪姬編註，《黃旺成先生日記（十二）一九二五年》，頁88。

旺成溝通的中間人而搭上線，兩人之間的感情，在日記中有頗多描寫，舉凡他提及這樣的感情是神聖之戀，〔註93〕或是對於高麗犯相思，感動於其前來探視，〔註94〕都很明確表達出他的濃厚情感。其中最值得注意的可能是這段情東窗事發後，妻子林玉盞並未怪罪，反而出言安慰，〔註95〕林玉盞本意是想成全兩人的感情，這個舉動反倒讓黃旺成對妻子刮目相看，在討論如何兩全其美處理此事之時，重燃了對妻子的情感，雖然因為1920年的日記散失導致無法得知娶妾一事未成的始末，但可以發現林玉盞做為傳統女性跟前述張麗俊妻子何氏燕相似的舉措。

至於李招治其人具有助產士資格，在1911年3月畢業於臺灣總督府國語學校的附屬女學校技藝科，算得上是當時的新時代女性，黃旺成在新竹公學校任訓導時，她恰巧也擔任新竹公學校雇員（黃旺成日記記載為「李氏招」），所以他們曾有段時間是同事的關係，不過李招治在1915年的4月便離職，在這段時間內他們也沒有更深一層的關係。她最初是與曾任公醫的詹並茂結為連理，生育德聰、德明、德睿、德知等四子。〔註96〕不過詹並茂不幸享年四十歲，這使得李招治有成為寡婦這般悽慘的境遇，不過李招治並未因此而喪志，畢竟其非過往常見的傳統家庭婦女，她有產婆的身分，能靠替他人接生來賺取錢財，正因為有養活自己的能力，並不需要他人的協助，儼然就是自立自強的女強人，這點相當吸引黃旺成。李招治和其他女性不同之處還有與異性的相處上，有段時間他可以說是周旋在複數男人之間，〔註97〕可見是有其魅力與手段的。

（三）時代轉換下的溫柔與殘忍

最後，張麗俊與黃旺成的正室終究無法得到從一而終的結果，無論是表面上還是實質上，她們在婚姻中、生活上呈現出了許多與過去舊時代女性相仿的樣貌，可以見之，雖然在這樣的時代中，許多新觀念已然傳入，但卻並未體現在家庭關係上，即便相敬如賓，仍是無法成為恆久的伴侶，自由戀愛在此時反而與過往陳腐的三妻四妾觀念交雜在一起，使這時代的知識分子多

〔註93〕黃旺成著，許雪姬編註，《黃旺成先生日記（七）一九一九年》，頁130。
〔註94〕黃旺成著，許雪姬編註，《黃旺成先生日記（七）一九一九年》，頁253～254。
〔註95〕黃旺成著，許雪姬編註，《黃旺成先生日記（七）一九一九年》，頁271。
〔註96〕黃旺成著，許雪姬編註，《黃旺成先生日記（十四）：一九二七年》，頁411。
〔註97〕黃旺成著，許雪姬編註，《黃旺成先生日記（十六）一九二九年》，頁162。

半有不少紅粉知己,除少數潔身自愛的傅錫祺以外,舉凡陳懷澄、吳新榮等人,甚至林獻堂也有與僕從的相合。這裡則以張麗俊及黃旺成為例,可以看出妻子都是以傳統方式結親的,但在時代浪潮之下,傳統妻子很難符合吸收眾多新知的知識分子的期待,即便他們可能沒有做錯太多事情,終究難以留住丈夫的心,以下便就上述兩小節呈現的現象進行解析。

首先,在張麗俊的案例中,我們可以發現他與正宮妻子育有不少子女,家庭中該有的功能也都是有的,在可得的資料中,亦沒有身邊家人或自身對於正妻何氏燕的批評,即便兩人的關係冷淡,至少仍能維繫表面上的和平,甚至張麗俊似乎有意塑造自己「愛妻」的形象,在妻子重病、病危時,張麗俊皆使用了大量的日記篇幅記載為其求醫、求神等過程,〔註98〕在何氏燕去世後,張麗俊也相當鋪張的為其舉行了令人稱羨的喪禮,〔註99〕一連數日透過他人的讚許,強化該喪禮的盛大,該有的禮數什麼都不缺。可以理解兩人之間就算男女之情欠缺,還是有家人之情,以及做為丈夫所應肩負起的種種責任。然而這樣的作法容易使人有種流於形式之感,他自己在日記中提到何氏燕平生是個不喜奢華的人,〔註100〕但在最後張麗俊卻給了他相當豪華的喪禮,顯然並非妻子所要的,只是像前述所言及刻意塑造的樣子。

雖然張麗俊並未言說妻子的問題,我們也難以窺探其心理,但很顯然張氏在與正妻的家庭中並未獲得滿足,未獲得他所渴求的情感,所以他才有了其他的因緣,像是徐氏妹,去彌補家庭中的欠缺,在過往傳統三妻四妾的年代中,這樣的現象是很普遍的。當時的男性總在婚姻、生養兒女之外還有更多其他的渴望,這樣的渴望可以在張麗俊與繼室楊氏梨的相處中看出端倪。顯然在有徐氏妹的情況下,一些男女之間的情感,可以由徐氏妹賦予,所以張麗俊並未多要求何氏燕,在徐氏妹及何燕離世後,楊氏梨則被賦予更多的渴求,也因此常被張麗俊碎嘴。張麗俊及何燕之間維持近似空殼的夫妻關係,則可以了解到身為知識分子,依然在他們的受教育經驗中潛移默化,得出不可始亂終棄等結論,在這樣的關係中對於夫妻雙方都是一種傷害,丈夫不能

〔註98〕張麗俊著,許雪姬、洪秋芬、李毓嵐編纂‧解讀,《水竹居主人日記(八)》(臺北:中央研究院近代史研究所;臺中:臺中縣文化局,2004),頁198、213~214、378。

〔註99〕張麗俊著,許雪姬、洪秋芬編纂‧解讀,《水竹居主人日記(九)》,頁183~184、188。

〔註100〕張麗俊著,許雪姬、洪秋芬編纂‧解讀,《水竹居主人日記(九)》,頁182。

不顧一切去尋求自己所愛,妻子也不能打破這樣有名無實的婚姻困境,可以說在這樣的時代氛圍中,誕生了許多表面上和諧,但實際上是悲劇的婚姻。

在黃旺成的案例中,可以更明確知曉他們夫妻之間的衝突,相較於張麗俊和何氏燕還要多很多。以他和妻子之間關係的演變大致可以分成幾個階段,從一開始試圖去改變,明明兩人並非契合,還是因為寂寞、責任、禮教等因素努力磨合,隨著衝突不斷加深,最後也只能前往情感的終結,俗話說越吵感情越好,是因為吵架便是在意的表現,相愛的相反並非結仇,反而是冷漠,也就是黃旺成與林玉盞感情的最後畫面,哪怕妻子發現了這樣的狀況,但丈夫的心早已挽回不了。

在這段關係中,受教育成為一個討論重心,就記主黃旺成的說法,他相當不能接受未受教育的對象,有話不投機半句多之感。此處無法確知張麗俊是否有相同情形,不過確實張麗俊在日記中也很少提及與妻子的閒談。黃旺成的部分,他的妻子林玉盞常常主動要找他談天,不過黃旺成總是認為無趣、浪費生命,〔註101〕黃旺成並未將與妻子的交流視為重要的事情,顯然兩人在生活中是相當不合的。聊不來或許在過去的舊式婚姻中不是什麼嚴重的事情,畢竟過往「嫁雞隨雞、嫁狗隨狗」的觀念下,婦女僅似男子的附屬品,以男性為重心之下,女性只要將她該做的事情做好,便是成功的妻子。不過,許多新的觀念在此時傳入,以至於這些知識分子尋找與自己相合紅粉知己的情形很普遍,無論是林高麗,還是李招治,均為受教育的知識分子,觀念相近的情形下,較有話聊也是很正常的。自此婚姻之中,夫妻的個性是否相合變得重要,不再只憑藉父母之命、媒妁之言即可,這也揭示了婚姻關係不僅只有兩家結合與傳宗接代之用,日常生活的相處也有其重要性。

第三節 子女教養中的傳承與寄託

前面兩節將兩位記主生活史中父母及配偶的影響做了研究及探討,經過種種的事例分析,理出一些脈絡。前述從啟發到體現,此節要進入的則是傳承的部分,這些知識分子,受到大量新知識以及新思潮的衝擊,自己身處於轉變的夾縫裡,在教養兒女上是否會有不同便是很重要的討論中心,若是自身因為受到父母以及成長環境的價值觀影響,所以導致自身並未受到時代浪

〔註101〕黃旺成著,許雪姬編註,《黃旺成先生日記(一):一九一二年》,頁279。

潮而有所改動生活習慣，便可以將之歸因於此。然而，這些知識分子身為當時臺灣最能吸收新知，且最知曉世界脈動的人們，在自身與妻子間互動中，便已有不少與過去傳統不同之處，只是因為在當時並非所有人的觀念都天翻地覆似的改變，仍有一些過去殘留的舊慣，在這樣的情況下，這些知識分子對於子女採用何種教養方針頗值得玩味，畢竟新的一代比起他們是逐漸吸收新知，更接近所謂的新世代。此處可以顯見在知識分子之間亦有區別，並得知時代下的知識分子在變動中如何藉由教導後代的方式協助後輩適應時代的變遷。

（一）最初的照料

　　這部分由於張麗俊寫作日記時，大多數孩子的年紀都已經不小了，即便還有新成員的來到，不過並非頭幾個孩子，所呈現出的情感就沒有這樣的顯明，所以僅能以黃旺成的記載為主，張麗俊的記載為輔，即便這樣必然會有一些漏失，不過，在這樣不得已之下，也只得在受限的情況之下來進行分析及闡發。所謂對子女的教養，主要便是在子女尚未成年的這個階段，可以從中了解記主做為父親所表達出來的教育方針及態度，究竟是否呈現出一個進步的圖像。

　　首先，要先以《黃旺成先生日記》中的記載資料來做闡發，黃旺成在日記中可以說是大量述說自己小孩的記事，並且以長子繼圖為要。雖然依照戶口名簿的記載，黃旺成總共有九名子女，除了長子外依次為繼志、繼舜、繼周、黃氏殤、繼休、黃氏惠蘭、繼文。〔註102〕但是，因為繼圖為長子，又在學習上表現較佳，日記記載的篇幅上長子繼圖顯然比其他弟妹要多得多，所以筆者在此節也會聚焦在黃旺成對於大兒子的舉措上。學者沈佳珊曾經以兒童疾病及照護為題，論述過黃旺成對於家中子女的醫療照護，〔註103〕這也可以做為黃旺成與子代關係的參考。

　　首先，自第一個孩子黃繼圖出生那日，〔註104〕黃旺成連續26天記載黃繼圖的大小事，包含描寫他與祖父為繼圖的命名而起衝突、〔註105〕為了繼圖

〔註102〕黃旺成著，許雪姬編註，《黃旺成先生日記（一）：一九一二年》，頁 xxvi～xxvii。

〔註103〕沈佳珊，〈從《黃旺成先生日記》看台灣民間的兒童疾病及照護（1912～1925）〉，頁35～98。

〔註104〕黃旺成著，許雪姬編註，《黃旺成先生日記（一）：一九一二年》，頁319。

〔註105〕黃旺成著，許雪姬編註，《黃旺成先生日記（一）：一九一二年》，頁322～323。

去算命、〔註106〕繼圖臉色狀況、〔註107〕繼圖妨礙其睡眠、〔註108〕繼圖憤怒哭泣等，〔註109〕無論小事大事均寫之，可以說鉅細靡遺，表現出初有子嗣的興奮及關切。

在這樣的新鮮之後，黃旺成仍然是持續記錄自己孩子的成長，滿月與周歲的記載因為是傳統使然，〔註110〕會記載並不能明確體現黃旺成對待孩子的關愛，但連並非極為重要的出生第四十天都被記載，〔註111〕便更加印證黃旺成之愛子心切。而且並非只有長子繼圖，次子亦有相關記載，〔註112〕此處可以理解黃旺成不是自小即獨厚長子繼圖，即便少了初次做為父親的新鮮，仍是有身為父親責任與對小孩的關愛。

黃旺成對於孩子的期許則要從幾個層面來觀察之，其一是對於孩子學習上的在意，黃旺成教育孩子並非是完全遵照新式教育的步伐，仍有傳統教育的給予，像是 1919 年黃繼圖 7、8 歲的時候，就有指導其讀寫的紀錄，〔註113〕也提及他有所進步，〔註114〕在學習上，繼圖是超越自己年幼弟弟的，〔註115〕所以也因為這樣黃旺成對於他這個長子有著相當大的期許。在這一年，他也將孩子送入傳統教育的私塾，還因為認為孩子不夠優秀，所以遣其他人帶孩子就學。〔註116〕1921 年，黃旺成再接再厲，不僅督促孩子念《左傳》、《史記》，且在旁協助解說，〔註117〕甚至在繼圖 10 歲左右就教了其作詩的

〔註106〕黃旺成著，許雪姬編註，《黃旺成先生日記（一）：一九一二年》，頁 324～325。
〔註107〕黃旺成著，許雪姬編註，《黃旺成先生日記（一）：一九一二年》，頁 326。
〔註108〕黃旺成著，許雪姬編註，《黃旺成先生日記（一）：一九一二年》，頁 340。
〔註109〕黃旺成著，許雪姬編註，《黃旺成先生日記（一）：一九一二年》，頁 348～349。
〔註110〕黃旺成著，許雪姬編註，《黃旺成先生日記（一）：一九一二年》，頁 368～370；黃旺成著，許雪姬編註，《黃旺成先生日記（二）：一九一三年》，頁 233。
〔註111〕黃旺成著，許雪姬編註，《黃旺成先生日記（一）：一九一二年》，頁 386。
〔註112〕黃旺成著，許雪姬編註，《黃旺成先生日記（三）：一九一四年》，頁 44、57～58。
〔註113〕黃旺成著，許雪姬編註，《黃旺成先生日記（七）：一九一九年》，頁 16～17、42。
〔註114〕黃旺成著，許雪姬編註，《黃旺成先生日記（七）：一九一九年》，頁 103。
〔註115〕黃旺成著，許雪姬編註，《黃旺成先生日記（七）：一九一九年》，頁 98。
〔註116〕黃旺成著，許雪姬編註，《黃旺成先生日記（七）：一九一九年》，頁 161～162。
〔註117〕黃旺成著，許雪姬編註，《黃旺成先生日記（七）：一九一九年》，頁 209；黃旺成著，許雪姬編註，《黃旺成先生日記（八）：一九二一年》，頁 112。

要領，〔註118〕在其中我們可以見到黃旺成對於孩子學習漢學上的要求，真的是相當嚴格。其後亦有關心小孩就讀新式教育的日記撰寫，〔註119〕他相當在意孩子們的成績與未來表現，不僅提到繼志與繼舜二人成績糟糕，〔註120〕更提及了繼圖是孩子中成績最佳的，〔註121〕不過黃旺成並未因此而過度偏心，導致不關懷其他小孩，仍有指導其他孩子課業的紀錄，〔註122〕儘管在日記描寫上以繼圖為多，還是有做到基本的關愛。尤有甚者，過去曾擔任教育工作的他，還會利用機會去到孩子的課堂上觀課，〔註123〕或是找孩子的指導老師詢問小孩的學習狀況。〔註124〕黃旺成指導孩子念書除了開心於前述的學習成果，也在其中體會到了教學相長的快樂，〔註125〕那日繼圖對於歷史深感興趣，並且詢問了不少問題，雖然對於黃旺成而言，因為許多知識的記憶隨著年紀增長而淡薄，導致繼圖的一些疑惑在當下是難以回答的，不過他仍是很高興繼圖樂於求知，也在其中了解到了「活到老，學到老」的重要性。

是故此處必須提及長子繼圖在家庭教育裡的特殊性，除了上述所言成績優異的部分以外，黃旺成在他的學習上也用心良苦，不僅是含括了漢學與新學，甚至還在 1923 年日本提倡日臺共學時，盡力將繼圖轉學送入小學校，〔註126〕使其接受與日人相同的教育。繼圖進入新竹中學後的表現也是黃旺成相當關心的，〔註127〕在意成績以外，也總是會參與該校所舉辦的父兄會（家長會），〔註128〕繼圖的成績並非一直都優秀，且因為資質較佳，黃旺成

〔註118〕黃旺成著，許雪姬編註，《黃旺成先生日記（八）：一九二一年》，頁112～113。

〔註119〕黃旺成著，许雪姬編註，《黃旺成先生日記（九）：一九二二年》（臺北：中央研究院臺灣史研究所，2012），頁 264；黃旺成著，许雪姬編註，《黃旺成先生日記（十）：一九二三年》，頁4～6。

〔註120〕黃旺成著，许雪姬編註，《黃旺成先生日記（十）：一九二三年》，頁339～340。

〔註121〕黃旺成著，许雪姬編註，《黃旺成先生日記（十二）一九二五年》，頁101。

〔註122〕黃旺成著，许雪姬編註，《黃旺成先生日記（九）：一九二二年》，頁268～270。

〔註123〕黃旺成著，许雪姬編註，《黃旺成先生日記（九）：一九二二年》，頁 393；黃旺成著，许雪姬編註，《黃旺成先生日記（十）：一九二三年》，頁 199～200。

〔註124〕黃旺成著，许雪姬編註，《黃旺成先生日記（十）：一九二三年》，頁236。

〔註125〕黃旺成著，许雪姬編註，《黃旺成先生日記（十）：一九二三年》，頁4～6。

〔註126〕黃旺成著，许雪姬編註，《黃旺成先生日記（十）：一九二三年》，頁135～136。

〔註127〕黃旺成著，许雪姬編註，《黃旺成先生日記（十三）一九二六年》，頁384～386。

〔註128〕黃旺成著，许雪姬編註，《黃旺成先生日記（十四）：一九二七年》，頁 208～209、405～406。

也給與他較高的標準與壓力，即便進入新竹中學也是高標準檢視，在其中我們每每能見著一個關心孩子的嚴父形象。1930 年自新竹中學畢業，該年 3月 10 日高校及第，〔註129〕並在 4 月 1 日進入高校，〔註130〕直到1933 年得以進入日本的京都帝國大學，〔註131〕這些成就都不是當時臺灣學子唾手可得的，從中可以見之黃旺成的用心教育，以及黃繼圖的努力回應。

其二即為平時的管教，我們總說「愛之深、責之切」這很能解釋黃旺成的教養觀。在日記中能找到不少篇目有提及黃旺成打罵孩子的狀況，〔註132〕這點和前述提及有對於妻子動手動腳的部分有其關聯，這代表黃旺成是一位傳統大男人性格的人，仍是會用傳統最便捷的方式管教小孩，可能是對自己父母的有樣學樣，這是一個新舊之交的好例子，一面對妻子要求學識、與時俱進，一面自身仍使用這被視為陳腐的做法。還原到當時的情境，身處新舊交融世代的他，仍使用傳統的打罵式教育似乎還說得過去，其中重要的是在後期，他的態度上有了些微的改動。他曾提到有時情緒不穩，便會打小孩出氣，〔註133〕可以說是樹立權威的方式，主要適用於孩子年紀尚小的時候，他自己有時也會後悔這樣的管教方式，〔註134〕或是表示管教小孩自己也會心痛，〔註135〕在後期的日記中更有提到認為這樣的方法並不文明的反思，〔註136〕即便自己無法立即改變，至少這樣的意識已於心中萌芽。

黃旺成當然並非有罰無賞的父親，在日記中也有提到一些和小孩出遊的美好時光，除了顯示出他對於孩子很照顧以外，也呈現了喜愛休閒的一面，日常休閒的部分在第三章會再詳談。黃旺成曾經帶小孩參與多種類的休閒，

〔註129〕黃旺成著，許雪姬編註，《黃旺成先生日記（十七）：一九三〇年》（臺北：中央研究院臺灣史研究所，2017），頁 96～98。

〔註130〕黃旺成著，許雪姬編註，《黃旺成先生日記（十七）：一九三〇年》，頁 131。

〔註131〕曾士榮，《近代心智與日常臺灣：法律人黃繼圖日記中的私與公（1912～1955）》，頁 25。

〔註132〕黃旺成著，許雪姬編註，《黃旺成先生日記（七）：一九一九年》，頁 150～151、200。

〔註133〕黃旺成著，許雪姬編註，《黃旺成先生日記（八）：一九二一年》，頁 178；黃旺成著，許雪姬編註，《黃旺成先生日記（十）：一九二三年》，頁 264～265。

〔註134〕黃旺成著，許雪姬編註，《黃旺成先生日記（十）：一九二三年》，頁 290～291。

〔註135〕黃旺成著，許雪姬編註，《黃旺成先生日記（八）：一九二一年》，頁 178。

〔註136〕黃旺成著，許雪姬編註，《黃旺成先生日記（十三）一九二六年》，頁 82～83。

像是外國傳入的馬戲、〔註137〕日本引進的泡湯，〔註138〕還有帶領孩子參觀博物館的經驗，〔註139〕不只是自己參與休閒活動，也能帶著小孩長見識，對於孩子吸收新文化是一大助力，即便前述所提及黃旺成重視傳統的漢學教育，不過對於小孩吸收新知的一塊，黃旺成也絲毫不馬虎。

（二）給予和交付

雖然前述有提在傳統大家族中，家父長制以及守成觀念是很普遍的，但是要能將家業交付子代，並且安穩的從事自己想做的事情，並非容易之事，若是一個不留神，或許本來的家大業大便會轉瞬成空，這顯然是無法跟家族成員或是傳統所謂列祖列宗交代的，尤其對於知識分子，在浸潤儒家思想觀念之下，做為一個文人，名節肯定也是他們會關注的，若是千秋大業毀於己手，這是會遺臭萬年的。這邊我們就從兩位記主——張麗俊與黃旺成二人的日記內容為主，在他們與孩子間的互動中，了解當代知識分子與其子女的傳承關係，也更認識知識分子這樣的研究對象。

前一小節因為雙方寫作日記時小孩年紀的差異，主要以《黃旺成先生日記》的內容為主體，認識黃旺成對於孩子的教養，此節就主要會以《水竹居主人日記》的描寫為主，藉由張麗俊的孩子在其寫作日記時多半已成年這點，可以更明白看出本節所要探討的交付現象。

清漣可以說是張麗俊交付任務的最大宗對象，這當然與他較為年長脫不了關係，值得注意的是清漣雖是自己的親生子嗣，不過已經過繼給他自己的哥哥了，〔註140〕可以見之張麗俊對於「家族」的觀念，可以有兩種的解釋，其一為他並沒有獨善其身的打算，只要是大家族中的成員就一視同仁，其二則是他仍然將清漣視為自己的長子來栽培之。張麗俊自身保正以及地方有力人士的身分，致使他有不少事情要參與，當然這並非只是惱人的工作，也可以解釋成權力的體現，所以在讓孩子幫忙之餘，也有試圖讓他們承接自己地位的潛在意涵。像是協助領取公文、率領工人進行地方工程、〔註141〕視察

〔註137〕黃旺成著，許雪姬編註，《黃旺成先生日記（七）：一九一九年》，頁107。
〔註138〕黃旺成著，許雪姬編註，《黃旺成先生日記（八）：一九二一年》，頁70。
〔註139〕黃旺成著，許雪姬編註，《黃旺成先生日記（八）：一九二一年》，頁224；黃旺成著，許雪姬編註，《黃旺成先生日記（十）：一九二三年》，頁290～291。
〔註140〕〈清河堂張氏族譜〉，未刊稿。
〔註141〕張麗俊著，許雪姬、洪秋芬、李毓嵐編纂・解讀，《水竹居主人日記（四）》，頁78；張麗俊著，許雪姬、洪秋芬、李毓嵐編纂・解讀，《水竹居主人日記

農業相關建設、〔註142〕推動地方衛生、〔註143〕丈量田地、〔註144〕收取磧地金及租用金等費用、〔註145〕參與婚喪喜慶等職務,〔註146〕都能見到張麗俊讓孩子幫忙的狀況,許多保甲的會議都直接由小孩前去參與,〔註147〕甚至有次開會,張麗俊直接表態讓清漣來承接他的職務,〔註148〕這明白顯示了張麗俊對於孩子做事的放心,從一些小事的協助,直到後來可以將所有事情交由下一代處理,而且運用他自身的影響力,和前面協助小孩出來做事及累積地方聲望的舉措,讓與會成員也都未有異議,完美交付了自身的地位給小孩。

　　除了公務以外,一些私人事情的交付,也能看出張麗俊的信任,像是祖墳的施工、〔註149〕家中土地爭議的處理、〔註150〕購買土地或田產等。〔註151〕另外,為了節日準備一些必要物品的任務也經常交付給孩子,〔註152〕連自己

（五）》,頁 139～140。

〔註142〕張麗俊著,許雪姬、洪秋芬編纂・解讀,《水竹居主人日記（九）》,頁39。
〔註143〕張麗俊著,许雪姬、洪秋芬、李毓嵐編纂・解讀,《水竹居主人日記（三）》,頁53。
〔註144〕張麗俊著,许雪姬、洪秋芬、李毓嵐編纂・解讀,《水竹居主人日記（七）》,頁328。
〔註145〕張麗俊著,许雪姬、洪秋芬、李毓嵐編纂・解讀,《水竹居主人日記（四）》,頁 212;張麗俊著,许雪姬、洪秋芬、李毓嵐編纂・解讀,《水竹居主人日記（五）》,頁 399;張麗俊著,许雪姬、洪秋芬、李毓嵐編纂・解讀,《水竹居主人日記（六）》,頁31。
〔註146〕張麗俊著,许雪姬、洪秋芬、李毓嵐編纂・解讀,《水竹居主人日記（七）》,頁384～385。
〔註147〕張麗俊著,许雪姬、洪秋芬、李毓嵐編纂・解讀,《水竹居主人日記（四）》,頁 195;張麗俊著,许雪姬、洪秋芬、李毓嵐編纂・解讀,《水竹居主人日記（五）》,頁 31、161～162。
〔註148〕張麗俊著,许雪姬、洪秋芬、李毓嵐編纂・解讀,《水竹居主人日記（七）》,頁366～367。
〔註149〕張麗俊著,许雪姬、洪秋芬、李毓嵐編纂・解讀,《水竹居主人日記（六）》,頁 446;張麗俊著,许雪姬、洪秋芬、李毓嵐編纂・解讀,《水竹居主人日記（七）》,頁4。
〔註150〕張麗俊著,许雪姬、洪秋芬、李毓嵐編纂・解讀,《水竹居主人日記（六）》,頁375。
〔註151〕張麗俊著,许雪姬、洪秋芬、李毓嵐編纂・解讀,《水竹居主人日記（五）》,頁398。
〔註152〕張麗俊著,许雪姬、洪秋芬、李毓嵐編纂・解讀,《水竹居主人日記（五）》,頁 400;張麗俊著,许雪姬、洪秋芬、李毓嵐編纂・解讀,《水竹居主人日記（六）》,頁82、319。

教授夜學也把孩子帶在身旁，〔註 153〕於公於私均有交付的行為。不過值得一提的是除卻上述所言，可以使子代承接自身的權力和地位以外，也會有些自身的因素，像是下一章將會談到的休閒生活，張麗俊其人對於新鮮事物極有興趣，相較於做為保正或地方人士，要處理許許多多細碎的雜事，他還比較喜歡花時間去嘗鮮、去玩賞。可以從許多日記的內容發現，讓小孩代理職務的背後，常常會有自己忙裡偷閒去玩賞的描寫，〔註 154〕充分利用了這些多出來的時間，過自己想過的生活，可以說交付對他而言是兩全其美的樂事。

正如前面所言，張麗俊並未分別過房子清漣，這也導致了其晚年分配財產上的爭端，〔註 155〕不僅使家中兄弟鬩牆，〔註 156〕且讓他老人家耗盡心神，可以說是談錢傷感情最好的例證，張麗俊在此處費了許多心力，除了多次與清漣商討以外，〔註 157〕也在日記中提到他自身一路走來的不易，〔註 158〕和「本是同根生，相煎何太急」般的勸告，〔註 159〕我們能看出他對於自身孩子的關愛，不僅希望大家和平共處，也從不吝於將自己的全部給予，展現了他的關懷與信任。

黃旺成部分的描寫較少，實因目前能採用之日記年段孩子年紀尚小的緣故，不過仍有部分交付的描寫，像是在繼圖年紀尚輕之時，交付其買芭蕉的小事，欲長其見識，〔註 160〕對於家中經營商業的黃旺成，也會將領錢事務交由繼圖協助，〔註 161〕做為專欄編輯之時，也會將文稿交由孩子去寄送，

〔註 153〕張麗俊著，許雪姬、洪秋芬、李毓嵐編纂‧解讀，《水竹居主人日記（四）》，頁 56～58。

〔註 154〕張麗俊著，许雪姬、洪秋芬編纂‧解讀，《水竹居主人日記（二）》，頁 422；張麗俊著，许雪姬、洪秋芬、李毓嵐編纂‧解讀，《水竹居主人日記（四）》，頁 257～258。

〔註 155〕張麗俊著，许雪姬、洪秋芬、李毓嵐編纂‧解讀，《水竹居主人日記（八）》，頁 471。

〔註 156〕張麗俊著，许雪姬、洪秋芬編纂‧解讀，《水竹居主人日記（九）》，頁 262。

〔註 157〕張麗俊著，许雪姬、洪秋芬、李毓嵐編纂‧解讀，《水竹居主人日記（八）》，頁 170。

〔註 158〕張麗俊著，许雪姬、洪秋芬、李毓嵐編纂‧解讀，《水竹居主人日記（八）》，頁 168～169。

〔註 159〕張麗俊著，许雪姬、洪秋芬編纂‧解讀，《水竹居主人日記（九）》，頁 281～282。

〔註 160〕黃旺成著，许雪姬編註，《黃旺成先生日記（九）：一九二二年》，頁 264。

〔註 161〕黃旺成著，许雪姬編註，《黃旺成先生日記（十四）：一九二七年》，頁 322。

〔註 162〕這些看似事日常生活中平凡不過的小事，但卻都是有一定重要性的，可以從中了解對於孩子的信任。

（三）子女教養的變與不變

此小節是以當代的整體為觀察視角，欲就該時代對子女的教育做解析，從張麗俊以及黃旺成二人為出發，再接著看他們的下一代，了解這段時間中的教養子女有何相同處？又有何不同處？除了從此處了解筆者探討的兩位記主外，亦從他們的生活習慣中提出一個常態，以此為根本去解釋當代知識分子在當時的種種作為，了解當時的知識分子如何培育下一代，並帶給子代怎樣的影響與形塑。

此節第一部份探討傳承之初，也就是對於小孩的教養跟期許。藉由黃旺成先生日記中的論述可以了解知識分子在這樣變化的時代下，如何對待小孩的教育，很顯然在國外新知傳入、新式教育推廣之時，傳統的國學教育仍有重要的地位，尤其在這些知識分子身上，過去習以為常的中國式教育依舊影響深遠。像是詩學的教育、古籍的背誦等，仍是黃旺成會授與小孩的知識，甚至還會送入私塾這樣傳統的教育機構中，可以說正因為他們是知識分子，所以在意這些在他們成長中占據重要地位的學問，近似階級複製的概念與他們身為多方接受新知的角色有些牴觸，導致在許多面向並沒有呈現預期中「進步」的模樣。當然，對於研究他們這樣的角色，這並非僅用好壞便能闡明的。雖然這樣的做法看起來並不進步，但也因為這樣的特質，所以經由這些知識分子傳下去的智識是中西合璧、兼容並蓄的，在過去傳統之上疊加新知，可以說培養出許多有涵養的新一代知識階層。這部分的傳承與傳播筆者在第四章還會再用更多篇幅去探究，此處僅以黃旺成對於自己孩子的教育分析之。

第二部分提及責任的給予以及交付，可以看到許多任務隨著孩子的成長交接到子輩的手上，這正好接續前部分，了解在高標準的要求之後，便是一個權力以及地位的移轉，無論是做為較傳統知識分子角色的張麗俊，還是較為新式的知識分子黃旺成，均有慢慢交付孩子事務的舉動，一步一步完成交接的工作，使家道不至於在後代中衰，尤其是張麗俊的舉措可以完美詮釋此一論點，他透過小孩對於地方事務的承接，一步步將小孩推上和他一樣的權

〔註162〕黃旺成著，許雪姬編註，《黃旺成先生日記（十五）：一九二八年》，頁58、282、386。

力地位之上。正因為有了許多責任的轉移，張麗俊與黃旺成才有更多時間去享受閒暇時間，從事更多的休閒娛樂以豐富人生，這也是下章要探究的重點。

　　這裡可以整理出一個小結，即是做為知識分子雖然獲取的知識量較多且豐富，不過並未忘本，仍會保留傳統文化及學習方式，使得一些老祖宗的智慧繼續流傳。另外，在傳承的部分較有差異，主要是新舊知識分子身分上的不同，做為地方上的勢力，像是張麗俊，自然是使後輩繼承自己的地位及事業：若是較為普通的中產階級，像是黃旺成，則是培養後輩讀書，利用他們獲取的知識、能力等，盡自己所能使下一代能有各自的一片天。在以上討論之外，他們對於子代的關愛是種自古皆然的傳遞，彷彿世間定理，所謂「天下無不是的父母」便很適合以此作結，一切都是出自於親族間的「愛」。

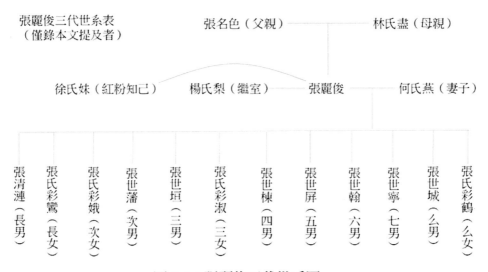

圖 2-1：張麗俊三代世系圖。

（資料來源：參照〈清河堂張氏族譜〉，作者自行繪製）

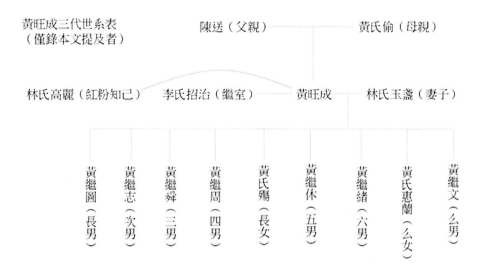

圖 2-2：黃旺成三代世系圖。

（資料來源：參照《黃旺成先生日記（一）：一九一二年》，作者自行繪製）

第三章　日治時期臺灣知識分子的休閒娛樂

第一節　傳統娛樂從事舉隅

　　關於休閒，並非是一個極為嶄新的議題，過往有許多學者都有所描述。〔註1〕不過，在此處筆者以知識分子這樣的角色為中心，試圖藉由這樣的身分去解析他們從事這些休閒的理由，並且了解他們從事休閒對他人所帶來的影響。

　　繼前一章節所提張麗俊與黃旺成傳承及交付的現象，從而了解在放心交付後多了不少自己的空間，可以去發展生活中的休閒娛樂。本節所關注的是知識分子這個群體普遍會有的內涵與習慣，進而從這些象徵推演知識分子選擇休閒娛樂的理由，所以自一些常見的休閒做開頭，一步步解構知識分子的休閒選擇，因此選擇了當代知識分子中常見，且為本篇所探討兩位記主在日記中常提及的閱讀、下棋、寫詩、看熱鬧為主，並以此承接下一節的新式休

〔註1〕陳文松，《來去府城透透氣：一九三〇～一九六〇年代文青醫生吳新榮的日常娛樂三部曲》；呂紹理，〈老眼驚看新世界：從《水竹居主人日記》看張麗俊的生活節奏與休閒娛樂〉，頁369～400；李毓嵐，〈日治時代臺灣傳統詩人的休閒娛樂——以櫟社詩人為例〉，頁51～76；林丁國，〈林獻堂遊臺灣——從《灌園先生日記》看日治時期島內旅遊〉，頁57～111；林丁國，〈從《灌園先生日記》看林獻堂的體育活動〉，頁791～840；林丁國，〈從日記資料析論日治時期臺日人士的體育活動〉，頁73～118；傅鈺鈞，〈從《黃旺成先生日記》看黃旺成1912～1917年的生活休閒娛樂〉，頁141～170。

閒。值得一提的是，本節的閱讀係指傳統閱讀小說、故事那般的娛樂行為，書目上多以中國和華人地區的出版品為主，和下一節所提為汲取知識、增廣見聞的閱讀乃不同層次，分類上會將書報閱讀，以及和公學校教育工作、新知閱讀有關的內容放入下一節中，兩節在此處亦有截然不同的分析與闡述。

（一）傳統的閱讀生活

過往研究者曾透過《臺灣人士鑑》來做為佐證，藉以了解當時臺灣地方人士的興趣及休閒，許多的人民在興趣那欄都被填上了「閱讀」這項，〔註2〕閱讀可說是涵蓋範圍極廣的一項休閒，可以閱讀傳統文學，也可以閱讀新傳入的各類知識，更可以閱讀報章雜誌，知悉每天的大小事。對於人而言，閱讀是一種提升文化水平與知識水準的行為，而在日治時期，識字率不似今日之高的時代裡，閱讀也是體現文化涵養的方式，正因為知識分子這樣的族群識字以及有文化，所以更容易有閱讀的習慣與興趣。本文主要探討的對象——張麗俊，他在三十年的日記中，記載了不少的閱讀經歷，依照首次記載的順序分別有《岳武穆全傳》〔註3〕、《八美圖》〔註4〕、《西遊記》、《天豹圖》〔註5〕、《隨園詩話》〔註6〕、《東周列國誌》〔註7〕、《石頭記》、《平山冷燕》〔註8〕、《明朝忠義傳》、《明崇禎忠義錄》、《封神傳》、《燕山外史》〔註9〕、《中

〔註2〕呂紹理，《水螺響起：日治時期臺灣社會的生活作息》（臺北：遠流出版社，1998年），頁163。

〔註3〕為章回小說，大體上是從岳飛出生寫到岳飛遭「莫須有」罪名處死，主要塑造岳飛及其率領的「岳家軍」精忠報國的英雄形象，也刻畫出以秦檜為代表的投降派人物的醜惡面目，暗含了相當多的漢族文人對於反抗異族侵略、正統政權勝利的傳統觀念。

〔註4〕全書三十二回，清代刊本，作者佚名，描寫宋代杭州人柳樹春經歷的悲歡離合故事，特別是書中的八位美女形象，叛逆反抗，不屈不撓，尤為感人至深。

〔註5〕又名《劍俠飛仙天豹圖》，作者佚名，主要敘述明成化年間施必顯、施碧霞兄妹為父雪仇的故事。

〔註6〕作者為清代的袁枚，內容為其詩歌美學和詩歌理論，主要以性靈說為中心，探討作詩所需要的修養，以及詩的修改、鑑賞、評選等功夫。

〔註7〕《東周列國志》是一部長篇歷史章回小說，為明末余邵魚、馮夢龍所撰，清代的蔡元放編評。是一部在中國除了《三國演義》之外流傳最廣、影響最大的通俗歷史演義。內容涵蓋春秋、戰國時代約500年的東周歷史。

〔註8〕清初長篇小說，共二十回，題為荻岸山人編次。書名取四個主角人物：「平」如衡、「山」黛、「冷」絳雪、「燕」白頷合稱之，因四人皆懷天縱之才，故此書又名《四才子書》。

〔註9〕《燕山外史》，作者為清朝乾隆時浙江嘉興人陳球，全書共八卷，三萬一千餘

華民國演義》〔註10〕、《三國誌》〔註11〕、《金玉緣》〔註12〕，詳細的閱讀情
形請見附錄一。

　　從附錄一所呈現的閱讀經驗裡，我們不難發現他在閱讀上對於歷史小說
情有獨鍾，且嚮往忠孝節義類的劇情，像是《岳武穆全傳》、《明朝忠義傳》、
《明崇禎忠義錄》皆屬此類，他自己在日記中寫到「見岳飛一班英雄豪傑，
而被權奸陷害，真令人怒髮衝冠。見秦檜一夥蠹害陰邪，而將忠良凌夷，更
使我廢書打案。」〔註13〕，對於忠義之士的讚頌，以及對於邪佞之人的憤慨，
充分展現他在故事中的深刻感受。持有相似感想的還有他對《東周列國誌》
的心得描述，《東周列國誌》是張麗俊在日記記載中閱讀最多次的一篇著作，
日記中有十七天都寫到對於此書的閱讀，而且並非連續，其閱讀時間從 1910
年第一次閱讀，〔註14〕到最後一次記載，已是 1934 年，〔註15〕可以見之這部
作品在傳主心中不同的地位，對於這部小說，他的心得感想也是最多的，他
有四篇日記寫到對書中情節之感，像是對於楚平王受小人影響，害死忠臣伍
奢，甚至還要誘殺伍奢兩子伍尚及伍員的橋段，〔註16〕以及屈原受讒言最後
只能自殺明志，〔註17〕還有吳王夫差不接受忠臣伍子胥的建議，〔註18〕這三

　　　　言，取材自馮夢楨所撰《寶生傳》，全書皆四六偶句。是中國小說史上惟一的
　　　　一部長篇駢文小說。
〔註10〕《中華民國演義》為《中國歷代通俗演義》中的民國部分，由蔡東藩、許廑
　　　　父所著。該書採用章回體，蔡東藩原著前一百二十回，許廑父續寫四十回，
　　　　共一百六十回。內容翔實並深入淺出地講述了中華民國的歷史，問世後受到
　　　　人們的廣泛推崇。
〔註11〕此處的《三國誌》並非陳壽所著的正史《三國志》，而是《三國誌演義》，性
　　　　質上更接近小說《三國演義》。
〔註12〕《金玉緣》有幾種說法，其一是《紅樓夢》的另一種說法，而二是專指四十
　　　　三回本的《紅樓夢》，另外，《畫圖緣》及《兒女英雄傳》也都曾經被稱作《金
　　　　玉緣》。
〔註13〕張麗俊著，許雪姬、洪秋芬編纂‧解讀，《水竹居主人日記（二）》（臺北：
　　　　中央研究院近代史研究所；臺中：臺中縣文化局，2000），頁 13。
〔註14〕張麗俊著，許雪姬、洪秋芬編纂‧解讀，《水竹居主人日記（二）》，頁 406。
〔註15〕張麗俊著，許雪姬、洪秋芬編纂‧解讀，《水竹居主人日記（九）》（臺北：
　　　　中央研究院近代史研究所；臺中：臺中縣文化局，2004），頁 411。
〔註16〕張麗俊著，許雪姬、洪秋芬、李毓嵐編纂‧解讀，《水竹居主人日記（三）》
　　　　（臺北：中央研究院近代史研究所；臺中：臺中縣文化局，2001），頁 59。
〔註17〕張麗俊著，許雪姬、洪秋芬、李毓嵐編纂‧解讀，《水竹居主人日記（三）》，
　　　　頁 63。
〔註18〕張麗俊著，許雪姬、洪秋芬編纂‧解讀，《水竹居主人日記（九）》，頁 411。

個部分張麗俊皆表示遺憾與憤恨,且藉由自身的漢學實力,在日記中為書中人物作詩。《封神傳》、《中華民國演義》、《三國誌》三部著作也較接近歷史小說的範疇。其餘當然也有其他類型的小說,不過並未有太多的心得闡發,便暫且不提。我們除了從這些討論裡得知張麗俊的閱讀偏好,也能體會其熱愛傳統文學的文人心思。

黃旺成在日記中所提及之閱讀經驗較張麗俊為多,而且涵蓋更廣,對於其閱讀經驗整理已整理於各段,可藉由該資料增進對於黃旺成閱讀情形的認識。從其中可以發現黃旺成的閱讀上有幾個特點,第一,他的小說閱讀範圍很廣,無論是歷史、言情、神怪等均為他涉獵的對象;第二,與張麗俊相似,在閱讀中能有所感,感受力算是好的,這也是文人普遍的特徵;第三,他在閱讀上是有自我要求的,並非僅是消磨時間的興趣,且有進修的成分;第四,他閱讀了大量的雜誌,可以理解為吸收新知的開端,也呈現出與張麗俊不同,對於新事物更為好奇的那面;第五,除小說外,他對於史學、法學、哲學、當代思想等均有一定興趣,其中一部分如史學自然與閱讀歷史小說一樣是因為他個人的興趣使然,其他則是源自於他在接觸許多社運人士後,開展了對於啟蒙大眾的心思,是黃旺成在知識傳播上的重要表現,將會在本文第四章詳細說明。此小節先聚焦在他與傳統相關之閱讀,也就是限縮在中國以及華人地區的小說、散文那類的篇目,較為新知的內容如翻譯作品待到下一節再做解釋。

首先,關於第一點的部分,要先從黃旺成對於小說的熱愛開始說明,黃旺成讀過相當多的小說作品,且有些都是反覆閱讀,足見其對於部分作品的熱愛。他也曾在一篇日記中感慨要是自己能像讀小說般認真研究詩學,成就便不僅如此,[註19] 可以見得他雖然自言讀書學習新知是很重要的,用功的時間仍被較為歡快、輕鬆的讀小說所佔據。再者,便談及他讀過中國以及華人地區的的小說書目以及其他書籍,日記中的相關記載整理列於附錄二。

附錄二的整理依先後順序排列,故可以清楚看出前後的聯繫,這裡筆者主要分為閱讀年分、閱讀種類來探析。首先,觀察閱讀的時間軸能夠發現小說閱讀主要集中在黃旺成多方參與青年會與文協活動前的時段,也就是其任職公學校至任職蔡蓮舫家庭教師的時間軸,這是因為在黃旺成開始參與相關講演活動

〔註19〕黃旺成作,許雪姬編著,《黃旺成先生日記(五):一九一六年》(臺北:中央研究院臺灣史研究所;嘉義:國立中正大學臺灣人文研究中心,2009),頁 160~161。

後，便有閱讀當代外國著作的需求，自然壓縮了傳統小說的閱讀空間。就種類來說，以世情小說、神怪小說、歷史小說為主，世情小說的部分首推《紅樓夢》，在 1912 年、1913 年、1924 年均有相關記載，總共的閱讀次數高達 56 次，其中最癡迷的當屬 1912 年初次閱讀此書，在該年的 4 月底到 11 月初之時，他不僅對於林黛玉之死感到相當悲痛，也對於賈寶玉的變心表示心有所感，更在讀完全書後再多次閱讀第一章及最後一章回味故事情節，並與朋友張澤討論書籍內容，於隔年及 1924 年皆再度閱讀此書，亦可佐證對該書的熱愛。世情小說的閱讀不僅於此，其他仍有《桃花緣》、《八美圖》、《夢中五美緣》、《二度梅全傳》、《西廂記》、《女學生之秘密記》等，種類上琳琅滿目；神怪小說在黃旺成的閱讀經驗中也算是大宗，主要閱讀的是《聊齋誌異》和《子不語》，在 1914 年到 1919 年的六年之間，前者閱讀次數為 44 次，後者也有 30 次之譜，此外，清代與《子不語》齊名的《閱微草堂筆記》也是他閱讀的書目之一，在 1927 年仍有閱讀《人鬼交通奇觀》這樣有神怪色彩的作品，可見其對於此類型作品的熱愛，只可惜這樣的作品多半沒有讀書心得附於後，難以知道黃旺成看畢之後的想法；歷史小說的閱讀包含了和張麗俊相同的《東周列國志》，另外，還有《三國演義》、《平金川》、《西湖佳話古今遺蹟》、《清代軼聞》、《神州光復志演義》等，在閱讀《三國演義》的讀後心得，可以看見與張麗俊相仿，對於忠孝節義的重視，像是在關羽降曹以及千里走單騎的劇情中皆因其忠義而落淚，在劉禪昏庸、姜維死亡的情節中也拍桌大罵。不過，黃旺成倒也沒有完全和張麗俊一樣，在《東周列國志》中「伍員滅郢鞭平王屍三百」一事兩人的反應便可見之，張麗俊認為大快人心，黃旺成則覺得太過殘酷，似乎更有人道的觀念。

綜合言之，黃旺成無論在傳統書籍的閱讀上，無論是數量還是種類都多出張麗俊相當多，除了可以從中了解黃旺成的閱讀興趣是相當高的以外，在休閒生活中，黃旺成也將更高的比例分配給了讀書，這對於黃旺成從事其他的休閒生活也是有影響的，像是在島外旅遊仍常常手不釋卷，此部分會在第三節提及。

前段的整理中發現黃旺成喜愛的小說類型之一為歷史小說，從他的其他閱讀經驗中顯示他不僅喜愛與歷史相關的小說故事，對於歷史作品也有一定的興趣。特別的是他在史書閱讀上沒有獨厚同文同種的華人歷史，對於外國的歷史也有十足的好奇心，除卻中國的《元明清史略》外，他也閱讀了《万国歷史》、《西洋史要》等世界史相關作品，這點在下一節中會再說明。

　　除卻歷史書籍，黃旺成也多次描寫了他閱讀古文和詩文相關書籍的經驗，前者是因為他曾經和一些志同道合的公學校教師組成古文的讀書會，後者則是同樣的一群夥伴共同組成的詩會使然，詩文因與下一小節有相關，便置於下節探討，古文相關的閱讀狀況可見附錄三。

　　從附錄三可見古文的閱讀，以古文讀書會的前後為多，集中在 1917 年左右。在古文篇目的閱讀上，除了《論語》、《莊子》、《史記》、《漢書》等常見書籍以外，多半出自《古文觀止》這部清代的作品集，裡面整理了不少過去的優質文章，即便到了現今，古文觀止仍是中學推廣國語文教育的優質教材。

　　僅受傳統教育的張麗俊在古文方面的閱讀量較新舊教育都有吸納的黃旺成少彷彿是不合理的，然而，從第四章會詳談的知識傳播中，張麗俊擔任夜學時所使用的教材有不少都是古文，下一節會提及的詩文創作，張麗俊亦是信手拈來，少有參考詩話、韻書等著作的記載，筆者認為詩文創作對於張麗俊這樣的傳統知識分子，已是一個基本的能力，不需要再花更多的精神額外加強。許多僅受新式教育的知識分子需要透過更多額外的努力才能保持這樣的文化，也有不少漸漸失去這樣的能力。

　　總結兩人在休閒性質的傳統文學閱讀經驗，可以看出知識分子所共有的選擇傾向和易受感動的心思，也能了解兩人因身處不同的場域，並有身分、受教育背景等不同，即便皆為當代知識分子，仍導致兩人在傳統的閱讀經驗中有所差異，這樣新舊知識分子間的不同，到了第二節的討論中，會產生更大的鴻溝。

（二）文人下棋與寫詩的雅興

　　前述提及的是知識分子與一般人最基本的差異——識字，所影響的閱讀休閒，此小節所欲探討的是更深入一層的，擁有了識字能力以外，還要有思考、邏輯、足夠的練習，以及對於規則的了解，方能體會其中樂趣的棋藝和詩文創作。

　　在棋藝上，過往學者陳文松使用吳新榮日記對於記主的這項休閒有過介紹，[註20] 學者李毓嵐更是以櫟社詩人為主體，介紹了林獻堂對於象棋以及圍棋的參與。[註21] 此處筆者主要以黃旺成先生日記的內容為主，講述記主

〔註20〕陳文松，《來去府城透透氣：一九三○～一九六○年代文青醫生吳新榮的日常娛樂三部曲》，頁 175～212。

〔註21〕李毓嵐，〈日治時代臺灣傳統詩人的休閒娛樂——以櫟社詩人為例〉，《臺灣學研究》7 期（2009 年 06 月），頁 59～61。

在下棋上的參與。雖然過往我們常言做為文人當會琴、棋、書、畫，不過在張麗俊的相關紀錄中反倒較無這方面的資料，故以黃旺成的書寫為主。從日記中的描寫看來，黃旺成對於下棋可以說是興致甚高，從日記的最初記載，便有下棋的描寫，並提到自己大獲全勝，〔註22〕除此之外亦有多篇提到下棋的勝負，〔註23〕無論是提到雙方棋逢敵手，或是提及自身有所進步，在這之中顯示他除了熱愛這項休閒外，也一定程度的在意輸贏。在記載上，除了記作「下棋」亦有「行直」的記載，可以見之他所下的棋有很多種類，其一即是這種叫「行直」近似圍棋的雙人遊戲。〔註24〕自黃旺成的記載中，還可以見到其他的棋種，像是行軍將棋、〔註25〕文棋、武棋、〔註26〕象棋等，〔註27〕從他的記載中較難辨認每次的下棋活動是進行哪一種類的棋種，故將重心放在他從事這項活動的感受上。

　　黃旺成如此多對於下棋的記載，已能初步了解到他對於下棋的興致。但要完整解釋他的這項興趣，當然不可以只是這樣，筆者觀察了與他參與這樣休閒的人，除了他在各方認識的好友外，他也試圖教導自己的妻子下棋，〔註28〕雖在往後日記黃旺成均未記載與妻子下棋，難以得知後來其妻

〔註22〕黃旺成著，許雪姬編註，《黃旺成先生日記（一）：一九一二年》，頁1～3。

〔註23〕黃旺成著，许雪姬編註，《黃旺成先生日記（四）：一九一五年》，頁245；黃旺成著，许雪姬編註，《黃旺成先生日記（六）：一九一七年》，頁113～114；黃旺成著，许雪姬編註，《黃旺成先生日記（十）：一九二三年》，頁166；黃旺成著，许雪姬編註，《黃旺成先生日記（十四）：一九二七年》，頁118。

〔註24〕規則為劃一大小三重的方形格子，要先空白中新心的方格，然後在其他兩重方格的對角及中間，各劃上一條直線。遊戲成員分甲、乙兩人，分執十二個黑白等兩種不同顏色的粒子。在決定玩者下棋的次序後，甲、乙兩方各下一子在線的交叉點，如果甲方能先在縱行或橫列排到三個黑子連線，此情形謂「直」，甲方就可以取乙方下在格子上的一個白子。若乙方在橫列線的兩端個先放了一白子，甲方則可在其中放下一粒黑子，而取乙方下在該線兩端的兩粒白子，叫做「擔」。再者，若乙方在直線中間放有一白子，但甲方已先放一黑子在其上或其下，接著其上或其下，趁著乙方未注意時，再放一粒黑子在其下或其上，那麼甲方就可以取中間的白子，此情形謂之「損死」，最好棋路就是在縱或橫線上都能有三子連線，這稱為「圓歪」。勝利是以誰持的棋子被圍得無路可走，誰圍得的範圍最大，存子最多者為贏。

〔註25〕黃旺成著，许雪姬編註，《黃旺成先生日記（十）：一九二三年》，頁396～397。

〔註26〕黃旺成著，许雪姬編註，《黃旺成先生日記（十一）：一九二四年》，頁199～200。

〔註27〕黃旺成著，许雪姬編註，《黃旺成先生日記（十三）一九二六年》，頁140。

〔註28〕黃旺成著，许雪姬編註，《黃旺成先生日記（四）：一九一五年》，頁227。

是否有持續這樣活動，不過可以知道他想要和周遭人分享興趣的心思。另外，他不僅是享受下棋的感覺，也對於他人的對弈很有興趣，日記中便有看他人下棋十數盤的紀錄，〔註29〕甚至自身還有過不只一次下棋下整晚的經驗，〔註30〕這些都是他對於下棋活動十分熱愛的證據。在日記中也有提到他們使用賭金去吃飯，〔註31〕可以見得在這樣的活動中，他們也有藉由小賭怡情，使整體的交流與互動性更強，增加大家下棋的興致。

綜合觀之，當代知識分子熱愛下棋這項靜態的休閒活動並非少數案例，無論是僅受傳統教育的林獻堂、新舊教育兼修的黃旺成、新教育為主的吳新榮都有著這樣的興趣，下棋可說是知識分子常有的休閒娛樂。

詩文創作可以說是當代不少知識分子共同的強項，過去不少學者都在此部分有所著墨，舉凡當代重要的知識分子，如林獻堂、吳新榮、傅錫祺、陳懷澄等，幾乎都曾在這樣的園地辛勤的耕耘。本文兩位記主也沒有例外，因為兩人都有參加詩社的緣故，所以定時會有作品的產生，便可以藉由他們的文字紀錄，探討他們對於詩文創作的興趣，從中了解這項興趣在他們生活中所扮演的角色。此處僅著眼於他們的創作行為，關於創作的能力僅以日記記載為主，並未要深入探究作品內容的好壞。

張麗俊的部分，先從他的閱讀的細部喜好著手，他在日記中有提及閱讀《隨園詩話》此一與作詩有關的書籍，〔註32〕另外，在閱讀古典小說，如《紅樓夢》時，亦有特別注意內容提及詩的部分，〔註33〕不過，可能是因為自幼即擁有十足的漢學底子，其並未將作詩相關的書籍奉作圭臬，對他而言，作詩已經可以是一個興趣，信手拈來都可成一篇作品，這樣的狀況可以從他在日記中的抒發知曉，他有很多時候會寫詩，主要分作五個類目，分別是祝壽、哀婉、記遊、詩會以及忽然有感，前兩項常是贈送給他人的作品，可以看出當時文人間禮尚往來的情形；記遊的部分，有些文人僅將這樣的興致寄託於日記，不過，張麗俊也會將這樣的感覺抒發在詩作中，像是去到日本東京，

〔註29〕黃旺成著，許雪姬編註，《黃旺成先生日記（四）：一九一五年》，頁245。
〔註30〕黃旺成著，許雪姬編註，《黃旺成先生日記（四）：一九一五年》，頁248；黃旺成著，許雪姬編註，《黃旺成先生日記（七）：一九一九年》，頁171。
〔註31〕黃旺成著，許雪姬編註，《黃旺成先生日記（七）：一九一九年》，頁284。
〔註32〕張麗俊著，許雪姬、洪秋芬編纂・解讀，《水竹居主人日記（二）》，頁209～210。
〔註33〕張麗俊著，許雪姬、洪秋芬、李毓嵐編纂・解讀，《水竹居主人日記（三）》，頁17。

他便有將這樣的行程記錄下來；〔註34〕詩會的部分，張麗俊曾參與過櫟社、豐原吟社、沙鷗吟社，〔註35〕其中櫟社因為自身的出席率頗高，許多研究櫟社的文章皆參看他日記中的記載，除此之外，他們這些同好有時也會有私下的聚會，在參與過程中除了會在共訂的詩題之下作詩，也有擔任訂定題目的角色，〔註36〕如此熱愛詩文創作的他在詩社的日子想必是很愉快的；最後的忽然有感是最能顯示其作詩能力的，因為許多文人作詩需要許多的時間推敲，或是思索，但是張麗俊卻可以在談話聚會裡，有了詩感便創作，〔註37〕相當厲害！

　　除了整理他作詩的幾種情形外，要體會他對詩的熱愛，還有幾個地方可以看出，像是其前述所提，祝壽跟哀婉的狀況常是他人的邀稿，在這樣非自願的情況下，他也不會將這樣的事情當成苦差事，甚至還稱得上是樂此不疲，另外，他有閒情時便會整理詩稿，有多篇日記都記錄自己整理、抄錄的樣態，〔註38〕可見詩在他生命裡的位置。再者，要提及他在詩會中的舉措，許多文人雖然參與詩會能和與會眾人一樣完成創作的活動，不過也僅止是完成，更不用說現今學子中有許多人創作只是為了競賽或是當成作業交差了事。張麗俊即便在詩會結束後，也常常都會將這些詩作重新審視、推敲，〔註39〕試圖讓這些作品更加完善，又加上前述所提他在日記中常記載詩會活動的這點，可以想見詩以及詩會都是張麗俊生命裡重要的一塊。最後則要提及他的創作

〔註34〕張麗俊作，許雪姬、洪秋芬、李毓嵐編纂・解讀，《水竹居主人日記（十）》（臺北：中央研究院近代史研究所；臺中：臺中縣文化局，2004），頁56～57。

〔註35〕施懿琳，〈從張麗俊日記看日治時期中部傳統文人的文學活動與角色扮演〉，頁24～25。

〔註36〕張麗俊作，許雪姬、洪秋芬、李毓嵐編纂・解讀，《水竹居主人日記（十）》，頁274～275。

〔註37〕張麗俊著，許雪姬、洪秋芬、李毓嵐編纂・解讀，《水竹居主人日記（三）》，頁211～212。

〔註38〕張麗俊著，許雪姬、洪秋芬、李毓嵐編纂・解讀，《水竹居主人日記（五）》，頁19；張麗俊著，許雪姬、洪秋芬、李毓嵐編纂・解讀，《水竹居主人日記（七）》，頁180；張麗俊著，許雪姬、洪秋芬、李毓嵐編纂・解讀，《水竹居主人日記（八）》，頁70；張麗俊著，許雪姬、洪秋芬編纂・解讀，《水竹居主人日記（九）》，頁76～78。

〔註39〕張麗俊著，許雪姬、洪秋芬、李毓嵐編纂・解讀，《水竹居主人日記（三）》，頁369；張麗俊著，許雪姬、洪秋芬、李毓嵐編纂・解讀，《水竹居主人日記（五）》，頁165～166。

才華,前述已有講述其能揮灑自如隨興創作,其他場合包括能在他人邀稿便寫成詩作,以及在詩會中得到題目及格律規範即創作,皆再再顯示了他做為傳統知識分子文學素養的卓越,並非常人所能企及。

黃旺成的部分,同樣有關於作詩相關的閱讀,因為其生長背景與張麗俊有所不同,沒有這樣多對於古典詩詞的薰陶,又他對自身做為知識分子的要求頗高,所以比起張麗俊,他更常翻閱相關的書籍,以增進自己的作詩水平,相關的閱讀狀況可以參照附錄四。

從附錄四中可以看到在 1914 年透過莊丙生買了《隨園詩話》後,〔註40〕他時不時就會在日記裡提及他閱讀這本關於作詩的書籍,〔註41〕在閱讀次數上多達 39 次,相關書籍上的閱讀不僅於此,在日記中也有記載他看《詩法入門》,〔註42〕以及用於對照韻部的《詩韻》,〔註43〕可以見之黃旺成對於自己的詩詞創作很是用心。當然他認真於此的證據並非只是這樣,在日記中可以看到他會去關注古人的詩作,並將好的句子抄錄,舉凡詩經以及唐詩均是他涉獵的範圍,〔註44〕透過欣賞他人作品來增加自身實力是他的作法之一。不過在上表的整理中可以看出,黃旺成對於詩的熱衷主要集中在 1919 年以前的這段時間,往後對於詩的相關閱讀較為零星,有些是從報紙上看到,〔註45〕有些則是新穎的現代白話詩,〔註46〕這個轉變和他參與詩會的狀況有很大關係,後面會再提及。

在詩會的部分,他參與的是當時新竹公學校以及女子公學校教師為主體的亂彈詩會,正如前一小節所言,詩會中不只是作詩,亦有古文的讀書會,

---

〔註40〕黃旺成著,許雪姬編註,《黃旺成先生日記(三):一九一四年》,頁 264。

〔註41〕黃旺成著,許雪姬編註,《黃旺成先生日記(三):一九一四年》,頁 278~279;黃旺成作,許雪姬編著,《黃旺成先生日記(五):一九一六年》,頁 125~126;黃旺成著,許雪姬編註,《黃旺成先生日記(七):一九一九年》,頁 268。

〔註42〕黃旺成著,許雪姬編註,《黃旺成先生日記(七):一九一九年》,頁 100~101。

〔註43〕黃旺成著,許雪姬編註,《黃旺成先生日記(三):一九一四年》,頁 339;黃旺成著,許雪姬編註,《黃旺成先生日記(四):一九一五年》,頁 278;黃旺成作,許雪姬編著,《黃旺成先生日記(五):一九一六年》,頁 99。

〔註44〕黃旺成著,許雪姬編註,《黃旺成先生日記(二):一九一三年》,頁 32~33、137~138。

〔註45〕黃旺成著,許雪姬編註,《黃旺成先生日記(八):一九二一年》,頁 389;黃旺成著,許雪姬編註,《黃旺成先生日記(九):一九二二年》,頁 113~114。

〔註46〕黃旺成著,許雪姬編註,《黃旺成先生日記(十五):一九二八年》,頁 344~346。

黃旺成在日記裡多次描寫他的參與狀況，即便 1919 年已結束公學校的教職工作，也沒有中斷詩會的活動。雖然黃旺成同張麗俊一樣均有參與詩社的活動，不過顯然角色上是截然不同的，前面提到張麗俊在詩會中與眾人較有平起平坐的感覺，彼此作詩以及討論，不過，黃旺成在詩會中儼然一個後學的樣貌，常有作詩交予同為學校教師張麟書批閱的記載，〔註47〕在其中他對於自身受到的評價常有不滿，卻也不敢提出很大機會是因為在詩詞上自己確實還有學習空間，詩會期間的描寫，也常有如 1913 年日記中寫到因聊天、分心未作詩，〔註48〕以及 1914 年記述苦思良久未成詩的記載，〔註49〕可以想見剛開始加入詩社時，詩的創作對黃旺成來說相當辛苦。

不過，他仍是堅持這樣的興趣，彷彿工作那般有毅力，很大可能就是自身知識分子的身分，促使他有一定的自我期許，他也確實在這樣的過程中逐漸成長與進步，除了曾得到詩會成員的高評價以外，〔註50〕隨著他的日記，可以看見他在作詩上逐漸非最初的青澀，撇開幾次因為心情鬱悶導致作詩不順以外，〔註51〕幾乎都能順利完成，並且他在 1921 年也開始教導自己的孩子作詩，在其中獲得不少成就感。〔註52〕1922 年的日記裡甚至也開始和張麗俊一樣可以隨興作詩，〔註53〕1923 年到了聲色場合亦能現場寫詩贈與那邊的妓，〔註54〕顯見筆力進步迅速。和他人談論詩也是他所喜愛之事，有次的記載中他與友人徹夜談詩，以致忘了時間到天明，〔註55〕也是他熱愛詩的證據。殊為可惜的是，在 1919 年以後關於參與詩會的記載就漸漸減少，正如前述所提黃旺成的詩作相關閱讀情況的鉅變，詩會的運作的確是出現了問題，影響了黃旺成詩作的創作與閱讀。該詩會在 1912 年至 1917 年之間的盛

〔註47〕黃旺成著，許雪姬編註，《黃旺成先生日記（二）：一九一三年》，頁 344、353～354。
〔註48〕黃旺成著，许雪姬編註，《黃旺成先生日記（二）：一九一三年》，頁 328～329；黃旺成著，许雪姬編註，《黃旺成先生日記（三）：一九一四年》，頁 33～34。
〔註49〕黃旺成著，许雪姬編註，《黃旺成先生日記（三）：一九一四年》，頁 339。
〔註50〕黃旺成著，许雪姬編註，《黃旺成先生日記（二）：一九一三年》，頁 377～378。
〔註51〕黃旺成著，许雪姬編註，《黃旺成先生日記（六）：一九一七年》，頁 156～157；黃旺成著，许雪姬編註，《黃旺成先生日記（七）：一九一九年》，頁 158。
〔註52〕黃旺成著，许雪姬編註，《黃旺成先生日記（八）：一九二一年》，頁 112～113、114～115。
〔註53〕黃旺成著，许雪姬編註，《黃旺成先生日記（九）：一九二二年》，頁 274。
〔註54〕黃旺成著，许雪姬編註，《黃旺成先生日記（十）：一九二三年》，頁 117～118。
〔註55〕黃旺成著，许雪姬編註，《黃旺成先生日記（八）：一九二一年》，頁 355～356。

衰，學者李昭容的文章中有作討論，[註56] 此處便不多言，在 1922 年的日記中有提及一位友朋古月到黃旺成住處討論詩會的不振，不過黃旺成已無暇且無心再做什麼舉措了。[註57] 雖在日記中難以看出是因為什麼樣的因素導致詩會的沒落，不過黃旺成在詩會活動漸少後，也開展了和張麗俊截然不同的路，他除了自己仍有作漢詩外，在朋友與他討論是否成立白話詩社時，他也欣然應允，[註58] 自己嘗試了白話詩的寫作，[註59] 後來更是到了可以評選詩作的程度，[註60] 可以從中了解有了古典詩詞底子的黃旺成在白話詩的創作上也是如魚得水，早已非過去的吳下阿蒙。

光從兩人作詩上的差異，便可以知道詩詞這樣傳統文人習以為常，幾乎可以算是我們平常印象裡的文人標準配備的能力，並非一蹴可及，相信這些工於詩文的文人如張麗俊，在年少時期肯定花了很多工夫才奠定這樣的基礎，並且持之以恆，時常都藉由實作來維持自身實力，又有在這方面的興趣，進而能保持水準。黃旺成做為後學，透過實實在在的努力，也在這方面逐步提升，兩人的學詩經歷完全可以做為現代學子的借鏡。在這樣的過程裡，深刻體會到做為知識分子的不易，知識分子從來就不是只要會讀書識字便可以成為，反而是要時時精進自己，活到老、學到老，並且讓眾人信服，這兩位知識分子便可以算是相當好的模範。

（三）體現文化的廟會活動

除了能力以外，文化也是影響知識分子很重要的一點。正因為他們是知識分子，所以受到這樣經過學習深植腦中的觀念薰陶甚多，對於一些祭祀活動以及四周的活動多感興趣，此小節便聚焦於此，一窺知識分子對於祭祀與宗廟活動的參與，在這樣的範疇下，最顯而易見的行為與舉措便是前去寺廟看熱鬧，恰巧張麗俊以及黃旺成二人均在此方面有相當多的經驗，便可以從此開展討論。

[註56] 李昭容，〈1910 年代公學校教師的時代相貌：以《黃旺成先生日記》（1912～1917）為中心〉，頁 13～14。
[註57] 黃旺成著，許雪姬編註，《黃旺成先生日記（九）：一九二二年》，頁 392。
[註58] 黃旺成著，許雪姬編註，《黃旺成先生日記（十二）一九二五年》，頁 101～102。
[註59] 黃旺成著，許雪姬編註，《黃旺成先生日記（十二）一九二五年》，頁 134。
[註60] 黃旺成著，許雪姬編註，《黃旺成先生日記（十三）一九二六年》，頁 428～429。

　　張麗俊正如前述所言的傳統知識分子身分，在這方面的參與明顯較黃旺成為多，學者李毓嵐在其文章〈日治時期臺灣傳統詩人的休閒娛樂──以櫟社詩人為例〉中就曾透過水竹居主人日記中記主的描述，將張麗俊的相關活動參與介紹了一回，可說相當清楚。故筆者在此只就張麗俊參與活動的種類、範圍來印證他擁有這項休閒娛樂。

　　在日記中多處可以見到張麗俊提及他到廟宇參拜，或是參與祭祀、建醮等活動的紀錄，此處先就其參與之宗教性質活動為中心，介紹他參與過的宗教活動，再延伸至周邊的戲劇相關娛樂參與。在宗廟活動上，他最常去的廟宇當屬自己管轄範圍的慈濟宮，直到現在該廟的牆上仍有張麗俊及其族人的名字。他參加的活動繁多，其中以參與各地的建醮儀式，以及盂蘭盆會為多。另外，也有參與迎神賽會、〔註61〕答謝聖母等活動，〔註62〕地區不僅是豐原地區，亦有跨足其他地方，像是他曾前往東勢角參與五天的清醮活動，〔註63〕還有一次到大甲參與三天的醮典，〔註64〕最遠的一次還有到臺北，〔註65〕完全可以顯示出張麗俊對於宗教活動參與的熱忱。另外，有時他自己沒有參與也會詢問友人參與的狀況，〔註66〕亦能證明張麗俊對這樣宗教活動的重視。盂蘭盆會則是近似現在常見的中元普渡，有次他日記中提及與前幾次相比較為寂寞，〔註67〕從而得知他幾乎是年年參與這項活動，才有辦法在比較之中有了這樣的感想。另外，他也會參與相關的放水燈活動，〔註68〕對於中元的重視可見一斑。

〔註61〕張麗俊著，許雪姬、洪秋芬、李毓嵐編纂‧解讀，《水竹居主人日記（五）》，頁286；張麗俊著，许雪姬、洪秋芬、李毓嵐編纂‧解讀，《水竹居主人日記（七）》，頁400。

〔註62〕張麗俊著，许雪姬、洪秋芬、李毓嵐編纂‧解讀，《水竹居主人日記（五）》，頁188～189。

〔註63〕張麗俊著，许雪姬、洪秋芬、李毓嵐編纂‧解讀，《水竹居主人日記（五）》，頁442～443。

〔註64〕張麗俊作，许雪姬、洪秋芬、李毓嵐編纂‧解讀，《水竹居主人日記（十）》，頁291～292。

〔註65〕張麗俊著，许雪姬、洪秋芬、李毓嵐編纂‧解讀，《水竹居主人日記（六）》，頁285。

〔註66〕張麗俊著，许雪姬、洪秋芬編纂‧解讀，《水竹居主人日記（九）》，頁530。

〔註67〕張麗俊著，许雪姬、洪秋芬、李毓嵐編纂‧解讀，《水竹居主人日記（四）》，頁371～372。

〔註68〕張麗俊著，许雪姬、洪秋芬、李毓嵐編纂‧解讀，《水竹居主人日記（五）》，頁84。

在周邊的戲劇參與上，張麗俊的記載很多，不過可能是因為觀賞演出的經驗很多，導致許多的內容就習以為常，並未有和記載次數相襯的心得感想，多半僅記載前往看戲，以及看的劇種。這點和過往學者邱坤良在其文章〈林獻堂看戲——《灌園先生日記》的劇場史觀察〉中所提到的極為相像，〔註69〕邱坤良認為林獻堂雖有不少對於看戲的記載，但是主要將看戲視為與友朋交誼的場所，並未將重心放在戲劇內容上，可以藉此初步推斷為當代的傳統知識分子有著相似的共同特質，即對於戲劇的內容不會有過多的意見與想法。張麗俊看過的戲，大致上有掌中班、〔註70〕梨園戲、〔註71〕演劇、〔註72〕大班戲、〔註73〕正音劇、〔註74〕九甲戲、〔註75〕改良正劇、〔註76〕中國傀儡戲、〔註77〕白字戲、〔註78〕平安戲、〔註79〕潮州戲、〔註80〕白話戲、〔註81〕歌仔戲、〔註82〕舞韻等，〔註83〕其中以梨園戲為最多，這當然跟梨園戲的涵蓋較廣有關，廣義的梨園戲為南管系統的傳統技藝，在當時有許多的相關劇

〔註69〕邱坤良，〈林獻堂看戲——《灌園先生日記》的劇場史觀察〉，頁13～14。

〔註70〕張麗俊著，許雪姬、洪秋芬編纂‧解讀，《水竹居主人日記（一）》，頁12。

〔註71〕張麗俊著，許雪姬、洪秋芬編纂‧解讀，《水竹居主人日記（一）》，頁 27～28。

〔註72〕張麗俊著，許雪姬、洪秋芬編纂‧解讀，《水竹居主人日記（一）》，頁265。

〔註73〕張麗俊著，許雪姬、洪秋芬編纂‧解讀，《水竹居主人日記（一）》，頁266。

〔註74〕張麗俊著，許雪姬、洪秋芬編纂‧解讀，《水竹居主人日記（二）》，頁 109～111。

〔註75〕張麗俊著，許雪姬、洪秋芬編纂‧解讀，《水竹居主人日記（二）》，頁449。

〔註76〕張麗俊著，許雪姬、洪秋芬、李毓嵐編纂‧解讀，《水竹居主人日記（三）》，頁160～161。

〔註77〕張麗俊著，許雪姬、洪秋芬、李毓嵐編纂‧解讀，《水竹居主人日記（四）》，頁61。

〔註78〕張麗俊著，許雪姬、洪秋芬、李毓嵐編纂‧解讀，《水竹居主人日記（四）》，頁111。

〔註79〕張麗俊著，許雪姬、洪秋芬、李毓嵐編纂‧解讀，《水竹居主人日記（四）》，頁277。

〔註80〕張麗俊著，許雪姬、洪秋芬、李毓嵐編纂‧解讀，《水竹居主人日記（六）》，頁137。

〔註81〕張麗俊著，許雪姬、洪秋芬、李毓嵐編纂‧解讀，《水竹居主人日記（七）》，頁383。

〔註82〕張麗俊著，許雪姬、洪秋芬、李毓嵐編纂‧解讀，《水竹居主人日記（八）》，頁159。

〔註83〕張麗俊著，許雪姬、洪秋芬編纂‧解讀，《水竹居主人日記（九）》，頁 258～259。

團。張麗俊撰寫日記有時還會標明劇團的出處或名稱來區分之，如：慶陽春、〔註84〕群仙班、〔註85〕鴻福班、〔註86〕復勝班、〔註87〕正興班、〔註88〕新聯社、〔註89〕慶昇京班、〔註90〕和美庄梅蘭社、〔註91〕勝錦雲、〔註92〕新賽樂、〔註93〕舊賽樂、〔註94〕丹桂社、〔註95〕玉蓮班等，〔註96〕可以想見當時臺灣的戲劇產業相當發達，且在張麗俊後期的日記敘述裡，不少中國來的劇團，使戲劇的種類更為豐富。演劇的部分是由道士來搬演，〔註97〕很是特別；改良劇則是揉合日本戲劇與中國文化戲的產物，可以說是文化交融的典範。其餘還有不少劇種，因為並非本文探討核心便不再多做介紹，不過，在這樣的整理之下，可以了解張麗俊對於戲劇的熱愛是自始至終的，且多方涉獵，不會只偏好某些演出方式。正因為這樣的性格，所以他也能更容易地接受一些新傳入的娛樂，雖然前述提及的改良劇是揉合新元素，並非完全的新式樣，仍能一定程度顯示他接受度的廣闊。承前所述，在看戲心得的部分，

〔註84〕張麗俊著，許雪姬、洪秋芬編纂・解讀，《水竹居主人日記（一）》，頁106。

〔註85〕張麗俊著，許雪姬、洪秋芬、李毓嵐編纂・解讀，《水竹居主人日記（四）》，頁409。

〔註86〕張麗俊著，許雪姬、洪秋芬、李毓嵐編纂・解讀，《水竹居主人日記（五）》，頁130～131。

〔註87〕張麗俊著，許雪姬、洪秋芬、李毓嵐編纂・解讀，《水竹居主人日記（五）》，頁327。

〔註88〕張麗俊著，許雪姬、洪秋芬、李毓嵐編纂・解讀，《水竹居主人日記（六）》，頁137。

〔註89〕張麗俊著，許雪姬、洪秋芬、李毓嵐編纂・解讀，《水竹居主人日記（六）》，頁209。

〔註90〕張麗俊著，許雪姬、洪秋芬、李毓嵐編纂・解讀，《水竹居主人日記（七）》，頁166～167。

〔註91〕張麗俊著，許雪姬、洪秋芬、李毓嵐編纂・解讀，《水竹居主人日記（七）》，頁323。

〔註92〕張麗俊著，許雪姬、洪秋芬、李毓嵐編纂・解讀，《水竹居主人日記（七）》，頁383。

〔註93〕張麗俊著，許雪姬、洪秋芬、李毓嵐編纂・解讀，《水竹居主人日記（八）》，頁13。

〔註94〕張麗俊作，許雪姬、洪秋芬、李毓嵐編纂・解讀，《水竹居主人日記（十）》，頁297～298。

〔註95〕張麗俊著，許雪姬、洪秋芬、李毓嵐編纂・解讀，《水竹居主人日記（八）》，頁76。

〔註96〕張麗俊著，許雪姬、洪秋芬編纂・解讀，《水竹居主人日記（九）》，頁30。

〔註97〕張麗俊著，許雪姬、洪秋芬、李毓嵐編纂・解讀，《水竹居主人日記（三）》，頁149。

張麗俊主要在意是否有新的元素，畢竟自己看的戲多了，許多平常無新意的戲劇，也只會得來差強人意的看法。〔註 98〕在新元素上，他有次紀錄了看傀儡戲的情景，表示其表現手法以及樂曲配合令人賞心悅目，〔註 99〕又有一次則是提到該劇採用的光影效果，〔註 100〕還有提到豐富的表演內容使他印象深刻的。〔註 101〕除新元素外，他多半僅提及該場表演的熱鬧情形。〔註 102〕從此可知張麗俊對於戲劇的喜好多半出於嘗鮮，以及感受當下的熱鬧。

以從事宗教相關活動的參與次數來比較，是張麗俊大大勝出，這或許和黃旺成排斥傳統迷信有關，1931 年一次傳統的引魂儀式可見端倪，在過程中他表示「無暇，亦不願意幹此無意義的什麼道場。」結束時亦表達「敷蓆趺坐，不受指揮於道士。」的看法。〔註 103〕在參與宗教相關活動的部分，他主要參加城隍的出巡，〔註 104〕以及媽祖的普渡，〔註 105〕這樣的參與狀況應該與地域有關，包含他所參加的建醮儀式也是參與城隍廟或是新竹當地所舉行的，〔註 106〕雖然日記中也有對於其他地區建醮的記載，但多半是描述他聽其他人去參與建醮儀式的分享，〔註 107〕或是藉由搭車時的滿員狀況去推測許多人要去參加活動，〔註 108〕並非自身有如此高的興致，甚至在其 1920 年代參

〔註 98〕張麗俊作，許雪姬、洪秋芬、李毓嵐編纂‧解讀，《水竹居主人日記（十）》，頁 111。

〔註 99〕張麗俊著，許雪姬、洪秋芬、李毓嵐編纂‧解讀，《水竹居主人日記（六）》，頁 402～403。

〔註 100〕張麗俊著，許雪姬、洪秋芬、李毓嵐編纂‧解讀，《水竹居主人日記（八）》，頁 356。

〔註 101〕張麗俊著，許雪姬、洪秋芬編纂‧解讀，《水竹居主人日記（九）》，頁 258～259。

〔註 102〕張麗俊著，许雪姬、洪秋芬、李毓嵐編纂‧解讀，《水竹居主人日記（六）》，頁 111～112。

〔註 103〕黃旺成著，許雪姬編註，《黃旺成先生日記（十八）：一九三一年》（臺北：中央研究院臺灣史研究所，2017），頁 134～136。

〔註 104〕黃旺成著，許雪姬編註，《黃旺成先生日記（三）：一九一四年》，頁 257～258。

〔註 105〕黃旺成著，許雪姬編註，《黃旺成先生日記（七）：一九一九年》，頁 178。

〔註 106〕黃旺成著，許雪姬編註，《黃旺成先生日記（一）：一九一二年》，頁 554～555；黃旺成作，許雪姬編著，《黃旺成先生日記（五）：一九一六年》，頁 206。

〔註 107〕黃旺成著，許雪姬編註，《黃旺成先生日記（十一）：一九二四年》，頁 348～349。

〔註 108〕黃旺成著，許雪姬編註，《黃旺成先生日記（十一）：一九二四年》，頁 366～367。

與青年會的時期，與會成員們就有建醮儀式過於鋪張浪費的相關討論，其中黃旺成便是極力反對的一員，〔註109〕可以佐證黃旺成雖反對迷信，但對於傳統活動不會從根本上去排斥，不會盲目追隨之餘，若在其中發現缺失，他也絕對會試圖用可行的方法點醒大眾。

　　目光轉到寺廟周邊的戲劇參與，則遠比宗教活動的參與要多。他和張麗俊一樣也會提及自己看的劇種，前後加起來也不少，他提過他參與過改良戲、〔註110〕正音戲、〔註111〕子弟戲、〔註112〕掌中班、〔註113〕九甲戲、〔註114〕京劇，〔註115〕雖說不似張麗俊還會將戲班分門別類，不過這樣的經驗仍是相當豐富，其中有幾次在看戲結束後有表述一些心得，較為值得關切。1919年的一篇日記，黃旺成提及一個改編自章回小說《楊文廣平閩十八洞》的劇目，他認為其中劇情是「備極羞態」的，使「婦女子之觀者何以為情」〔註116〕可以見得他對於一些淫靡的內容會有拒斥的反應，在另一次觀戲經驗中，他也特別提到「雖滑稽百出非淫戲也」〔註117〕更是坐實了這樣的觀點。除了內容以外，黃旺成所關注的面向相當多，有次他便提及當家花旦崔金花未到導致他整場都感到興致缺缺，〔註118〕又有一次他提到有許多好的角色都已回去上海導致其感到孤獨與遺憾，〔註119〕從此了解黃旺成不僅在意劇情，角色也是一個很重要的元素。最後，筆者發現黃旺成在其中一次的看戲經驗中，提到了「市民之虛耗金錢不知幾許矣」這樣

〔註109〕黃旺成著，許雪姬編註，《黃旺成先生日記（十三）一九二六年》，頁176～177。

〔註110〕黃旺成著，許雪姬編註，《黃旺成先生日記（二）：一九一三年》，頁106～108。

〔註111〕黃旺成著，許雪姬編註，《黃旺成先生日記（二）：一九一三年》，頁173～174。

〔註112〕黃旺成著，許雪姬編註，《黃旺成先生日記（四）：一九一五年》，頁7～8。

〔註113〕黃旺成著，許雪姬編註，《黃旺成先生日記（四）：一九一五年》，頁215。

〔註114〕黃旺成著，許雪姬編註，《黃旺成先生日記（七）：一九一九年》，頁243～244。

〔註115〕黃旺成著，許雪姬編註，《黃旺成先生日記（八）：一九二一年》，頁360。

〔註116〕黃旺成著，許雪姬編註，《黃旺成先生日記（七）：一九一九年》，頁243～244。

〔註117〕黃旺成著，許雪姬編註，《黃旺成先生日記（十二）一九二五年》，頁224。

〔註118〕黃旺成著，許雪姬編註，《黃旺成先生日記（八）：一九二一年》，頁360。

〔註119〕黃旺成著，許雪姬編註，《黃旺成先生日記（十一）：一九二四年》，頁30～32。

對於宗廟附近相關活動的一個看法，〔註120〕這個觀點和前述對於醮典鋪張的看法有異曲同工之處，可以見之黃旺成在參與的過程中，不僅只是享受其中的樂趣，亦能提出問題，比起張麗俊更有現代知識分子的風範。

第二節　新式休閒的參與

從前一節的闡發，我們可以得知傳統的影響甚大，基本上造就了直到現在都還存在於市井小民間的文化特質。正因為這些傳統對於知識分子有其價值與影響力，所以新式休閒與他們過往的休閒經驗也有密切的關聯，可以從中看見一脈相承的樣貌，這裡要特別注意標題所言的嫁接，並非指過往的休閒被取代，只是說明這些知識分子從事新式休閒是與過去經驗有所關聯的。

除此之外，我們常說「近朱者赤，近墨者黑」、「入芝蘭之室，久而不聞其香；入鮑魚之肆，久而不聞其臭」身邊場域造成的影響也很重要，當一個知識分子處在相當現代化的場域中，他自然更容易受到影響，進而有學習，或是同化的現象。故本節對於新式休閒將從以上兩點切入，嘗試理清這其中的關聯與鍵結。這節所提之「閱讀」便聚焦在對於新知的求取部分，書目則限縮在過往華人傳統會閱讀的範疇之外，主要焦點在黃旺成的閱讀經驗中外國引入的作品，這便與前述所提的場域有關，為與前一小節有所區分，特此解釋之。

（一）新知的閱讀生活

正如前一節所言，張麗俊與黃旺成做為知識分子，均有喜好傳統文學的閱讀此一休閒興趣，也因為本身喜好閱讀，閱讀海外傳入、較為新穎的書籍，或是閱讀報章雜誌，亦是他們較其他人更容易擁有的休閒，除了需要有識字的能力外，更要有對於接收新知的興趣。此處以新知識分子黃旺成的例子為主，傳統知識分子張麗俊為輔，以了解當代知識分子對於新知識的閱讀，筆者在此節將觀察重點擺在傳統文學以外的範疇，藉此認識知識分子在閱讀休閒上的延伸。

在前一節所提及二人的閱讀情形方面，可以見之知識分子無論新舊在閱讀上的共通性，二人同樣展現對於漢文小說的興趣，並能在其中有些感觸。在此節談到的延伸閱讀將會呈現兩人巨大的差異。首先，張麗俊在閱讀上極

〔註120〕黃旺成著，許雪姬編註，《黃旺成先生日記（九）：一九二二年》，頁252。

少對於新知識的主動探求，最常見與世界接軌的方式也僅是藉由讀報了解時事，僅閱讀報紙在那個日新月異的時代中顯然是較為不足的，容易使獲得的知識受到限縮，當時張麗俊所閱讀的報紙主要以《府報》和《民報》為主，用途是了解社會上發生的事情，在日記的描寫上以天災人禍的感想為多。

　　相比之下，黃旺成做為曾任公學校教師及報社主筆的新知識分子，便很積極接觸新式的知識範疇，藉由閱讀當代外國作品的方式使自身的眼界大大擴展，這點與前一節所提黃旺成會透過閱讀來增進自身各方面的能力有關，他在任公學校教師時，花費不少時間閱讀教育相關書籍、雜誌。在參與青年會及文協、任職報社的主筆之時，因為迫切需要了解更多社會的脈動，有了更多對於新知識的閱讀經驗，前一節所提及黃旺成多次閱讀作詩相關書籍以及他人詩作來加強寫詩的能力也是很好的例子。

　　黃旺成在公學校時期有關教育的新式閱讀記載可參看附錄五，可以從中看出黃旺成 1912 年是最認真研究教育相關議題與教材的，顯示他對這個工作的重視，後來對於教材的準備幾乎沒有，則符合過往學者李昭容所言，其對於教育工作並不覺得困難一事，不過他仍會關注教育相關的雜誌，來掌握一些新的教育方式。這段時間除了教育相關的閱讀之外，他也對史地以及法律相關的內容感興趣，相關閱讀整理可參見附錄六。

　　從附錄六的整理中可以得知黃旺成對於外國史地以及法律的興趣濃厚，除了顯示在傳統閱讀裡對於歷史的興趣有移轉外，些許相關的地理與法律也在他閱讀興趣的範圍內，甚至在這段時間之外的 1928 年，他仍有忙裡偷閒閱讀《古今歷代十八史略》這本史書的紀錄。〔註121〕既然歷史相關的內容有適度的移轉，小說、故事一類也不該例外，雖然黃旺成大量閱讀華語地區以外的作品並非是在公學校時期，但仍閱讀了《人一人》、《創世記》、《復活》、《思出之記》等作品。在雜誌的閱讀上，也有《実業の日本》、《太陽》、《小說叢報》等閱讀經驗，很好地證明了前述的移轉現象。

　　黃旺成在任職蔡蓮舫家庭教師以及財務管理人期間，結識不少人，也促使他得以有後來的青年會、文協的參與，以及臺灣民報記者和編輯的工作，他在這段時間裡，對於很多社會上的事情都相當關心，其原因之一便是配合他當時的身份，無論是為了參與講演會，或是寫評論，都需要這些背景知識；

〔註121〕黃旺成著，許雪姬編註，《黃旺成先生日記（十五）：一九二八年》，頁 135
　　～136。

其二則是更深一層，對於自身知識分子身份的要求，希望自己可以成為社會上的啟蒙者。從公學校教師時期到接觸青年會、文協，在閱讀書目的改變上是很大的，這自然不會是說變就變，他在公學校時期曾讀過新潮的《飲冰室文集》，表示「新民之論，讀之使人不勝感奮」並且在日記裡仔細記下自己讀過權利篇、自由篇、進步論、學術篇的內容，可以看出他對這些社會事有興趣的一些端倪。這段日子裡有不少的閱讀經驗是可以對應他當下身分的，這樣的新知相關閱讀整理置於附錄七。

藉由附錄七的整理，以下會分別就黃旺成關注的種種面向說明之。首先，談及關於政治相關的部分，黃旺成的閱讀上大致分作幾種，其一為傳記類型的書籍，像是孫中山、蔣介石、墨索里尼的相關介紹，這是一種對於「點」的探索，試圖去了解個人；其二為當代學者的論述書籍，像是彌爾（John Stuart Mill）的《自由論》、康德的《平和論》、徒爾須泰的《徒爾須泰十二講》、馬克思的《資本論》，與前述相比，思潮是更大影響力的「點」能牽引出更多的「線」；其三是與政治制度相關的書籍，像是《普選の話》、《立憲主義と議會政治》、《社會政策と階級鬥爭》等，從想法到做法，更加了解政治思潮的走向；其四則是對社會議題的討論，如《獨秀文存》、《最新社会問題十二講》、《胡適文存》、《農村問題と對策》、《植民及植民政策》等，這便是對於各種社會問題的「面」進行了解。黃旺成為了更加了解當時的政治環境，可以說是卯足了勁，所以造就了他能夠講演多種符合時代的主題，也能在跟隨文協、民眾黨活動之時，有自己的一套見解。另外，可以從中注意到他對於中國的在意，包含前述的孫中山及蔣介石的傳記，他還閱讀了《支那新人及黎明期》、《中國國民黨講演集》、《支那は支那なり》，相比他國，同文同種的中國狀況是他很關心的。

在政治的範疇之外，黃旺成也對其他議題有過研究，像是性別以及戀愛相關，他讀了《性慾哲學》、《近代の恋愛観》、《男女關係の進化》、《恋愛と結婚》等，在當時自由戀愛風潮下，他也接收了很多新觀念，可以想見在傳統婚姻下的他，嚮往的情感是和過去相差甚遠的。除此之外，他也閱讀了《世界宗教十六講》及《中國哲學史大綱》，來了解宗教的發展以及哲學的議題，在思想的層次上又更加提升。

在報章雜誌上的閱讀，也是極為廣泛，報紙的部分包含《臺灣民報》、《臺灣日日新報》、《臺中新報》、《臺南新報》、《閩報》、《經世新報》、《大阪朝日新聞》，種類相當多，因為有了青年會這樣的媒介，黃旺成有許多機會翻閱報

紙，跟上時事脈動，不只是臺灣出版的報紙，他還將視角伸入中國以及日本，試圖了解更多；雜誌方面，舉凡《海外》〔註 122〕、《新高》〔註 123〕、《太陽》〔註 124〕、《改造》〔註 125〕、《國際評論》、《世界知識》等也是相當繁多。在這樣豐富的閱讀之中，黃旺成逐漸擴張他的知識，不再像過去僅以閱讀小說故事為主，更像是要引領人民進步的啟蒙志士。

（二）奠基於看熱鬧的電影、博覽會、運動會

除了閱讀以外，看戲、看熱鬧也是普遍知識分子所喜好的，傳統而言，戲劇的搬演主要都與宗教活動所結合，所以會在廟宇附近開演，新引入的一些休閒如電影便巧妙的結合了這點，將廟宇周邊當作舞臺，吸引本來就對戲劇表演有興趣的客群。當然，不只有電影、戲劇等，包含參觀博覽會、運動會等行為也屬於這個看熱鬧的範疇，因為知識分子對於汲取新知較他人感興趣，所以常能透過各種管道參與這些過往沒有的新式休閒，學者李毓嵐就曾在描寫以櫟社詩人為中心的文章中，運用成員的參與情形在這項休閒上揮灑筆墨，顯見對於當時的知識分子，這樣的休閒是常見的。此處運用兩位同是知識分子，卻不在同一個教育背景，也不在同一個詩會組織的人物──張麗俊和黃旺成，嘗試擴張這方面的研究成果。

張麗俊從傳統戲劇移轉過來的新式休閒參與，有日記中記作「活動寫真」的電影，也有部分共進會和運動會的參與，會一一進行探討。首先，在活動寫真（電影）的部分，從張麗俊的記載裡可以看到他有很多相關的參與經驗，最初描寫到這項活動是在 1906 年，因為身為地方保甲，能得到一些特權去分發票券，〔註 126〕不過從這次的記載中無法得知他是否有前往觀看。1908 年首

〔註 122〕代議士神田正雄創刊的雜誌，以海外知識之普及與外交之民眾化為目標，內容有海外時事之論評，內外文藝介紹、研究資料、海外新聞、海外寫真、移民及其他事項等。1927 年 3 月 1 日發行初號。

〔註 123〕指《新高新報》。在臺北發行的《高砂パック》1922 年 9 月改稱《臺政新報》，1924 年再改為《新高新報》，且改在基隆發行。1933 年 9 月 7 日由旬刊改為週刊；1938 年 2 月 28 日停刊。

〔註 124〕東京博文館發行的代表性雜誌，1895 年 2 月發行，1928 年 2 月停刊，共 34 卷 531 冊，執筆者約 6500 人。此刊係因應中日甲午戰爭的社會經濟變遷而創刊，為綜合性雜誌的先驅。

〔註 125〕於 1919 年創刊，日本東京改造社（社長是山本實彥，1885～1952 年）發行，是專門揭露社會問題、勞工問題及社會主義性評論的雜誌。

〔註 126〕張麗俊著，許雪姬、洪秋芬編纂・解讀，《水竹居主人日記（一）》，頁 20～21。

次描寫對於活動寫真（電影）的看法，張麗俊認為「其間幻術精妙難以言語形容者」〔註127〕除此之外，許多次對於活動寫真（電影）的描述都僅有演出劇目，似乎在內容上不是非常吸引張麗俊。其中有次的記載相當有趣，在 1927 年 10 月 17 日的日記中，張麗俊提及了舊式的戲劇和活動寫真（電影）在同一地開演的情況，〔註128〕兩個場地都有不少人參與，張麗俊與他的友朋則是兩個演出都有觀賞，足以顯示這樣的新式休閒與過去的傳統是並陳，非取代的關係。關於內容方面，還有一點很重要，對張麗俊這樣的傳統知識分子，他確實喜愛新奇的事物，但比起全然新穎之物，他似乎更喜歡將過去的劇目透過活動寫真（電影）的新手法呈現，比起對於一些新事物有感到無趣的經驗，〔註129〕1929 年一次《紅樓夢》的活動寫真（電影）更讓張麗俊表示讚賞，張麗俊提到「黛玉精神酷肖，大觀園繁華如在目前焉」〔註130〕對這次的演出很是讚賞。1935 年 6 月的活動寫真（電影）演出了該年的震災實況，也讓關心鄉里的他心有戚戚焉。〔註131〕最後，我們也可以從詩會將活動寫真（電影）做為題目一事並錄其詩作，〔註132〕了解在當時的知識分子團體中，活動寫真（電影）有一定的普及性，在那次的詩會結束後，他們也一同去欣賞了一回活動寫真（電影），可以說活動寫真（電影）在當時蔚為風尚。

張麗俊對於博覽會與運動會的參與，有著與活動寫真（電影）不同的態度呈現，其主因在於這兩者都無法完全契合張麗俊所重視的要件，也就是在保持新奇有趣的層面上較為欠缺。博覽會的部分，主要是前幾次的參與較為上心，並有著較多的描述，1908 年的 10 月底，張麗俊與友人到了臺

〔註127〕張麗俊著，許雪姬、洪秋芬編纂‧解讀，《水竹居主人日記（一）》，頁 314～315。

〔註128〕張麗俊著，許雪姬、洪秋芬、李毓嵐編纂‧解讀，《水竹居主人日記（七）》，頁 272。

〔註129〕張麗俊著，許雪姬、洪秋芬編纂‧解讀，《水竹居主人日記（九）》，頁 158～159。

〔註130〕張麗俊著，許雪姬、洪秋芬、李毓嵐編纂‧解讀，《水竹居主人日記（八）》，頁 34。

〔註131〕張麗俊作，許雪姬、洪秋芬、李毓嵐編纂‧解讀，《水竹居主人日記（十）》，頁 69。

〔註132〕〈觀電影〉：幻景於今極巧精，衣冠樓閣見分明，大西研就天文學，每夜登場活動成。有形無跡又無聲，人物依稀入眼明，西化東漸通世界，機關活動眾歡迎。張麗俊作，許雪姬、洪秋芬、李毓嵐編纂‧解讀，《水竹居主人日記（十）》，頁 24～25。

北參觀勸業共進會，不僅在第一天早上、晚上兩次前往，第二天也再度到達會場參觀，此次的參與他記下了看鱷魚與「目所未睹重四百九拾六斤的大豬」〔註133〕算是個不錯的經驗；直到1916年，又有一次盛大的共進會在臺北舉行，此次張麗俊在臺北待了整整一周，也是他記載博覽會最為詳盡的一次，他詳細描述了他在會場中所看到的事物，像是第一會場他足足記下將近五十種的各的物產，〔註134〕第三會場的水產分作鹽水和淡水也記錄了超過十室的陳列，〔註135〕可以說讓他開了眼界，甚至第一會場還因為他自言「主旨與他人不同」為了能多走走平時無法接近的總督府，多參觀了幾回。〔註136〕這次的良好經驗讓張麗俊對於共進會有了更高的期待，導致後來幾次常常在日記裡只是描寫有去參與，但沒有太多的感想，1926年前往臺中參與共進會的描寫解釋了這樣的狀況，在日記裡張麗俊提到會場人來人往的熱鬧外，特別寫下「所觀半是十年前臺北總督府衙所曾見之物，無甚新奇，亦無甚珍異」並下了一個「五嶽歸來不看山者」的結論，〔註137〕可以看出張麗俊他在意的是新鮮感，對於已經見過的事物，便不覺得有什麼特別，所以在看完在總督府舉辦最盛大的那次共進會後，便很難再被其他的博覽會所吸引。

　　運動會部分也有相似的現象，最初張麗俊對於運動會很是熱情，連續幾年都有參與，且在第一次（1906年）及第二次（1907年）參與時詳細記載裡面的流程，〔註138〕舉凡眾多的競走比賽、趣味競賽等共三十八項活動都被張麗俊鉅細靡遺記錄下來，不過，他對於這樣每年近似的活動安排無法保持一樣的興致，在後來的幾次參與中自己都提及內容和前幾年並無不同，僅是增

〔註133〕張麗俊著，許雪姬、洪秋芬編纂‧解讀，《水竹居主人日記（二）》，頁112～114。

〔註134〕張麗俊著，許雪姬、洪秋芬、李毓嵐編纂‧解讀，《水竹居主人日記（四）》，頁321～325。

〔註135〕張麗俊著，許雪姬、洪秋芬、李毓嵐編纂‧解讀，《水竹居主人日記（四）》，頁325～326。

〔註136〕張麗俊著，許雪姬、洪秋芬、李毓嵐編纂‧解讀，《水竹居主人日記（四）》，頁327。

〔註137〕張麗俊著，許雪姬、洪秋芬、李毓嵐編纂‧解讀，《水竹居主人日記（七）》，頁27～28。

〔註138〕張麗俊著，許雪姬、洪秋芬編纂‧解讀，《水竹居主人日記（一）》，頁146～147、293。

加了音樂隊的配樂，〔註 139〕往後他參與運動會不是純看熱鬧，〔註 140〕就是因為過於無聊。〔註 141〕當然，如果有人邀約，他還是會參與，只是對於他而言，這樣的赴約，重點便不會在運動會上，反而關於人與人之間的交流，諸如和誰聚會、吃了什麼等日常瑣事還比較常被記載。〔註 142〕在共進會和運動會的參與中可以看出張麗俊對於看熱鬧這件事情的想法，他是很在意新鮮感的，在參觀的內容上不一定要能引起他的興趣，但一定要和過往不一樣，這樣的個性對他的休閒選擇影響甚鉅，從前一節提到的閱報關心時事，以及後一節要談的旅遊都可以用這樣的性格來理解之，這導致張麗俊雖身為傳統的知識分子，但有非常多新事物的參與。

黃旺成在看熱鬧方面的參與情形與張麗俊有些許的不同，這裡將就不同面向分別探討之，藉此更加理解兩人身分與背景對此事造成的影響。一樣先談及活動寫真（電影）的參與，活動寫真（電影）在黃旺成的日記中又簡稱作活寫，〔註 143〕我們在前一節有提到兩人在傳統戲劇的喜好上有近似之處，不過在這樣的新式休閒上，彷彿不太一樣了，張麗俊的段落才提到他是先藉由自己身分得到票券，得以開啟這項興趣，黃旺成沒有這般背景，他接觸到這項娛樂的原因是身旁朋友同儕的帶領，我們可以在 1913 年的日記中看到他與公學校同事一同參與活動寫真（電影）的紀錄，〔註 144〕此處顯見場域的重要，可以結識更多擁有豐富生活的人們，使見識更容易擴展，下一小節也會就此點再闡發。另外，黃旺成有提到觀賞活動寫真（電影）的花費，〔註 145〕以及不只一次享受免費電影的體驗，〔註 146〕又有一次是拿著折價券參與民報

〔註 139〕張麗俊著，許雪姬、洪秋芬編纂・解讀，《水竹居主人日記（二）》，頁 287。

〔註 140〕張麗俊著，许雪姬、洪秋芬、李毓嵐編纂・解讀，《水竹居主人日記（六）》，頁 278；張麗俊著，许雪姬、洪秋芬、李毓嵐編纂・解讀，《水竹居主人日記（八）》，頁 312。

〔註 141〕張麗俊著，许雪姬、洪秋芬編纂・解讀，《水竹居主人日記（九）》，頁 496。

〔註 142〕張麗俊著，许雪姬、洪秋芬、李毓嵐編纂・解讀，《水竹居主人日記（七）》，頁 101～103、126。

〔註 143〕黃旺成著，许雪姬編註，《黃旺成先生日記（十四）：一九二七年》，頁 333～334。

〔註 144〕黃旺成著，许雪姬編註，《黃旺成先生日記（二）：一九一三年》，頁 29～30。

〔註 145〕黃旺成著，许雪姬編註，《黃旺成先生日記（四）：一九一五年》，頁 271。

〔註 146〕黃旺成著，许雪姬編註，《黃旺成先生日記（十）：一九二三年》，頁 330；黃旺成著，许雪姬編註，《黃旺成先生日記（十五）：一九二八年》，頁 146。

社的活動，〔註147〕可以想見價格也是黃旺成考量娛樂選擇的因素，比起張麗俊只提到劇目及內容，記下花費呈現的是兩人不同的家族背景。最後，關於劇目的選擇，黃旺成於 1927 年的記載中寫到同一天有一部社會劇和一部活動寫真（電影），兩部戲都有很多人參與，他讓自己的妻子帶著孩子們去看活動寫真（電影），自己則選擇了社會劇，〔註148〕另一次則是在 1925 年，黃旺成提及一次的社會劇〈棄婦〉是「頗有意義的」〔註149〕可以從中了解知識分子對於新式的休閒，並不會只因為新奇的聲光效果就參與，亦會考量其中的意義與價值，即便當時活動寫真（電影）藉由聲光效果吸引群眾，黃旺成較為看中的仍是內容能否吸引到他。與張麗俊相同之處則是黃旺成在觀看電影時，亦喜歡一些包含過去元素的演出，像是武俠電影與《紅樓夢》電影，〔註150〕尤其以《紅樓夢》的電影最受黃旺成青睞，他有著「布景很妙、女伴如雲、寶玉、黛玉痴情可愛、劉老老詼諧百出、頗堪怡目」的高評價，從中可以看出這些過往經驗對知識分子喜好的影響程度之高。

　　黃旺成曾任公學校教師的身分，使他和張麗俊相比，參與了更多運動會，他在任職公學校的期間也認識到許多的運動項目，加上一些同儕的影響，他對於運動的看法和張麗俊有很大程度的不同，若是關於他在公學校時期培養的其他新式休閒將會在下一節提及，這邊便有所保留。另一方面，又因為有開立工廠的經驗，連共進會他都曾參與其中，可以說比起張麗俊純粹看熱鬧的角色，黃旺成又多了參與者的身分。

　　首先，博覽會的部分，第一次是 1916 年擔任公學校教師時，帶領學生參觀，〔註151〕可能是因為要注意學生的狀況，不能全心全意觀賞，所以對於展品內容並未多作描寫。1917 年相似性質的活動也有同上的情形，甚至直白的寫下「然無甚價值」〔註152〕可以見之黃旺成前去參與，有很大因素是因為這是公學校的活動不得不配合。另一次則是在 1926 年，這次的身分有大幅度的

〔註147〕黃旺成著，許雪姬編註，《黃旺成先生日記（十二）一九二五年》，頁 202。
〔註148〕黃旺成著，許雪姬編註，《黃旺成先生日記（十四）：一九二七年》，頁 42～44。
〔註149〕黃旺成著，許雪姬編註，《黃旺成先生日記（十二）一九二五年》，頁 202。
〔註150〕黃旺成著，許雪姬編註，《黃旺成先生日記（十五）：一九二八年》，頁 146、152。
〔註151〕黃旺成作，許雪姬編著，《黃旺成先生日記（五）：一九一六年》，頁 68。
〔註152〕黃旺成著，許雪姬編註，《黃旺成先生日記（六）：一九一七年》，頁 50～51。

轉變，因為他自身開設織品工廠，所以受邀在共進會擺上「兩臺出演」〔註153〕所以在前幾次擔任老師陪同學生參與之後，這次是貨真價實的「局內人」。在這次的參展前，他亦有借鑒他人的經驗，在該年的 4 月，他去了臺中參與該地的共進會，特別有描寫到「打從水泳場的水龍處入公園絣賣店調查一番」〔註154〕他參觀當地賣「絣布」的店面，而且是在參觀之初便長驅直入，顯示他對於和自身相關的事情更為在意。也因為該年的共進會參與，使日商的織品場派人到黃旺成的工廠給予一些經驗與知識上的傳授，使他獲益良多，當日更描寫到為了協助當天的展出，導致自己「執筆時手腕覺得酸麻」〔註155〕在這之中了解到做為參展者的辛苦，以及黃旺成遇到事情表現出的認真負責。比起張麗俊純看熱鬧，黃旺成對於這項休閒，表現出來更多的是在其中的辛勞。

接著便要提到運動會，前面幾年，做為學校一員，他肯定是無法置身事外，必須在其中完成他的角色任務，像是 1912 年，他記載了自己陪同學生縫沙包、練習比賽項目以及去看學生的籃球比賽，〔註156〕隔年他也與同事去參與了小學校的運動會，〔註157〕1914 年的記載則描述了很多行前準備，〔註158〕可以想見在當時舉辦運動會和現今一樣，對於學校人員是個不輕鬆的業務，該年的記載還包含後續的發邀請卡，〔註159〕以及對於一些體操等團體表演的練習，〔註160〕其中提到校長對學童訓斥後造成學生不滿亦與現今相仿，可以見之這樣的做法從古至今由來已久，但並非真正好的方式。之後的運動會準備多半也是與前述相似，故將重心放到他做為觀眾的參與。他以觀眾身分參

〔註153〕黃旺成著，許雪姬編註，《黃旺成先生日記（十三）一九二六年》，頁 376。

〔註154〕黃旺成著，许雪姬編註，《黃旺成先生日記（十三）一九二六年》，頁 120～122。

〔註155〕黃旺成著，许雪姬編註，《黃旺成先生日記（十三）一九二六年》，頁 406～407。

〔註156〕黃旺成著，许雪姬編註，《黃旺成先生日記（一）：一九一二年》，頁 190～191、195～197。

〔註157〕黃旺成著，许雪姬編註，《黃旺成先生日記（二）：一九一三年》，頁 407～408。

〔註158〕黃旺成著，许雪姬編註，《黃旺成先生日記（三）：一九一四年》，頁 273～274、287～288、289～230、299～300。

〔註159〕黃旺成著，许雪姬編註，《黃旺成先生日記（三）：一九一四年》，頁 314。

〔註160〕黃旺成著，许雪姬編註，《黃旺成先生日記（三）：一九一四年》，頁 314～315。

與的運動會次數也不少，其中一次在 1923 年，他提及那次的體操表演比起自己任職公學校時有所進步，〔註161〕可以想見他受到過去任職於學校的影響，使體操項目成為他觀看運動會一個很大的重點。另外，他也會參與孩子學校的運動會來給予他們支持與溫暖，〔註162〕因為張麗俊的孩子在其寫作日記時年紀較大，便無法在此比較，稍嫌可惜。不過在爬梳黃旺成參與運動會的經歷，確實較張麗俊多得多，且黃旺成也較會看門道，並非只是看熱鬧而已，除了前面所言的體操外，他也記載了有次一位運動員破了大會紀錄的精采表現，〔註163〕可以想見身為曾身處其中的人，更容易了解整個活動的內涵，任何一項興趣的維持，肯定都要對於這樣的興趣有更深的認識與體會，否則熱情容易消退。

綜合言之，在這個嫁接的休閒娛樂中，我們可以了解張麗俊對於這些活動的喜好，與他熱愛看熱鬧的關聯是極大的，所以有了新奇熱鬧的場合自然可以吸引到他。當然，也正是因為如此，若是沒辦法延續他的興致，他的熱情也是會慢慢消退，將目光轉往其他更有趣的娛樂上。黃旺成的部分，則較為關心內容的呈現，並不全然在乎所謂的熱鬧，也因為如此，他沒有興趣的內容，除非不得已，否則即便很多人去參與，他也不會盲目跟風。除了這點以外，黃旺成對於運動會的認識與興趣顯然來自他過往曾任公學校教師的經歷，下一小節所探究的面向便要從此處開展，我們都知道人會受環境所影響，那具體情況如何，在下一節即有相關討論。

（三）現代場域薰陶下的體育活動

新舊知識分子很大的不同在於他們活動的場域，舊知識分子如張麗俊，雖也會參與一些不同以往的活動，不過身邊的同儕、友人多半還是傳統的那群同好，未若黃旺成這樣的新知識分子，不僅曾做為公學校教師，直接身處新知傳遞的地點，後來又參與社會運動，如青年會的運作，自然有更多的機會跟著旁人的腳步，學習並從事更豐富的休閒活動。

這邊要談及的便是黃旺成在公學校時期培養起，並持續的興趣──庭球

〔註161〕黃旺成著，許雪姬編註，《黃旺成先生日記（十）：一九二三年》，頁 375～376。

〔註162〕黃旺成著，許雪姬編註，《黃旺成先生日記（十五）：一九二八年》，頁 413～414。

〔註163〕黃旺成著，許雪姬編註，《黃旺成先生日記（十五）：一九二八年》，頁 358。

與桌球。庭球也就是現在所說的軟式網球,與桌球皆是日治時期傳入臺灣的
新式休閒運動。我們可以發現過往知識分子又稱作文人,與武人相對,文舉
與武舉也會分開招募人才,自最初春秋時期所提禮、樂、射、御、書、數的
全才印象之後,到宋代以後,漸漸走向重文輕武之局,這些文人平時所做的
事情多半偏向文雅,未有似過去那樣的活力。不過,這個狀況在日治時期有
了些改變,因為在學校裡是提倡運動的,不僅有相關課程,也會有定時的運
動會,更重要的是擁有可以從事相關運動的場地,在這樣的環境之下,正如
學者林丁國曾在〈從日記資料析論日治時期臺日人士的體育活動〉一文中所
提到的,除了日治時期本就有著的打庭球(軟式網球)風氣以外,公學校能
方便使用的場地與球具對於養成打球興趣與習慣佔了很大因素,[註164]黃旺
成開始接觸這項運動彷彿是理所當然。

　　有另一點可以佐證公學校對於黃旺成接觸庭球(軟式網球)運動是一重
要原因,庭球(軟式網球)過去在歐洲屬於貴族運動,首先,是因為進行上
不用有肢體的接觸,開賽與結束都行禮如儀,很有溫文儒雅的貴族氣質;除
此之外,這項運動不僅需要球具,更需要場地,一般平民是較難擁有自己的
私人庭園來進行此項運動,在日治時期的臺灣,擁有私人球場的首推林獻堂,
接著便是黃旺成自己在日記中所提及的張傑,黃旺成還曾調侃他「被享樂主
義所影響」。[註165]

　　從黃旺成的日記記載中可以發現,他最早提及庭球(軟式網球)是在1912
年,[註166]可見這個興趣持續了相當長的時間,最初他打庭球(軟式網球)
的對象多半是學校的同事,[註167]後來黃旺成離開學校之後,雖然仍會回學
校打庭球(軟式網球),[註168]但次數便減少了許多。他除了自己參與外,
亦會去觀看庭球(軟式網球)的比賽,[註169]可以想見他對於此項運動的熱

〔註164〕林丁國,〈從日記資料析論日治時期臺日人士的體育活動〉,頁97。

〔註165〕黃旺成著,許雪姬編註,《黃旺成先生日記(十三)一九二六年》,頁8~9。

〔註166〕黃旺成著,許雪姬編註,《黃旺成先生日記(一):一九一二年》,頁106~
　　　　108。

〔註167〕黃旺成著,許雪姬編註,《黃旺成先生日記(一):一九一二年》,頁474~
　　　　475。

〔註168〕黃旺成著,許雪姬編註,《黃旺成先生日記(七):一九一九年》,頁227~
　　　　228。

〔註169〕黃旺成作,許雪姬編著,《黃旺成先生日記(五):一九一六年》,頁102;黃
　　　　旺成著,許雪姬編註,《黃旺成先生日記(九):一九二二年》,頁360~361。

愛。在離開學校場域後，他並未放棄他在這上面的興趣，除了仍透過朋友家中的庭園從事庭球（軟式網球）運動，〔註170〕他也接觸了另一項規則相似，不過對於空間、體力要求較小的運動——桌球。

桌球在日記中常會記為ピンポン，也就是俗稱的乒乓球，相對網球來說，桌球所需要的空間較小，在進行上可以說方便了很多，而且，當活動的範圍縮小，對於體力的負擔上也有減少，使得更多人可以上手，有些喜愛網球運動的人，隨著年齡增大，或是休閒時間的限縮，常會轉移自己的興趣到進行起來很相像的桌球上。

在桌球方面的紀錄是從 1919 年開始，〔註171〕且黃旺成並非一開始就一頭栽進這項運動中，亦有友伴邀約而不往的記載，〔註172〕他真正花較多時間在此運動上是在 1925 年，〔註173〕在這年之後，他常會與朋友們到青年會交流桌球，後來，他也將桌球的器具帶往自己的工廠，〔註174〕讓自己在工廠得以和員工從事這項休閒，這些員工也受黃旺成影響，甚至已經下班也依舊留在工廠打桌球，〔註175〕這層影響自然也帶到黃旺成的小孩，對於他兒子到工廠打桌球一事日記中亦有記載，〔註176〕可以說在黃旺成漸漸減少網球活動之時，桌球適時的取代了網球的地位，成為黃旺成較常從事的運動。

在運動方面，黃旺成也有從事撞球運動的記載，〔註177〕不過從事的次數不多，便不多作介紹。從此小節的討論中可以得知，學校、青年會等場域提供了黃旺成接觸新式休閒運動的機會，使得他和另一位探討核心張麗俊有了區別。我們要知道，過往研究中，有這樣的運動傾向的便是對於運動相當有

〔註170〕黃旺成著，許雪姬編註，《黃旺成先生日記（十二）一九二五年》，頁 6～7、34～35、214。

〔註171〕黃旺成著，許雪姬編註，《黃旺成先生日記（七）：一九一九年》，頁 117～118。

〔註172〕黃旺成著，許雪姬編註，《黃旺成先生日記（七）：一九一九年》，頁 118～119。

〔註173〕黃旺成著，許雪姬編註，《黃旺成先生日記（十二）一九二五年》，頁 301～302。

〔註174〕黃旺成著，許雪姬編註，《黃旺成先生日記（十三）一九二六年》，頁 34。

〔註175〕黃旺成著，許雪姬編註，《黃旺成先生日記（十三）一九二六年》，頁 65～66。

〔註176〕黃旺成著，許雪姬編註，《黃旺成先生日記（十三）一九二六年》，頁 76～78。

〔註177〕黃旺成著，許雪姬編註，《黃旺成先生日記（六）：一九一七年》，頁 119～120。

興趣,認識各界政商名流,且四處走訪的林獻堂。透過公學校以及青年會的參與,即便黃旺成不是傳統的大家族,仍是可以多元涉獵各種西式休閒運動,這也更加深了當代知識分子的生活輪廓,使本文得以呈現張麗俊以及黃旺成兩種不同知識分子的面向。

第三節 知識分子的行腳生活

旅遊這樣的課題,與經濟、交通、政治等範疇均有關聯,算是一個受影響範圍相當廣的論述主題,此處僅就兩位日治時期的知識分子為中心,從二人在旅遊中的選擇、體會來探悉當代知識分子。對於日治時期的旅遊,學者林淑慧、林丁國等人均有相關研究,前者運用張麗俊、田健治郎、林獻堂三人日記中的旅行敘事來了解當時的臺灣八景,〔註178〕後者則聚焦當時大家林獻堂來分析其島內旅遊狀況。〔註179〕筆者認為旅遊這件事不能單純用傳統與新式的用詞區別,過去多少年的人類史上,旅遊見聞的描寫可說數也數不清,故可被劃分在傳統休閒中。然而,日治時期逐漸便利的交通、被規範好的生活節奏,以及政府當局有意識地推動旅遊,都是塑造當時旅遊蓬勃的重要因素,不能忽視這些現代元素所帶來的影響。綜合上述,旅遊行腳在時代中有其特殊性,所以將其獨立出來論述之。

(一)島內旅遊

過去一篇以櫟社詩人為主體的文章就與會詩人的詩文描寫來認識當時文人的旅遊情形,對於知識分子階層的島內旅遊有一定的介紹,主要談及該社詩人的旅遊受當時政府宣傳之影響,旅遊選擇主要以當時風行的地點為主。〔註180〕另一篇談論中部傳統文人的研討會論文也曾藉由詩文來略提他們的旅遊經驗。〔註181〕兩篇文章共通點就是以文學團體為中心,藉由文學作品來認識該群體。本文除了在兩篇文章的既有成果上堆疊新的內容外,更著重聚

〔註178〕林淑慧,〈觀景察變:台灣日治時期日記的旅行敘事〉,頁23～52。

〔註179〕林丁國,〈林獻堂遊臺灣——從《灌園先生日記》看日治時期島內旅遊〉,頁57～111。

〔註180〕李毓嵐,〈日治時代臺灣傳統詩人的休閒娛樂——以櫟社詩人為例〉,頁57～59。

〔註181〕施懿琳,〈從張麗俊日記看日治時期中部傳統文人的文學活動與角色扮演〉,頁6～7。

焦在知識分子的身分上，並透過兩位記主的不同的身分背景來擴大對於知識分子階層的認識。至於臺灣島內旅遊的研究，最豐富的當屬以林獻堂為中心的相關篇章，〔註182〕因為林獻堂在當時的重要身分，以及優越的經濟實力，致使他在日記裡有許多島內旅遊的相關紀錄，在深度認識當時的旅遊和景點上有很大幫助。不過，這樣相對有錢、有閒的高級人士顯然不能完全代表當代的知識分子階層，若要完善知識分子階層的旅遊狀況，必須有更多其他人物的紀錄並陳，才可以更加擴展這方面的研究。

　　張麗俊的島內旅遊經驗非常多，有許多都有留下詩作，可以從日記的記載中見之，如〈稻江即景〉、〈北投溫泉〉、〔註183〕〈遊基隆途中漫興〉、〔註184〕〈南遊途中即景〉、〔註185〕〈赤嵌樓即景〉、〔註186〕〈遊吳家故園〉等，〔註187〕可見從北到南均有張麗俊的足跡，除此之外，可以從他旅遊的選擇來知悉他旅遊的原因，以及在旅遊中的看法和收穫，以下主要就《臺灣日日新報》公布投票結果的時間做為斷限，〔註188〕分兩部分探討之。

　　第一部份便是在臺灣的八景和十二勝被公布之前，張麗俊的島內遊歷，

〔註182〕 林丁國，〈林獻堂遊臺灣——從《灌園先生日記》看日治時期的島內旅遊〉，頁57～111。

〔註183〕 〈稻江即景〉：稻江風景最宜秋，此地曾經一度遊，觸目也驚今昔感，繁華人號小蘇州。〈北投溫泉〉：澗泉一道等華清，澡浴人來趁晚晴，暫作湯盤銘日日，流連莫便說歸程。張麗俊著，許雪姬、洪秋芬、李毓嵐編纂·解讀，《水竹居主人日記（四）》，頁99～101。

〔註184〕 〈遊基隆途中漫興〉：青山重疊水灣還，一片桑麻十畝間，鎖鑰北門今益固，波濤起處是秦關。張麗俊著，許雪姬、洪秋芬、李毓嵐編纂·解讀，《水竹居主人日記（四）》，頁101～102。

〔註185〕 〈南遊途中即景〉：尋春預約往南州，驛路風光細雨浮，憶昔曾經卅五載，天緣有分再來遊。張麗俊著，許雪姬、洪秋芬、李毓嵐編纂·解讀，《水竹居主人日記（七）》，頁7～9。

〔註186〕 〈赤崁樓即景〉：赤崁胡知弄得名，層樓上立一魁生，塵氣滿眼無人掃，棟宇雖新亦感情。張麗俊著，許雪姬、洪秋芬、李毓嵐編纂·解讀，《水竹居主人日記（七）》，頁9～11。

〔註187〕 〈遊吳家故園〉：假山裝隧虎狼蹲，認是吳家古蹟存，躑躅樓前池上路，延陵園外四春園。張麗俊著，許雪姬、洪秋芬、李毓嵐編纂·解讀，《水竹居主人日記（七）》，頁11～12。

〔註188〕 〈八景十二勝の決定に就て　交通其他の設備を充實せよ〉，《臺灣日日新報》，1927年08月27日，06版；〈臺灣八景決定　二十五日鐵道ホテルに於ける　最後の審查委員會で　同時に別格二景及十二勝も決る〉，《臺灣日日新報》，1927年08月27日，09版。

因為沒有明確的旅遊標的，有許多對於出遊的描寫都僅在臺中，或是附近的
廟宇如慈濟宮，因多數與宗教相關的休閒前面已提及，此處便不多贅述。其
餘的旅遊多半是有其他目的的順道之舉，像是 1914 年因為學生罷課到了臺北
的工業講習所詢問，順便遊覽大稻埕市街、馬偕醫院、北投溫泉等地；〔註 189〕
1916 年趁著前去臺北參與共進會之餘暇，「閒步至艋舺歡慈市街遊玩」並「遊
玩貸座敷」在當地的花街柳巷玩賞；〔註 190〕1917 年隨著進香團體遊覽雲林附
近的廟宇和市街；〔註 191〕1919 年為了找人處理慈濟宮的牆壁問題，順道看了
大龍峒保安宮及員山劍潭寺的華麗工事；〔註 192〕1924 年因稻江建慶成清醮五
天又到了臺北遊玩；〔註 193〕1926 年因赴全島信用組合展覽大會，到了臺南、
高雄遊玩。〔註 194〕

　　從以上的遊覽經歷可以看出兩個重要的方向，其一便是和前一節相通的
看熱鬧行程如共進會、組合大會，其二則是與宗教相關如進香與清醮，配合
張麗俊充滿好奇與追求新鮮的性格，他便會以原先欲完成之事為中心，往外
延伸相關行程，這也成為八景十二勝發布前張麗俊的主要旅遊模式。

　　第二部份則要討論張麗俊在政府當局有意推動部份景點後的旅遊行程，
八景十二勝是日本政府於《臺灣日日新報》上票選而出的，在 1927 年公布這
樣二十個景點，張麗俊相關的行程可以從 1928 年觀之，該年 12 月他先去了
臺灣八景之一的高雄壽山，〔註 195〕接著繼續南下前往貴為八景之首的鵝鑾鼻
燈塔；〔註 196〕隔年（1929 年）他到了被列在十二勝中的臺北草山泡硫磺泉，

〔註 189〕張麗俊著，許雪姬、洪秋芬、李毓嵐編纂‧解讀，《水竹居主人日記（四）》，
　　　　　頁 99～101。

〔註 190〕張麗俊著，许雪姬、洪秋芬、李毓嵐編纂‧解讀，《水竹居主人日記（四）》，
　　　　　頁 327。

〔註 191〕張麗俊著，许雪姬、洪秋芬、李毓嵐編纂‧解讀，《水竹居主人日記（五）》，
　　　　　頁 57。

〔註 192〕張麗俊著，许雪姬、洪秋芬、李毓嵐編纂‧解讀，《水竹居主人日記（五）》，
　　　　　頁 264。

〔註 193〕張麗俊著，许雪姬、洪秋芬、李毓嵐編纂‧解讀，《水竹居主人日記（六）》，
　　　　　頁 278～279。

〔註 194〕張麗俊著，许雪姬、洪秋芬、李毓嵐編纂‧解讀，《水竹居主人日記（七）》，
　　　　　頁 7～9。

〔註 195〕張麗俊著，许雪姬、洪秋芬、李毓嵐編纂‧解讀，《水竹居主人日記（七）》，
　　　　　頁 456～457。

〔註 196〕張麗俊著，许雪姬、洪秋芬、李毓嵐編纂‧解讀，《水竹居主人日記（七）》，
　　　　　頁 458。

並寫下〈遊草山即景〉一詩；[註197]1930 年則是前往八景之一的基隆旭崗觀日；[註198]1931 年參與臺南及臺中州組合役員之旅行團到十二勝的角板山遊賞，並寫下兩首〈遊角板山即景〉；1934 年先後前往的獅頭山、日月潭、霧社亦列在八景十二勝中；[註199]1936 年前往八仙山，並寫下〈八仙山即景〉一詩。[註200]從中可以看出政府宣傳的作用，並得知張麗俊這樣的知識分子是有興趣，也有能力從事種種的島內旅遊的。其中有日的日記記述很符合張麗俊的個性，在 1929 年 11 月 14 日，張麗俊和一些夥伴前往南部視察優良的街庄，中途許多人想要順道前往鵝鑾鼻燈塔遊賞，即便張麗俊鼓吹他人可以前去一看八景之首的美景，但自身因為前年去過便不參與，後來高雄州庶務課勤務想留張麗俊在該地多玩幾天並邀約前往壽山亦遭婉拒，可見張麗俊雖會因為政府的宣傳前往特定的景點，但只是出於新鮮，並不會將之放在更高的地位而多次前往。

　　正如學者李毓嵐在〈日治時期臺灣傳統詩人的休閒娛樂——以櫟社詩人為例〉一文中所言，張麗俊受到政府當局影響不小，且在其中接收到政府的政治宣傳，因而有了對總督府相關措施的正面肯定。不過，張麗俊的旅遊是否是受到當局的制約，筆者抱持保留的態度，畢竟就張麗俊對於種種休閒娛樂的選擇上，歸納出最大的特點便是喜好嘗鮮，雖然當時八景十二勝的宣傳確實發生了效果，但這並非張麗俊從事休閒的唯一原因。這點從他在宣傳前的旅遊便可得知，即便完全沒有名勝景點的報導，他仍是會把握工作之餘、訪友之餘等機會，四處尋訪，只是較不會有一個明確的旅行標的。

　　黃旺成方面，在旅遊上並沒有像張麗俊那般的明確時段區分，可以說在旅遊一事上始終如一。他的島內出遊有時會自己在日記標題上標註臺北行、臺中行等字句去標明，黃旺成主要遊玩的地點有二，分別是中部與北部，中部有三次標題為「遊八卦山」、「臺中大懇親會」及「家族中部旅行」的日記，

[註197] 張麗俊著，許雪姬、洪秋芬、李毓嵐編纂‧解讀，《水竹居主人日記（八）》，頁 6～7。

[註198] 張麗俊著，許雪姬、洪秋芬、李毓嵐編纂‧解讀，《水竹居主人日記（八）》，頁 269。

[註199] 張麗俊著，許雪姬、洪秋芬、李毓嵐編纂‧解讀，《水竹居主人日記（九）》，頁 398、491～492、507～508。

[註200] 張麗俊作，許雪姬、洪秋芬、李毓嵐編纂‧解讀，《水竹居主人日記（十）》，頁 246～247。

〔註201〕遊玩景點則有北白川宮遺跡、舊砲臺、水源地、彰化街景等,景點外也有一次是為了欣賞「機關車假裝行列」黃旺成寫下「滿乘藝妓遊街取興」相當愉快;北部次數較多,主要分為訪友、公務兩種,景點上僅寫到迪化街南街、〔註202〕北投泡湯等,〔註203〕其餘描述亦只有受到招待的美食,如1927年前去拜訪林呈祿受招待日本料理。〔註204〕黃旺成並非沒有去過南部,只是兩次的描寫都是著重在參與活動,分別為1925年參與文協的講演,〔註205〕以及1928年參與臺灣民眾黨的全島大會,〔註206〕所以便不多贅述之。從中我們可以發現幾件事,其一為黃旺成不似張麗俊會在一些公務行程中包含一些休閒的遊玩,屬於公私較分明的一類,對於公務的認真程度可見一斑。另外,兩次間隔6年的中部旅行,在景點上卻沒有什麼大不同,這與張麗俊嘗鮮的想法可說是大相逕庭,可見黃旺成對於旅遊更在意的或許是放鬆,而非一定要去一個新的地方或厲害的地方。又一次去臺北與朋友交流的行程,黃旺成提到「今天的臺北行只費這6.5△而已」且「靠着兩根的健腿 未常(嘗)坐車」來省錢,〔註207〕此處顯見黃旺成與張麗俊在經濟能力上的顯著差異,這也可以去解釋為何黃旺成休閒的旅遊行程如此之少。

可以看出黃旺成的旅遊經驗遠較張麗俊為少,與他對旅遊較不熱衷有關,當然,也不能忽視他與張麗俊在經濟背景和成長背景上的差異,從前述諸休閒中,可以看出對於金錢上的花費,黃旺成遠較張麗俊在意,這是許多傳統知識分子與新知識分子間的不同。除此之外,像是黃旺成這樣的新知識分子也較不會受政府宣傳的影響,黃旺成自己在日記中幾乎是未曾提及關於八景一事,自

〔註201〕黃旺成著,許雪姬編註,《黃旺成先生日記(九):一九二二年》,頁363~364;黃旺成著,許雪姬編註,《黃旺成先生日記(十五):一九二八年》,頁276~277。

〔註202〕黃旺成著,許雪姬編註,《黃旺成先生日記(八):一九二一年》,頁61~62。

〔註203〕黃旺成著,許雪姬編註,《黃旺成先生日記(十二)一九二五年》,頁287~290。

〔註204〕黃旺成著,許雪姬編註,《黃旺成先生日記(十四):一九二七年》,頁69~70。

〔註205〕黃旺成著,許雪姬編註,《黃旺成先生日記(十二)一九二五年》,頁398~402。

〔註206〕黃旺成著,許雪姬編註,《黃旺成先生日記(十五):一九二八年》,頁224~226。

〔註207〕黃旺成著,許雪姬編註,《黃旺成先生日記(十五):一九二八年》,頁22~26。

然也沒有以此為本的行程，另一個顯著例子是同為新知識分子的臺南知識分子吳新榮，他不僅自己在日記中跳脫評選自己觀點的八景，且表示許多美景早已被其走訪，〔註208〕這樣不全然接受報章宣傳，並很有自身想法的新知識分子特色可謂展露無遺。綜合言之，兩位知識分子的性格與經濟背景對於他們的島內旅遊行為與選擇影響最大，下節會就他們二人的島外旅遊繼續論之。

（二）島外旅遊

與前一節島內旅遊相對的自然是島外的旅遊，可以從中了解這些知識分子對於過去所不曾見到的新奇事物有什麼樣的看法，又當他們身處在臺灣之外的異地，會讓他們興發怎樣的感慨。過去林獻堂因為本身的條件，甚至有環遊世界的長途旅行，內容也透過《環球遊記》保存下來，關於這篇著作已有不少相關研究，可以從中了解在各地旅行的過程，林獻堂是如何參與各種新鮮的活動，並且與在臺灣的經驗相對照，從中取得一些讓臺灣更加進步的想法。然而，同前一節所述，以知識分子的群體來說，林獻堂屬於過於特殊的那類，若要專注在知識分子的研究，必須透過更多其他知識分子的相關經驗，才能一步步構築出該階層的相關面貌。

張麗俊方面，因為他地方大家的身分，最大的一次出遊便是參與新聞社所募集的觀光團前往日本，同行之人共計175位，從1935年4月1日到4月19日，扣除掉搭船所花掉的交通時間大約有16天左右的行程，他看到不少過往未見之事物，有了不少的紀錄。首先，提到他去過的地點，就日記所寫的順序，張麗俊先自基隆出發到了日本九州的門司港，〔註209〕接著坐電車自大分前往熊本，於熊本玩賞一天後前往有著血池地獄和海地獄的別府，〔註210〕這樣三天九州地區的行程，主要以欣賞古蹟、神社、動物園、公園等行程為主。接著一行人便馬不停蹄前往坐著連絡船前往本州，除了佛寺、櫻花等讓他覺得是有著「雅潔之緻」的「清幽之景」外，〔註211〕許多殖民政府要展現的現代化重

〔註208〕吳新榮著，張良澤總編纂，《吳新榮日記全集4：1940》（臺南：國立臺灣文學館，2008），頁239～240。

〔註209〕張麗俊作，許雪姬、洪秋芬、李毓嵐編纂‧解讀，《水竹居主人日記（十）》，頁31。

〔註210〕張麗俊作，許雪姬、洪秋芬、李毓嵐編纂‧解讀，《水竹居主人日記（十）》，頁32。

〔註211〕張麗俊作，許雪姬、洪秋芬、李毓嵐編纂‧解讀，《水竹居主人日記（十）》，頁32～33。

點設施便一一呈現目前，包含展現強大軍力的國防博覽會、〔註212〕日本生命保險及大阪每日新聞社兩間大公司佐以高樓大廈和車水馬龍的大阪繁華景象、〔註213〕「巧妙難以言語、筆墨形容」的製酒工廠、〔註214〕奈良「殊難口述」的巍峨佛寺和宏壯神像、〔註215〕京都的天皇御陵等，〔註216〕都讓張麗俊嘆為觀止，雖然中途一度因為沒跟上眾人腳步，有了讓他表示「晦氣」的迷路慘劇，〔註217〕導致後來他自述不敢漫遊市街，〔註218〕但他仍能把握剩下的行程，不僅看了東京的貴族院、眾議院、陸軍省、海軍省等政府設施，〔註219〕也再多參觀了當地的大企業如星製藥會社、〔註220〕、明治製菓會社、〔註221〕森永製菓會社、麒麟麥酒會社等，〔註222〕中途更是欣賞了「東京稱第一流之戲」的演出，〔註223〕整趟旅程可說相當豐富且無冷場。

張麗俊在旅途中少有不滿的描述，頂多抱怨行程緊湊加上天氣不佳導致的走馬看花，〔註224〕倒是欣賞與讚賞是不少的。比起林獻堂的環球旅行，張

〔註212〕張麗俊作，許雪姬、洪秋芬、李毓嵐編纂‧解讀，《水竹居主人日記（十）》，頁33。

〔註213〕張麗俊作，许雪姬、洪秋芬、李毓嵐編纂‧解讀，《水竹居主人日記（十）》，頁33～34。

〔註214〕張麗俊作，许雪姬、洪秋芬、李毓嵐編纂‧解讀，《水竹居主人日記（十）》，頁34。

〔註215〕張麗俊作，许雪姬、洪秋芬、李毓嵐編纂‧解讀，《水竹居主人日記（十）》，頁35。

〔註216〕張麗俊作，许雪姬、洪秋芬、李毓嵐編纂‧解讀，《水竹居主人日記（十）》，頁35。

〔註217〕張麗俊作，许雪姬、洪秋芬、李毓嵐編纂‧解讀，《水竹居主人日記（十）》，頁35～36。

〔註218〕張麗俊作，许雪姬、洪秋芬、李毓嵐編纂‧解讀，《水竹居主人日記（十）》，頁36。

〔註219〕張麗俊作，许雪姬、洪秋芬、李毓嵐編纂‧解讀，《水竹居主人日記（十）》，頁36～37。

〔註220〕張麗俊作，许雪姬、洪秋芬、李毓嵐編纂‧解讀，《水竹居主人日記（十）》，頁37～38。

〔註221〕張麗俊作，许雪姬、洪秋芬、李毓嵐編纂‧解讀，《水竹居主人日記（十）》，頁38～39。

〔註222〕張麗俊作，许雪姬、洪秋芬、李毓嵐編纂‧解讀，《水竹居主人日記（十）》，頁41～42。

〔註223〕張麗俊作，许雪姬、洪秋芬、李毓嵐編纂‧解讀，《水竹居主人日記（十）》，頁38～39。

〔註224〕張麗俊作，许雪姬、洪秋芬、李毓嵐編纂‧解讀，《水竹居主人日記（十）》，頁35。

麗俊的日本行有著許多殖民政府想展現國力的要素，舉凡國防、經濟、宗教、政治、文化等都是日本當局決定好的，如此一來便無法從中檢視張麗俊的行程安排與選擇，不過這趟旅程對張麗俊仍是充滿意義的。首先是他愛看熱鬧、愛嘗鮮的個性受到滿足，像是在東京看戲時，給出了「此戲洵我生目所未覩也」的高評價。〔註 225〕再者，這次旅行成為張麗俊與眾多朋友間的話題，像是他提到「東京之繁華、嚴島之清幽、寶塚之美麗、華巖之名勝、雅敘之奢華」〔註 226〕雖寥寥數句便可明白旅程中的種種美好，另一次則強調日本當地的公共衛生之好，〔註 227〕這樣的分享符合日本當局想達成的目的，也就是將日本的好宣揚出去，雖然張麗俊本人沒有對此有過多的想法，僅是將這些經驗分享給周遭友朋，並且整理途中所寫的詩作。〔註 228〕或許對於日本政府而言，這是重要的國力展示，但對於張麗俊來說，只是一次印象深刻的嘗鮮之旅。

　　黃旺成方面，雖比起島內旅遊，島外旅遊的成本更高，且他比起張麗俊本就沒有太多的旅遊雅興，所以導致這方面的記載相當少，較多記述的僅有 1919 年以及 1930 年前往中國的經驗，後者因為是記者身分的公務考察行程，並未有太多遊玩的雅興，僅在行經杭州、〔註 229〕西湖、〔註 230〕上海、〔註 231〕蘇州等名勝時，〔註 232〕有走馬看花的描寫；前者則在日記中常常提及，可以說是他人生中重要的一頁，值得深入探討之，故在此著重在 1919 年前往中國福州遊玩的敘述。該次旅遊從 3 月 3 日出發，3 月 30 日回臺，將近一個月的時間，是黃旺成生活中相當悠閒的時候了，那一年恰巧黃旺成結束了公學校

〔註 225〕張麗俊作，許雪姬、洪秋芬、李毓嵐編纂・解讀，《水竹居主人日記（十）》，頁 38～39。
〔註 226〕張麗俊作，许雪姬、洪秋芬、李毓嵐編纂・解讀，《水竹居主人日記（十）》，頁 63。
〔註 227〕張麗俊作，许雪姬、洪秋芬、李毓嵐編纂・解讀，《水竹居主人日記（十）》，頁 74～75。
〔註 228〕張麗俊作，许雪姬、洪秋芬、李毓嵐編纂・解讀，《水竹居主人日記（十）》，頁 66。
〔註 229〕黃旺成著，許雪姬編註，《黃旺成先生日記（十七）：一九三〇年》，頁 196～198。
〔註 230〕黃旺成著，許雪姬編註，《黃旺成先生日記（十七）：一九三〇年》，頁 198～200。
〔註 231〕黃旺成著，許雪姬編註，《黃旺成先生日記（十七）：一九三〇年》，頁 206～212。
〔註 232〕黃旺成著，許雪姬編註，《黃旺成先生日記（十七）：一九三〇年》，頁 212～218。

的教職工作，有個比較自由的時間安排旅遊，撇除未能見之的 1918 年日記，1919 年 1 月 1 日便是最早描寫到他與朋友討論福州的旅遊，顯見他規劃甚久，與張麗俊全程由他人安排有所不同。

　　旅遊內容的部分，黃旺成在這段時間中其實沒有太多的遊賞行程，倒是會見不少朋友，如郭輝、楊文光、〔註233〕王有舜、〔註234〕洪禮修等人，〔註235〕遊賞行程方面多半只描寫去了哪裡，如倉前山領事館、〔註236〕泛閩江、〔註237〕西湖公園、〔註238〕鎮海樓等，〔註239〕這些經歷在往後有被特別回想起的也僅有寫作「白面厝」的娼寮。〔註240〕逛街則是簡單的採買當地名產。〔註241〕黃旺成拜訪不少人，是否是為了經商需求而拓展人脈不得而知，但比起遊覽名勝，這樣的行程佔旅遊中的比例確實是不低。除此之外，更有趣的是，在這段旅程裡，黃旺成仍是花了不少時間待在住處讀書，可以看出對於黃旺成而言，旅行最大的價值並非遊覽各處過往所未知，反倒有段時間可以將日常瑣事放下，使自己做想做的事情是更為重要的。另外，黃旺成在 1921 年、1925 年、1927 年皆有記述其重看福州旅行日誌懷想起旅遊當時之美好情狀，〔註242〕又在 1930 年因公務出差中國時路過福州，即便

〔註233〕張麗俊著，許雪姬、洪秋芬、李毓嵐編纂‧解讀，《水竹居主人日記（七）》，頁54。

〔註234〕張麗俊著，許雪姬、洪秋芬、李毓嵐編纂‧解讀，《水竹居主人日記（七）》，頁56。

〔註235〕張麗俊著，许雪姬、洪秋芬、李毓嵐編纂‧解讀，《水竹居主人日記（七）》，頁58。

〔註236〕張麗俊著，许雪姬、洪秋芬、李毓嵐編纂‧解讀，《水竹居主人日記（七）》，頁56。

〔註237〕張麗俊著，许雪姬、洪秋芬、李毓嵐編纂‧解讀，《水竹居主人日記（七）》，頁58～60。

〔註238〕張麗俊著，许雪姬、洪秋芬、李毓嵐編纂‧解讀，《水竹居主人日記（七）》，頁60～62。

〔註239〕張麗俊著，许雪姬、洪秋芬、李毓嵐編纂‧解讀，《水竹居主人日記（七）》，頁67～68。

〔註240〕黃旺成著，许雪姬編註，《黃旺成先生日記（八）：一九二一年》，頁 170～171。

〔註241〕張麗俊著，许雪姬、洪秋芬、李毓嵐編纂‧解讀，《水竹居主人日記（七）》，頁66～67。

〔註242〕黃旺成著，许雪姬編註，《黃旺成先生日記（八）：一九二一年》，頁170～171；黃旺成著，许雪姬編註，《黃旺成先生日記（十二）一九二五年》，頁134～136；黃旺成著，许雪姬編註，《黃旺成先生日記（十四）：一九二七年》，頁212。

沒有在當地久留仍記下「遊福州」三字來表達到此一遊之情，〔註 243〕再再
證明了黃旺成受限在忙碌的生活中，不能有如同張麗俊多的旅遊、休閒，但
仍然對於放鬆的過往經驗有所嚮往的樣態。

（三）禮不下庶人的新詮釋

　　從本章前兩節我們可以得知，休閒的範疇是隨著時代的進步而日漸擴大
的。不僅在過往的經驗中加深加廣，更有一些不曾在記憶中的新活動吸引了
這些知識分子，做為當代較有時間以及資源從事休閒娛樂的人們，這些知識
分子用他們的方式體驗生活，也造就了一定程度的啟發性，給了其他人一個
學習及仿效的標的，不過，一切並沒有那樣的容易。

　　無論是需要基本識字且有一定的世界觀，才會感興趣並加以從事的新知
閱讀，或是需要志同道合、能一起運動的好友，以及適合運動的場地兩相配
合的庭球、桌球，都和前面所提的傳統休閒一般，並非是所有人都可以學習、
效法的。尤其是最後談論到的旅遊，當旅遊的空間以及時間擴大到一定程度，
便不是任何人均能參與，會明確呈現出階級之間的差異。即便新式的看戲形
式，如看電影、看表演可以吸引到更多平民百姓，不過在沒有足夠的資本下，
也不容易成為長期的興趣。我們從中可以得知，即便日本政府試圖在引入新
式休閒娛樂的過程中，改變臺灣人民的生活，使臺灣人民趨向所謂的皇民，
不過這樣的事情並非一蹴可及，想要能跟上摩登的腳步，並非只要模仿那些
有力人士即可，即便是張麗俊這樣的地方大家族，也並未像黃旺成那般有這
樣豐富的新式休閒參與；即便是黃旺成這樣的新式知識分子，也無法向張麗
俊那般旅遊如此多的地點，甚至還受邀去日本參觀。可以見之當代的知識分
子，每個人都有不同的休閒模式，雖然都是知識分子，產生了文化上的共通
性，不過這應非唯一影響知識分子從事休閒的因素，他們仍可能因為他的身
家背景，或是因為他的生命經歷，造就每個人與眾不同的選擇結果。身為仰
望者的平民，則難以完全跟上這些有力人士的腳步。

〔註243〕黃旺成著，許雪姬編註，《黃旺成先生日記（十七）：一九三〇年》，頁 187
　　　～189。

第四章　日治時期臺灣知識分子的教育及知識傳播

第一節　當代及各自教育背景探悉

　　明鄭治臺以及清領時期，漢人將中國的教育方法引入臺灣，無論是為了做為選才標準，或是要提升臺灣人對於中國文化的認同，進而更方便中央政府的統治，在當時也催生出了不少文人、進士。然而，在日本人於甲午戰爭勝利，成功成為了臺灣的新主人之時，他們也逐步地訂下新規矩，同樣試圖更好的掌握臺灣，使這樣的殖民地能永續經營，不致魚死網破。所以日本統治的期間，逐漸將教育的方針確立，把在日本施行的教育規範引進臺灣，當然，也因此很大程度的對於過往的教育制度形成了排擠。不過，日人採用漸進式的手法，沒有過於激烈的手段，故並未根除一些傳統漢學的知識傳播，只是將之擺在正規教育之外，也正因如此，造成在當時的臺灣有多種教育方法並陳的現象，本節除了談及這樣的教育狀態，也介紹張麗俊以及黃旺成二人在求學階段所學習的事物，試圖完善時代以及個人，兩個層面下的知識傳播背景。

（一）當代的教育環境

　　1895 年接收臺灣後，日本當局為了要更穩固在臺灣的統治，並且訓練一些可以為他們所用的臺灣人，開始在各地設立國語學校以及國語傳習所，希望盡速養成一批臺籍的協助者，藉由他們這些能教導日語或協助公務的臺

灣人來給予日人統治上的助益，並為了未來更完備的控制方式鋪路。〔註1〕統治權的轉移，也導致長久以來的教育體制受到挑戰，原本清領臺灣的教育措施分作官學以及鄉學二類，前者又分府儒學、縣儒學、書院、義學四類；後者則分社學和民學二類，並統稱為書房。〔註2〕在臺灣移交給日本之後，傳統教育中的書房被保留下來，其原因之一為日本初獲殖民地，尚未確立教育方針，〔註3〕所以沒有立即對書房採取強硬的措施；原因之二是書房對於地方教育的貢獻不小，且當時日本沒有足夠經費發展取而代之的教育機構。〔註4〕學者吳文星認為日本當局對於書房的政策是「溫和的漸禁主義」〔註5〕在原本的書房基礎上，加入日本人所希望的的教學內容，不過也因此使這樣的傳統教育被保留下來。以下便分別提及國語傳習所到公學校的正規教育，以及正規之外的書房教育。

　　日本引入的新教育，最初是從國語傳習所開始，誠如前述所言，最早的目的是培養能用的人才，也就是能當日臺之間橋樑的通譯人員。然而，這樣的需求在1896年的第一屆國語傳習所學生經過半年修業期滿便紓解了，所以長期貫串新教育的宗旨是「教授國語」以及「培養國民精神」兩項，前者體現在課程的規劃上，最初的課程僅讀書、會話、唱歌三項，〔註6〕教科書統一由文部省發行，是以教授語言為主的普通教育。國語傳習所之外的國語學校附屬學校則是在1896年分成第一附屬學校的甲、乙兩組，以及第三附屬學校，甲組上課科目為讀方書方（即讀書寫字）、問答、文法、唱歌；年齡較小的乙組則比甲組少了文法一科；第三附屬學校則教授讀方、發音、會話初步、體操初步等，〔註7〕後來才逐步進展至有修身、讀書、國語、作文、算數、習字、體操、唱歌八科，雖然科目較多，且上課時間較長，不過仍是以語言教學為主軸。後者則體現在守時的觀念、儀式性的行為，守時使學校有著新

〔註1〕臺灣教育會編，《臺灣教育沿革志》（臺北：臺灣教育會，1939），頁166。

〔註2〕吳文星，〈日據時代台灣書房之研究〉，《思與言》16卷3期（1978年9月），頁62。

〔註3〕大園市藏，《臺灣始政四十年史》（臺北：成文出版社，1936），頁482～487。

〔註4〕臺灣教育會編，《臺灣教育沿革志》，頁969。

〔註5〕吳文星，〈日據時代台灣書房之研究〉，頁69。

〔註6〕《臺灣總督府公文類纂》明治29年永久保存，〈國語學校第一附屬學校明治29年七月中事務報告〉

〔註7〕《臺灣總督府公文類纂》明治29年永久保存，〈國語學校第一附屬學校明治29年十月中事務報告〉。

觀念的象徵，儀式性行為則是為了塑造學校為「國家代理人」及「文明代理人」的角色。〔註 8〕國語講習所退場後，由公學校承接此任務，最初在課程安排上有修身、國語、作文、讀書、習字、算數、唱歌、體操，〔註 9〕也依次加入了裁縫、農業、圖畫等類科，〔註 10〕其中明定修身科為各科之首，藉著課程上的學習，使兒童養成該有的國民精神來鞏固殖民者的統治。〔註 11〕在課程逐漸豐富之際，仍透過祝祭日及教育敕語來延續儀式性的行為，〔註 12〕且利用更加細節的規範來養成臺人良好的習慣。可以說近代臺灣的生活規範就是在這樣的作法下一步一步建立起來，在方便管理的宗旨下，也更有當局所希望的文明樣態。

　　清領時期的書房教育，最初的作用是以準備科舉考試為主，學習基本讀書識字能力及涵養性格為輔，屬於兼具不完全普通教育以及純粹預備教育性質的機關。〔註 13〕日本治臺以後，雖在政府的種種措施之下，部分書房需要兼上日文、算術等和公學校相仿的學科，以達成書房能成為公學校教育的輔助機構的構想。但現實不如想像中美好，多數書房仍秉持傳統教育的內容及方法，原因的部份學者吳文星在〈日據時代臺灣書房之研究〉一文中有詳細的描寫，〔註 14〕此處便不多提，不過可以從中了解書房教育中，雖有部分「改良書房」採用公學校的教材，大多數仍是根據傳統的規範，以下便以此介紹之。傳統書房教育主要為混齡教學，教材方面依照難易從誦讀三字經開始，接著是不加句讀的四書、幼學群芳，在更進階則是五經、四書集註。以上的教學法主要即是點讀、背誦、默寫，教師僅會講解字義。其他的內容則有教導寫書法的習字，以及寫作對句、文章、詩賦。〔註 15〕從現在眼光看之，自然是覺得教學過於死板，但在當時已經是學習漢文最好的管道，因為公學校

〔註 8〕許佩賢，《殖民地台灣的近代學校》（臺北：遠流出版社，2005 年 3 月），頁 49。
〔註 9〕《臺灣總督府府報》第三九四號（1898 年 8 月 16 日），頁 31～36，府令第78 號。
〔註 10〕鄭梅淑，〈日據時期台灣公學校之研究〉（臺中：私立東海大學歷史研究所碩士論文，1988），頁 150～151。
〔註 11〕鄭梅淑，〈日據時期台灣公學校之研究〉，頁 153。
〔註 12〕許佩賢，《臺灣近代學校的誕生——日本時代初等教育體系的成立（1895～1911）》（臺北：臺灣大學歷史所博士論文，2001），頁 84～94。
〔註 13〕吳文星，〈日據時代台灣書房之研究〉，頁 62。
〔註 14〕吳文星，〈日據時代台灣書房之研究〉，頁 70～71。
〔註 15〕吳文星，〈日據時代台灣書房之研究〉，頁 62。

雖也有開設漢文的課程，不過並未將此視為重要的科目，使漢文教師並未認真教學，相比之下在書房至少能學習到漢文的閱讀、識字、書信等基本能力。〔註16〕直到1920年代，許多有志之士開始推動「國語普及」運動，希望推動書房的教材改變，轉換成較平易近人的白話文。再加之政府越發嚴格查禁未符合當局要求的純漢文書房，以及種種的減少書房相關手段，書房才逐漸絕跡。〔註17〕在這樣的風雨飄搖下，書房一直堅守漢文傳播的重任，許多臺灣人即便接受公學校教育，也會前往書房學習，就算最後數量越來越少，對當時的知識傳播仍是有一定的影響力。

　　以上二元便是當時的教育環境，本文所聚焦的張麗俊因受教年代較早，當時是臺灣的清領時期，所以是全受傳統教育的；黃旺成求學之時則恰巧在日治初年，為兼受傳統教育及新式教育的，兩人的學習背景在後兩小節會再談到，背景的不同對於他們往後的知識傳播影響不小。

（二）張麗俊的知識背景

　　張麗俊學習知識的旅程要從十歲時跟隨長兄前往石岡庄，隨劉秀宗受學開始，當時的評價為「性剛志大，詩書易達」。雖在十一、十二歲時，因為母親的疾病，只能休學事奉母親，仍於十三歲時再同長兄前往上南坑，從廖華浸受學。其後，先後拜於張經廣、林江仕、鄭國琛、魏文華、李瀾章之下，中間的過程先後學習了《詩經》、《書經》、《易經》、《禮記》、《四書》、《四書》註以及《春秋》。1886年時趁港尾的廖水瀾來設學教授之時，也不放過機會來向他學習。1887年，時年弱冠的張麗俊便坐擁文章成篇的能力。1890年，往田心子養賢軒拜謝道隆為師。1894年謝道隆接受大雅張家的請託，在學雅軒設學之時，張麗俊也同傅錫祺等人前往受學。〔註18〕

　　從上述經歷可知，張麗俊的漢學底子相當穩固，不僅四書五經一類的經典之作有所學習，且在寫文章之上也是箇中能手。另外，他曾數度參加童子試，多次名列前茅，可惜到乙未割臺以前均未能高中。此處特別提及

〔註16〕吳文星，〈日據時代台灣書房之研究〉，頁66～67。

〔註17〕吳文星，〈日據時期臺灣書房教育之再檢討〉，《思與言》26：1（1988年5月），頁106～108。

〔註18〕張麗俊文書（3CLJ）。查檢日期：2019年7月12日。臺灣史檔案研究系統。檢索網址：http://140.109.185.225/sinicafrsFront/browsingLevel1.jsp?xmlId= 0000208359。

謝道隆，此人曾多次在張麗俊的日記中被記下，日記中多記謝頌臣先生或謝先生，〔註 19〕可見張麗俊對他的尊敬之情。除此之外，此人也有參與櫟社的紀錄，〔註 20〕不僅與張麗俊關係密切，和當時的臺灣詩人群體也有聯繫，他自身著有《小東山詩存》，存詩一百餘首，想見張麗俊求教於他，也從中增進了不少作詩的能力。1915 年謝道隆病危，張麗俊不僅多次探病，〔註 21〕且協助辦理喪葬事宜，〔註 22〕親筆寫下的輓聯，〔註 23〕訴盡恩師平生功業，可以再次印證兩人的密切關係。

　　綜合言之，張麗俊經過了十餘年的漢學教育滋養，且師於眾知名文士之下，不難想見他的漢學造詣在相當高的境界，這樣的條件，不僅影響了第三章所言的休閒選擇，更是他在知識傳播上的推手。

（三）黃旺成的知識背景

　　黃旺成於 1894 年進入私塾，先後追隨張鵬飛、周國珍兩位教師學習漢文，不過未見他學習狀況的相關資料，就本文第三章所提的閱讀情形，以及在詩會的角色而言，漢文底子應是遜於張麗俊不少的。漢文學習的內容前一小節有提及，此處便著重在他另一個學習歷程──公學校以及國語學校。黃旺成 1903 年進入入新竹公學校就讀，並順利在 1907 年考入臺灣總督府國語學校師範部乙科，1911 年畢業後，在 1912 年進入新竹公學校任教。〔註 24〕這段經歷就從公學校學習的內容談起，正如本節第一小節所言，公學校最重要的便是「教授國語」以及「培養國民精神」尤其又以後者為重，前者讓黃旺成打下日語基礎，得以在往後的日子閱讀大量的日語書籍，培養與世界接軌的基本能力；後者則透過了教材中對日本相關事物的介紹產生對國家的共

〔註 19〕謝道隆，字頌臣。

〔註 20〕張麗俊著，許雪姬、洪秋芬編纂・解讀，《水竹居主人日記（二）》，頁 345～349。

〔註 21〕張麗俊著，许雪姬、洪秋芬、李毓嵐編纂・解讀，《水竹居主人日記（四）》，頁 184、185、190。

〔註 22〕張麗俊著，许雪姬、洪秋芬、李毓嵐編纂・解讀，《水竹居主人日記（四）》，頁 190～191、192～193。

〔註 23〕「教學振家聲儒醫綿世澤想當年泮取青衿無忝東山雲裔經傳絳帳旋開北海風流愧我材同樗櫟蒙栽桃李門生屢伴科峰登壽域／文章憎命達運會痛時艱看此日天成白玉才堪李賀稱雙地迴黃泉數比顏淵過半知公性秉松筠定作芙蓉館主長留濁水溯高蹤。」

〔註 24〕張德南，〈黃旺成先生大事記要〉，《竹塹雜誌》第十期（1999 年 1 月），頁 68。

感，以及使用祝祭日及教育敕語創造儀式性培養忠君愛國的精神，再加上各種規訓與管理如衛生、守時的建立，讓黃旺成在日常生活中呈現一個進步的模樣，在受日本教化的影響下，會過日本的新年、穿新式的西服等。

當時的國語學校分成甲、乙科，甲科給日本人就讀，乙科則給臺灣人就讀，二者畢業後均任職公學校，然而，甲科生畢業後為教諭，乙科生畢業則為訓導，在職階上硬是矮人一截，且薪水上也是天差地別，〔註 25〕可見黃旺成以及其他臺人教師在就讀國語學校時便能感覺到日臺學生不平等的狀況。教育科目上面甲乙二科是一樣的，除教育一科，其餘和公學校的差別不大，詳細內容則可參見學者謝明如的學位論文《日治時期臺灣總督府國語學校之研究（1896～1919）》，〔註 26〕此處不再多提。倒是國語學校裡的生活及額外活動值得談論之，首先，國語學校是住宿制，固定的時間執行起床、早操、吃飯、就寢等行程，〔註 27〕在團體生活中加深了規範的力度；又根據行事曆上的紀錄可以發現每個月至少都有兩天關於國家或天皇的儀式性活動，〔註 28〕與國語講習所及公學校的方針是吻合的。這樣仍是著重在規訓的國語學校教育，在基本能力上是欠缺的，當時便有人提出這導致了公學校教師僅是服從並奉公的存在，〔註 29〕所以其與公學校之差異主要是更強大的規範力和教授不夠扎實的教育科目。

綜合來說，黃旺成的漢學教育是相對不完善的，所以導致了參與亂彈會時，額外費了很多功夫加強。公學校中學習到各種規範。國語學校則初步了解到了日臺不公的景況。這些對於他在未來舉措埋下了種子。漢學教育使黃旺成在新式教育之外，仍保有對漢文化的深厚情感；公學校教育及國語學校中所學到的國民精神和日臺不平等間的衝突，使他雖然符合社會期待地進入公學校，卻也因為長期看到的日臺差異導致離開公學校，這些種種讓黃旺成比起傳統的知識分子多了不同的方向來審視這個世界，形塑了黃旺成知識傳播的雛形。

〔註 25〕鄭梅淑，〈日據時期台灣公學校之研究〉，頁 100～103。

〔註 26〕謝明如，〈日治時期臺灣總督府國語學校之研究（1896～1919）〉（臺北市：國立臺灣師範大學歷史學系碩士論文，2007），頁 175～184。

〔註 27〕謝明如，〈日治時期臺灣總督府國語學校之研究（1896～1919）〉，頁 216～217。

〔註 28〕謝明如，〈日治時期臺灣總督府國語學校之研究（1896～1919）〉，頁 221。

〔註 29〕〈現代教育的缺陷〉，《臺灣民報》第 146 號，1927 年 2 月 27 日，12 版。

第二節　張麗俊的知識傳播

　　繼前一節的背景介紹，可以得知張麗俊的教育背景是全然的傳統教育，完全沒有其他新式教育的色彩，這對於他的知識傳播影響甚鉅，與下一節要談論的黃旺成可說是天與地的差別。知識傳播實際上有許多的層面，舉凡張麗俊任職保正傳達中央政府的規範與新觀念、做為重要知識分子的代人寫文及寫詩、整理詩稿出版並供後人閱讀，甚至是一些日常生活的潛移默化都能算是知識傳播的一環，然而，此處筆者要探討的是張麗俊主動且有意識的知識傳播，將撇除上述的幾種呈現，聚焦在其從事夜學的教學上。因為前一節所提及的單純學習背景，張麗俊自然就可能將這樣的教學模式當作一個典範，從而依樣畫葫蘆，表現出傳統延續的特色。張麗俊的知識傳播管道以漢學夜學為主，這在當時的傳統知識分子並不罕見，像是傅錫祺和陳懷澄皆有相關經驗，可以分別參考學者廖振富和李毓嵐的著作了解之，〔註30〕前者僅提及傅錫祺的教學內容有史記及漢詩，〔註31〕後者則呈現陳懷澄的教學篇目更為新穎且有不同以往的抽籤教學法，〔註32〕唯二者和本篇所提的張麗俊相同，都以維護漢學為中心思想。以下便以他 1914 年和 1928 年的兩次夜學經歷為中心，並和當代書房教育的教學內容與模式比較，試圖在其中更加了解張麗俊的知識傳播。

（一）首次的夜學體驗

　　關於夜學，有點近似現今的補校制度，也就是不分年齡，在一般上課以外的時間進行學習，畢竟參與夜學的不少民眾平常都有自己的工作，所以僅能藉由晚上的時間來學習。在當時總督府限制漢學的政策之下，夜學可以說是漢學教育延續的重要媒介。

　　張麗俊首次夜學的契機是 1914 年參與一場夜學成員在聖王廟的聚會，那些成員包含與張麗俊一樣的櫟社詩人、公學校的教師，他們在聚會裡邀約張麗

〔註30〕廖振富，〈《傅錫祺日記》的發現及其研究價值：以文學與文化議題為討論範圍〉，《臺灣學研究》第十八卷第四期（2011 年 12 月），頁 201～239；李毓嵐，〈陳懷澄的街長公務職責與文人生活：以〈陳懷澄日記〉為論述中心（1920～1932）〉，頁 75～120。

〔註31〕廖振富，〈《傅錫祺日記》的發現及其研究價值：以文學與文化議題為討論範圍〉，頁 206。

〔註32〕李毓嵐，〈陳懷澄的街長公務職責與文人生活：以〈陳懷澄日記〉為論述中心（1920～1932）〉，頁 103。

俊來協助教授漢學，日記中用詞為「聘」所以顯見非義務的幫忙，而是有薪水的聘用關係。〔註33〕雖然在當日的日記未有明確答應與否的記載，但可以從隔天張麗俊就前去聖王廟講演漢學推測他在受邀當日便應允了此事，可以看出他對於教漢學這件事情不但沒有排斥，而且是很支持的。日記中提到這日的講學還有「前記諸同人共聽」可見雖是夜學，大家還是相當重視，有種教學演示的味道在，當然漢學功底深厚的張麗俊通過考驗，一路教到了1916年。1914年的第二次課程應該是有記載的資料裡最大的衝突，〔註34〕導火線是公學校教師在旁聽之時，認為漢學沒有必要講解太過於詳細，張麗俊則堅持自己的立場，可以看出雖是第一次教學，對於課程的內容仍是有一定的標準與想法，不願意草草帶過課程顯見他對於漢學知識傳播的在意，絕對是盡心盡力，不會偷懶，也不會藏私。另外，在這段時間裡，教學研究會開設也讓他相當贊同，〔註35〕相信這樣一個討論課程的組織，對於他第二次夜學的進步有不少的幫助。

張麗俊最初的夜學並沒有非常完善的制度，教學的設備也不足夠，導致曾經一次的夜學就換了三個位置，〔註36〕在教材上也並未有提供共同教本，主要由授課教師自行準備，薪水部分是有支付的，每個月有18元的收益，〔註37〕這些來學習的學生也都能在結束課程後取得修業證書。〔註38〕授業期間，可以發現自由度是很高的，大風大雨會停課，〔註39〕地面泥濘也會停課，〔註40〕其他還有配合文化上慶祝節日，〔註41〕以及時不時因為張麗俊

〔註33〕張麗俊著，許雪姬、洪秋芬、李毓嵐編纂‧解讀，《水竹居主人日記（四）》，頁56～57。

〔註34〕張麗俊著，许雪姬、洪秋芬、李毓嵐編纂‧解讀，《水竹居主人日記（四）》，頁57。

〔註35〕張麗俊著，许雪姬、洪秋芬、李毓嵐編纂‧解讀，《水竹居主人日記（四）》，頁58～59。

〔註36〕張麗俊著，许雪姬、洪秋芬、李毓嵐編纂‧解讀，《水竹居主人日記（四）》，頁63～64。

〔註37〕張麗俊著，许雪姬、洪秋芬、李毓嵐編纂‧解讀，《水竹居主人日記（四）》，頁78。

〔註38〕張麗俊著，许雪姬、洪秋芬、李毓嵐編纂‧解讀，《水竹居主人日記（四）》，頁272～273。

〔註39〕張麗俊著，许雪姬、洪秋芬、李毓嵐編纂‧解讀，《水竹居主人日記（四）》，頁69～70。

〔註40〕張麗俊著，许雪姬、洪秋芬、李毓嵐編纂‧解讀，《水竹居主人日記（四）》，頁132。

〔註41〕張麗俊著，许雪姬、洪秋芬、李毓嵐編纂‧解讀，《水竹居主人日記（四）》，

自身事務會停課，〔註42〕在這些描述中可以了解到夜學的參與成員沒有給予這項課程足夠的重視與尊重。不過這樣的夜學仍持續了一段時間，在這段時間裡，因為張麗俊對於教材的相關記載較少，所以僅知道部分，他第一次有記載的課程是《幼學瓊林》，〔註43〕第二次則是因為古文未買先填補課程空缺的唐詩，〔註44〕第三次為《春秋》篇目，〔註45〕第四次要學生寫作命題詩篇，〔註46〕第五次換成司馬遷〈報任少卿書〉，〔註47〕第六次介紹完〈班昭為兄超求代疏〉後，〔註48〕便有一段時間未記載夜學的課程內容，僅提及有夜學的課程研討會。〔註49〕綜觀此次的夜學經歷，可以看出在教材上仍是與過去地方上傳統漢學教師那樣，偏重於古文的經典，雖有入門書籍《幼學瓊林》，不過較難與生活連結，這樣的狀況直到張麗俊1928年再次受邀開設夜學時才有了轉變。

　　日記中雖未明確記載張麗俊結束漢學夜學教學工作的原因，不過1916年3月所拜訪的一位鹿津紳士施梅樵，在日記中有提及他往葫蘆墩教授漢學，〔註50〕可以推測其應當就是張麗俊夜學工作的繼任者。這將近兩年的夜學，可以從中看出張麗俊對於漢學的看法，以及當時地方上對於漢學夜學的熱忱度不高的狀況，像是張麗俊這樣力守傳統文化的文人是相當值得尊敬的。

頁90。

〔註42〕張麗俊著，許雪姬、洪秋芬、李毓嵐編纂‧解讀，《水竹居主人日記（四）》，頁273、275。

〔註43〕張麗俊著，许雪姬、洪秋芬、李毓嵐編纂‧解讀，《水竹居主人日記（四）》，頁92。

〔註44〕張麗俊著，许雪姬、洪秋芬、李毓嵐編纂‧解讀，《水竹居主人日記（四）》，頁92～93。

〔註45〕張麗俊著，许雪姬、洪秋芬、李毓嵐編纂‧解讀，《水竹居主人日記（四）》，頁96。

〔註46〕張麗俊著，许雪姬、洪秋芬、李毓嵐編纂‧解讀，《水竹居主人日記（四）》，頁105。

〔註47〕張麗俊著，许雪姬、洪秋芬、李毓嵐編纂‧解讀，《水竹居主人日記（四）》，頁124。

〔註48〕張麗俊著，许雪姬、洪秋芬、李毓嵐編纂‧解讀，《水竹居主人日記（四）》，頁126。

〔註49〕張麗俊著，许雪姬、洪秋芬、李毓嵐編纂‧解讀，《水竹居主人日記（四）》，頁197。

〔註50〕張麗俊著，许雪姬、洪秋芬、李毓嵐編纂‧解讀，《水竹居主人日記（四）》，頁304。

（二）再次執教夜學

　　第二次執教夜學是始於 1928 年的 9 月，這次是店員會與工友會兩會的會員聘他擔任漢學夜學的老師，〔註 51〕在該月的另一則日記中有強調他與其他教漢文的人不同，並沒有文協色彩，〔註 52〕顯見張麗俊低調處事，不想節外生枝的心態。雖然曾被人議論，不過他還是答應了這樣的邀約，有了第二次的夜學教學經驗。

　　張麗俊在教學內容上的描寫較第一次詳細許多，應該是因為有前面一次的經驗累積，致使他在課程的安排上明顯較有章法，另外，對於漢文化保存的心意也不能忽視，正如前一段所言及的文協色彩，當時許多的知識分子都有了或大或小的行動，有的走上街頭爭取更多的自治，有的則在自己的場域維繫漢文化，張麗俊便屬於後者，試圖在平和的態度之下，守護重要的事物。

　　教學內容上主要分古文、寫作書信以及新文章三部分，古文的部分以《古文觀止》為主，教學範圍遍及周代到宋代的經典之作，舉凡《孟子》、〔註 53〕《戰國策》、〔註 54〕〈諫逐客書〉、〔註 55〕〈前出師表〉、〔註 56〕〈後出師表〉、〔註 57〕《陳情表》、〔註 58〕〈為徐敬業討武曌檄〉、〔註 59〕〈春夜宴桃李園序〉、〔註 60〕〈祭十二郎文〉、〔註 61〕〈岳陽樓記〉等，〔註 62〕可以說相當豐富，而

〔註 51〕張麗俊著，許雪姬、洪秋芬、李毓嵐編纂‧解讀，《水竹居主人日記（七）》，頁 414。

〔註 52〕張麗俊著，許雪姬、洪秋芬、李毓嵐編纂‧解讀，《水竹居主人日記（七）》，頁 418。

〔註 53〕張麗俊著，许雪姬、洪秋芬、李毓嵐編纂‧解讀，《水竹居主人日記（八）》，頁 44～45。

〔註 54〕張麗俊著，许雪姬、洪秋芬、李毓嵐編纂‧解讀，《水竹居主人日記（八）》，頁 301。

〔註 55〕張麗俊著，许雪姬、洪秋芬、李毓嵐編纂‧解讀，《水竹居主人日記（八）》，頁 313。

〔註 56〕張麗俊著，许雪姬、洪秋芬、李毓嵐編纂‧解讀，《水竹居主人日記（八）》，頁 374～375。

〔註 57〕張麗俊著，许雪姬、洪秋芬、李毓嵐編纂‧解讀，《水竹居主人日記（八）》，頁 375。

〔註 58〕張麗俊著，许雪姬、洪秋芬、李毓嵐編纂‧解讀，《水竹居主人日記（八）》，頁 377。

〔註 59〕張麗俊著，许雪姬、洪秋芬、李毓嵐編纂‧解讀，《水竹居主人日記（八）》，頁 383。

〔註 60〕張麗俊著，许雪姬、洪秋芬、李毓嵐編纂‧解讀，《水竹居主人日記（八）》，頁 384。

且他在教學順序上亦有巧思，除了在年代上有先後以外，將同類型的文章並陳也有助學生的學習和理解。張麗俊的教材不只這樣，他還教導多次〈寫信必讀〉這部書，前後零散加起來大概快半年，很扎實的教導學生如何將漢文使用在日常的書信上，以增加漢文化的實用價值。另外，又藉由較新的文章〈進步〉、〈獨立自尊〉來傳達給學生更多與時俱進的新觀念，〔註63〕甚至還有以社會事件為基礎的寫作，〔註64〕希望在寫作的過程中，可以激盪出更多的想法，且引導學生思考，使課程更有效幫助這些學生。以上各點再再表現出漢文化不僅是活在過去，反而是從古至今都有其作用，張麗俊凸顯漢學的實用價值，便是他在這樣外族統治下維繫漢文化的方式。這裡也看得出張麗俊對於教學上的不遺餘力，絕對不是只有將過往那些舊知識傳遞給大眾，他在教授夜學上兼具漢文化傳遞以及當代實用價值可說是煞費苦心。

　　在此次的夜學期間，比起前次更明顯能看出張麗俊對於漢學教育以及漢學文化留存的重視與擔憂，像是1928年的一篇日記中，記載了他與好友談話後對漢文化的想法，〔註65〕張麗俊認為漢文化本就不易，再加上當代較有地位之人聚焦在爭名逐利，較無地位之人只能維持生計，致使漢文化必然越來越衰頹。另外有一日，張麗俊也感嘆到漢文化要讀通需要很長時間，但當時的人多半只想著要一步登天，沒有刻苦地努力，當然難以成功。即便張麗俊自己知道要復興漢文化相當不容易，但他仍堅持盡自己最大努力，表現出知識分子在時代裡所該扮演的角色，是非常令人尊敬的舉動。最後，可以從學生與張麗俊的關係再次印證他的用心，當張麗俊妻子去世，舉辦喪禮時，參與者有不少便是張麗俊的學生，〔註66〕「一日為師、終生為父」也是張麗俊在夜學上表現良好，才能在重要的時刻看到學生對自己的回饋。除了這次大

〔註61〕張麗俊著，許雪姬、洪秋芬、李毓嵐編纂‧解讀，《水竹居主人日記（八）》，頁394、395～396。

〔註62〕張麗俊著，许雪姬、洪秋芬、李毓嵐編纂‧解讀，《水竹居主人日記（八）》，頁410。

〔註63〕張麗俊著，许雪姬、洪秋芬、李毓嵐編纂‧解讀，《水竹居主人日記（七）》，頁454、456。

〔註64〕張麗俊著，许雪姬、洪秋芬、李毓嵐編纂‧解讀，《水竹居主人日記（八）》，頁73。

〔註65〕張麗俊著，许雪姬、洪秋芬、李毓嵐編纂‧解讀，《水竹居主人日記（七）》，頁417。

〔註66〕張麗俊著，许雪姬、洪秋芬編纂‧解讀，《水竹居主人日記（九）》，頁183～184。

型的典禮，夜學生有回來找張麗俊以外，還有不少相關的描寫，像是張麗俊1935年要去日本前，夜學生不只一次來找他要為他餞行，[註67]最後張麗俊也因「見其意之誠」答應下來。另外有次是張麗俊去參與過往學生的喪禮，他特別提到二十年前的夜學之緣，[註68]更加印證了張麗俊與夜學學生的良好關係。

這次的夜學結束在1931年的八月，張麗俊在日記中提及是「因近來見諸生殊多缺席故也」[註69]在這則記述中可知並非張麗俊不願意為了漢學存續付出心力，但是過多成員無心向學消磨了他的熱情，只好忍痛停止這樣的課程。在這之後的1932年一則日記中，記到有黃猛的兒子想找來數十人受教於張麗俊，不過在經過兩次夜學的結束後，張麗俊已不如當初的毅然決然，提出了「少年果有寔心，何嘗不可，若虎頭鼠尾者，我不欲也。」的看法後，[註70]此事便石沉大海、不了了之，張麗俊的夜學教學就此告一段落。

（三）力守漢學的精神

綜合兩次張麗俊的夜學教學，其實能夠和當代的書房教育相對照，第一次因為初次講授，所使用的教材與當代書房教育中的漢學傳承相當類似，無論是《幼學瓊林》還是五經之一的《春秋》，均是當代書房所使用的教材。[註71]張麗俊在1928年開始的二次的夜學教育中，教學內容則在位列十三經的《孟子》之外，主要以古文觀止中的文章，以及書信寫作技巧的傳授為主，輔以一些當代的文章。此次課程安排，對照書房教育中被保留的是書信的寫作，學者吳文星曾在其著作〈日據時代臺灣書房之研究〉中指陳當代書房教育能帶給學生應用漢文處理日常文牘的基本能力，[註72]並提到當時的學生進入書房往往能在三、四年間寫作簡單書信，[註73]這樣的實用課程也

〔註67〕張麗俊作，許雪姬、洪秋芬、李毓嵐編纂‧解讀，《水竹居主人日記（十）》，頁28、28～29。

〔註68〕張麗俊作，許雪姬、洪秋芬、李毓嵐編纂‧解讀，《水竹居主人日記（十）》，頁14～15。

〔註69〕張麗俊著，許雪姬、洪秋芬、李毓嵐編纂‧解讀，《水竹居主人日記（八）》，頁415。

〔註70〕張麗俊著，許雪姬、洪秋芬編纂‧解讀，《水竹居主人日記（九）》，頁98～99。

〔註71〕吳文星，〈日據時代台灣書房之研究〉，頁71。

〔註72〕吳文星，〈日據時代台灣書房之研究〉，頁66。

〔註73〕吳文星，〈日據時代台灣書房之研究〉，頁76～77。

是書房中的漢文教育遠勝公學校漢文教育的其中一點，張麗俊很適切地放在自己的教材內容中，可見其用心。以《古文觀止》取代四書、五經讓教材的難易度下降，使學生更容易理解，在漢學僅剩基本教育功用的當時，也是很好的改動。最後談到其講解當代的文章，這絕對是漢學教育中少數的案例，因為大多數傳統教育出身的漢學教師，多半因為背景而沒有太多在教材上的改變，但張麗俊能審度時勢，給予一些較新的思想、觀念，相當先進。

　　在張麗俊的例子中，他做為夜學的教師，利用自己可以選擇教材的這點，讓漢學可以在夜學的場域繼續傳承，沒有與文協的那些人一起從事過於激烈的抗爭，也成為他後來繼續教學的良好背景，不能武斷地說這樣就是最正確的，不過他藉著這樣的方法延續他的漢學知識傳播，不管他是刻意做樣子不大鳴大放支持社會運動，還是真的對於社會事較不關心，至少他成功使自己的教學行為不會過度被政府忌憚，從而失去繼續傳播漢學的機會。對於他而言，漢學在外族統治下必然會逐漸衰頹，但他也沒有要坐以待斃，他在夜學中的教育方針，不僅保留了過往漢學重要的實用層面，也沒有把重要的文化拋諸腦後，顯示了張麗俊並非只是要像過去的傳統塾師那般解釋句讀，反倒是要透過夜學這個平臺，告訴所有有幸成為他學生的人們，漢學仍是重要的，其中有許多放諸四海皆準的智慧，力守漢學的火苗。這樣以實用課程搭配文化傳遞的知識傳播方式，可以讓許多教育者參考之。

第三節　黃旺成的知識傳播

　　在這樣新舊交融的時代之下，黃旺成這樣的知識分子雖不是絕對的特例，不過仍是有其特殊性。和前述張麗俊不同的便是他身處新舊教育夾縫的教育背景，這在本章第一節已有介紹，此處要將重點放在他的知識傳播。與前一節所提的概念相同，黃旺成亦有一些被動的知識傳播，影響了身邊的人，此處為了避免觀察面向過於離散導致不夠聚焦，僅就黃旺成主動進行知識傳播的公學校教學、青年會及文協的演講、民報的撰文來進行探討，其他層面則希冀未來的研究者能將其加深加廣地研究之。承此章第一節所述，畢竟黃旺成有著不同過往傳統知識分子的多重教育背景，注定了他能藉由更多的方式發揮他在社會上的影響力，比起前一節提到的張麗俊在地方上保存漢文化，黃旺成不僅透過教學，還有運用青年會以及文協的講演會、民報的議論

文章試圖啟迪民智，讓更多人民走向真正的進步。以下便就黃旺成在日治時期重要的三種知識傳播路徑來介紹他身為新知識分子的種種作為。

（一）公學校的知識傳播

最初，黃旺成的知識傳播是從公學校開始，公學校的教育以教授臺灣人國語（日語）教育、德育施行、國民性格養成、生活必需知能為宗旨，科目甚多，其中包含修身、國語、算數、體操、唱歌、漢文，另外男子和女子還分別有獨特項目，如前者的農業、商業，以及後者的裁縫，直到 1913 年國語一科還衍伸成話方、讀方、綴方、書方（說話、讀文、作文、寫字）四科。〔註 74〕臺籍教師在教學上，最初多以低年級（一、二年級）為主，直到有較多教學經驗時，才會進一步教授三、四年級的課程，〔註 75〕看似有臺日的不平等，但在教材熟練度的考量上，還算是合情合理。

他在任時，對於公學校的教育是相當認真的，這點可以從他日記中的記載看出來，正如本文第三章所述，他在讀書的經歷中有提到閱讀許多教育相關書籍以協助課程的準備，來表現他對這個工作的在意，像是 1912 年的一則日記，記載他讀了教學法的教材，並為了學生的學習花費時間準備有趣的課程，〔註 76〕這也在隔天的教學中發揮了效果，在日記中表示「教書時，好像比平常有活力，所以教學比較順利。特別拿手的是修身課。」〔註 77〕可以見之一分耕耘便有一分收穫，這樣的良好反饋給予黃旺成正向的力量。

他認真準備學校的教學觀摩也是對於此事在意的表現，雖然因為他的在意，導致在教學觀摩以及教育理念中與同事都曾有不愉快，這裡的不愉快並非僅在他自身的教學上，他也常對於他人的教學表示意見，顯示在課程上非常有想法，但卻不一定能廣泛接納他人對他的建議與批評。他對於自身教學品質的自信，在他自評教學觀摩中表現良好中可以明白，〔註 78〕這樣相關的描述在 1912 年時常出現，與之相對的便是他人對他的批評，1913 年 6 月有次提及樹林公學校的河本以及小學校的教師對他的批評讓他無法接受，且負

〔註 74〕臺灣教育會，《臺灣教育沿革誌》，頁 261、289；陳秋月，〈日治時期新竹公學校學籍簿介紹〉《竹塹文獻》31 期（2004 年 12 月），頁 42。

〔註 75〕李昭容，〈1910 年代公學校教師的時代相貌：以《黃旺成先生日記》（1912 ～1917）為中心〉，頁 8。

〔註 76〕黃旺成著，許雪姬編註，《黃旺成先生日記（一）：一九一二年》，頁 13～14。

〔註 77〕黃旺成著，許雪姬編註，《黃旺成先生日記（一）：一九一二年》，頁 15～16。

〔註 78〕黃旺成著，許雪姬編註，《黃旺成先生日記（一）：一九一二年》，頁 535。

面情緒一路延續到他回家亦未能消散；〔註79〕1913 年 10 月提及眾人都未對日本人阿部光平的教學提出批評使他不滿；〔註80〕1914 年 4 月形容他人對自己的教學講評是「很不遜」、「很無禮」的；〔註81〕1914 年 11 月描寫樹林公學校對新竹公學校的「報仇式」講評；〔註82〕1915 年 2 月寫下覺得日本教諭相互袒護行為沒有意義的想法。〔註83〕這樣的描寫可謂不少，除了看出前述黃旺成面對批評的態度外，也能稍稍看出學校教師間的臺日衝突是其來有自的。

　　除此之外，他也曾記載自己教書的心情，從最初會因為與學生的互動得到快樂，〔註84〕到了後來的日記內容裡，漸漸沒了課程愉快的描寫，且過程中仍有學生不聽話需要打罵的時候，〔註85〕即便黃旺成在日記中也有自省過「好打生徒宜須改」〔註86〕仍無法改變這樣的師生關係。他曾在日記中自言「教書當做是快樂的事業，愛學生的心應該要很深。」〔註87〕便是因為在教學工作中逐漸體認這項工作的不易，加上臺日教師之間的差別待遇以及衝突，促成了他在 1917 年的日記中寫下「余自去年來已無意於教育也」〔註88〕且在隔年便正式離職。

　　黃旺成在公學校教師一職，曾有段非常認真，且還稱得上愉快、有收穫的時期，但隨著部分學生的不良表現以及教學批評會上的負面評價逐漸消磨他的興致，加之臺日教員之間的不平待遇，導致了後來的結果。黃旺成曾自言當教師「感覺很好過日」第三章所提他對教材的準備也是很好的佐證，但這樣的教育傳播顯然非黃旺成所嚮往的。離職對於黃旺成來說反而對於未來的發展有著正向的影響，畢竟公學校的教育始終在總督府的掌控之下，固定的教材及規範，限制了不少知識傳播的廣度，在下一段的內容裡，他便能全心全意為了自己所追求的理想奮鬥。

〔註79〕黃旺成著，許雪姬編註，《黃旺成先生日記（二）：一九一三年》，頁 209～210。
〔註80〕黃旺成著，许雪姬編註，《黃旺成先生日記（二）：一九一三年》，頁 368～369。
〔註81〕黃旺成著，许雪姬編註，《黃旺成先生日記（三）：一九一四年》，頁 129。
〔註82〕黃旺成著，许雪姬編註，《黃旺成先生日記（三）：一九一四年》，頁 334。
〔註83〕黃旺成著，许雪姬編註，《黃旺成先生日記（四）：一九一五年》，頁 54～55。
〔註84〕黃旺成著，许雪姬編註，《黃旺成先生日記（一）：一九一二年》，頁 161～162。
〔註85〕黃旺成著，许雪姬編註，《黃旺成先生日記（四）：一九一五年》，頁 238。
〔註86〕黃旺成著，许雪姬編註，《黃旺成先生日記（四）：一九一五年》，頁 218～219。
〔註87〕黃旺成著，许雪姬編註，《黃旺成先生日記（一）：一九一二年》，頁 42～44。
〔註88〕黃旺成著，许雪姬編註，《黃旺成先生日記（六）：一九一七年》，頁 218。

（二）文協以及青年會的演講

　　黃旺成在公學校離職後到擔任報社編輯期間可說是風雨飄搖的，因為在黃旺成於公學校離職後，本來從事商業，但因為經營不善，後來只能在北郭園任職婦人會夜學，1920 年前去蔡蓮舫家中任職家庭教師兼財務管理。然而，卻也正因為這樣的經歷，使他認識了不少社會運動的中堅分子，更對於之後參與文協及青年會，並任職報社記者等等的舉措有很大影響，可說「塞翁失馬，焉知非福」。首先，他 1922 年加入了文協，〔註89〕不過在 1925 年辭退蔡蓮舫家庭教師一職以前，並沒有積極參與相關事務，而是以新竹青年會為主，其中原因除了家庭教師的工作外，〔註90〕也因為當時與朋友合開紡織工廠，擔心會兼顧不來，〔註91〕所以黃旺成實際參與文協已是末期。先提及青年會的參與，黃旺成在其中除了和夥伴一同研究學問以及推廣教育以外，也有在演講活動上投注心力，〔註92〕實際上所做的舉措和文協相差無幾。接著提到文協的參與，雖然認真經營的幾年後文協便分裂，不過在當時仍認識許多志同道合之人，又恰好是文協演講最多的時候，因此他參與了其中不少的演講，這段時間累積了許多智識，使其更加認識整個世界，對於未來寫作專欄很有助益。透過在各地的講演內容，〔註93〕可以看出他對於社會的關注，以及力求啟迪民心的壯志。為了完整了解黃旺成在其中的知識傳播情形，筆者將這些講演相關的日記內容整理於附錄八。

　　從附錄八的整理中，可以與附錄七所整理的新知閱讀相對照，這麼一來便會發現有許多關聯性，畢竟根據黃旺成做事上的用心，講演會前一定會盡力準備，力求呈現最好的內容，無論是因為要講演而閱讀，還是因為對書的內容熟悉而決定相關題目，都是有可能的。此處談及黃旺成的講題，很難用分類劃分，因為在講題的選擇上，看不出彼此間的關聯，其他講者同一天講演的題目也沒有共同或相似之處，故僅能在其中得知黃旺成參與不少的講演活動，算是裡面的核心人物之一。

〔註89〕王世慶，〈黃旺成先生訪問紀錄〉，頁 86。

〔註90〕黃旺成著，許雪姬編註，《黃旺成先生日記（十二）一九二五年》，頁 188～189。

〔註91〕黃旺成著，许雪姬編註，《黃旺成先生日記（十二）一九二五年》，頁 190～192。

〔註92〕黃美蓉，〈黃旺成及其政治參與〉，頁 42～43。

〔註93〕張德南，〈黃旺成——從教師到記者的轉折〉，頁 64～65。

　　黃旺成參與講演會不僅只有在他擔任講者時，即便是其他人講演的場合，他也常常參與，而且和在公學校講評教學觀摩一樣，均會對於自己以及其他講者表示意見，好的內容便加以稱讚，像是認為「蔡培火君所講『愛之本質』，最惹人傾聽」以及「式穀的『社會連帶的意義』，很有價值的」；不佳的內容也會表達意見，像是提到洪石龍的演說「汎而無統，大受聽眾的輕蔑」和王敏川、鄭明祿、林冬桂三人「講演的內容形式都是味全嚼蠟，令人討厭」有褒有貶的評價，並未因為同為一個群體就有所偏私。此外，他也常會記下來民眾來聽講演的人數狀況，好的時候如 1925 年 6 月所記「聽眾約有兩千人，為新竹空前的盛況」〔註94〕不過像是同年 12 月所記「聽眾起先滿員，最後不上百人」的狀況也不少，〔註95〕可以約略了解人民參與的情形。

　　最後提到警官對於講演會的臨監，係因為當時青年會、文協的講演活動已經引起了執政者的注意，黃旺成屢次提及許多講演中途被打斷，這自然是對他們活動的抑制行為，在日記的記載之下可以發現黃旺成對相關事情的看法。像是他們的夥伴有一人較為剛烈，曾招呼民眾包圍警察課，黃旺成便表示「廷輝這樣作事於民眾能夠算是福嗎？」〔註96〕在更前一次這位吳廷輝脫序的帶頭行徑，黃旺成也在言談中看出不滿。〔註97〕比起這位同伴，黃旺成便提及自身從善如流，在警部人員的建議下微調題目，且從這位人員之口，明白黃旺成的講演情形良好，沒有會引發爭議的內容。〔註98〕1926 年 3 月，黃旺成提出他對講演的態度完全是為了啟發民眾的理性的，〔註99〕這可以使他的行為容易理解，正因為講演活動有啟發民眾的重要功能，所以寧可不要過於激烈，留得青山在才不怕沒材燒。

（三）「冷語」背後的赤忱之心

　　關於黃旺成的記者撰文生涯，較為知名的能分作〈冷語〉與〈熱言〉來談之，不過因為本文的關注主要在日治時期，就僅以前者為主軸。黃旺成的

〔註94〕黃旺成著，許雪姬編註，《黃旺成先生日記（十二）一九二五年》，頁 182～183。

〔註95〕黃旺成著，許雪姬編註，《黃旺成先生日記（十二）一九二五年》，頁 370～372。

〔註96〕黃旺成著，許雪姬編註，《黃旺成先生日記（十三）一九二六年》，頁 72～74。

〔註97〕黃旺成著，許雪姬編註，《黃旺成先生日記（十三）一九二六年》，頁 36～38。

〔註98〕黃旺成著，许雪姬編註，《黃旺成先生日記（十三）一九二六年》，頁 333～334。

〔註99〕黃旺成著，許雪姬編註，《黃旺成先生日記（十三）一九二六年》，頁 93～94。

記者生涯以及他的〈冷語〉撰寫，莊勝全已有相關研究，〔註100〕他在其中提及黃旺成任職記者的始末，以及記者生涯的轉折，並藉由其中一篇報導〈新竹騷擾事件〉來論述事件的取材與描寫方式。黃旺成在民報中實際撰寫過的專欄不僅上述的〈冷語〉，還有呈現報社門面與立場的〈社說〉、講述地方上消息的〈地方通信〉以及性質與〈地方通信〉相似的〈街談巷議〉，〔註101〕不過以上多是與他人一起輪值，較算是展現報社的意志，不如〈冷語〉為其專責且每周必載，故筆者為了要更了解黃旺成自身在撰文中表現的知識傳播，便以黃旺成在〈冷語〉專欄的文章為中心，去了解像他這樣的知識分子，如何運用報紙這樣的知識傳播管道來傳遞他的意識。〈冷語〉主要是黃旺成在1926年任職《臺灣民報》記者後，於1927年開闢的專欄。在〈冷語〉的撰寫期間，黃旺成發表了不少重要的文章，含括的範圍頗大，其中又以因同文同種而受到普遍關注的中國相關問題、對日本政府不滿的抗日相關活動、與自身意識密切相關個人理念三者在當時最能引起共鳴或最能體現他的價值觀，以下便從中舉例論之。首先，與中國相關的是對於中國軍閥割據之際的看法，第三章談論黃旺成的新知閱讀便有提及他仍會關心相隔僅一個海峽之外的中國，且他閱讀的報章雜誌也擴及海外的資訊，又在1930年以記者名義出訪中國，對於中國時局是有一定了解的，茲舉一句便能了解黃旺成筆鋒之犀利：

> 一世之志士汪精衛、為達到倒蔣的目的、也不得不派代表到張少帥
>
> 麾下、仰一仰紈褲子的鼻息！〔註102〕

言談之間除了展現攻擊性較強的一面，也運用簡要的文字點出中國當時軍閥之間的交流，讓臺灣的人民也能了解相關的資訊。另外，黃旺成也能在社會事件裡引發人民反思，像是與日本政府苛刻對待原住民所產生的霧社事件就讓他有了以下評論：

> 霧社蕃的騷動原因、有被課夫役的不平、有色情的原因。以外有沒
>
> 有更深刻的潛在意識嗎？

〔註100〕莊勝全，〈《臺灣民報》的生命史：日治時期臺灣媒體的報導、出版與流通〉（臺北：國立政治大學歷史研究所博士論文，2016），頁107～144；莊勝全，〈《臺灣民報》的報導取材與新聞採訪：以黃旺成的記者生涯為例〉，頁59～111。

〔註101〕莊勝全，〈《臺灣民報》的報導取材與新聞採訪：以黃旺成的記者生涯為例〉，頁85。

〔註102〕〈冷語〉，《臺灣新民報》328號，1930年8月30日，03版。

> 與蕃婦結了性的關係的人們、是出於真愛？或為政策的？抑或徒貪
> 便宜的行為？這點不可不追究！
>
> 以原始人而抵抗持有最尖端文明利器的正式軍隊、又何異乎螳臂當
> 車？其愚可憫，其勇不可及也！〔註103〕

這裡不僅探討了事件發生的可能原因，還聯想到通婚政策的失敗，並以「其勇不可及也」來評論原住民抵抗日人的行為，許多層面都顧及到之外，也沒有加入過多的民族意識，即便從現在的觀點來看，也不會覺得有什麼過於不公允的論述。以上都是使用簡明扼要的文字切中主旨的例子，讓人們可以快速的在其中理解主編所欲表達的內涵，這樣的評論在當時可說引發了不小回響。最後，黃旺成為了捍衛自己的自由理想，甚至不惜引發他與自家人的衝突，這樣一篇談論臺灣人大頭症的文章節錄如下：

> 臺灣人的公私生活。富於情實。這麼一回事。試問誰有勇氣否認的。
>
> 臺灣人怎麼不會大同團結呢。「大頭病」為屬之階也。
>
> 新民報不是無產階級的機關紙。同時不能專替有產者說話。不知此
> 者。不足與語。
>
> 資本主義制度下的所謂社會重役。當取何等態度。才不致阻礙機關
> 的運用。〔註104〕

不僅是提醒臺灣人要團結，不要因自身權益造成分裂，更是批判該報董事楊肇嘉欲以自身的地位影響報導內容，這裡可以明顯看出黃旺成的立場，他對於知識傳播的重視完全符合擇善固執一詞，他每每藉由評論來引發臺灣人的思考，但他不要讓言論自由淪為少數人的工具，所以寧可玉碎、不為瓦全地辭去了工作，儘管不能再運用這樣的平臺發聲，也在這件事情上傳達了自己不妥協的重要觀念。

　　比起張麗俊，黃旺成知識傳播的變化性比較高，這自然與他的成長經驗有關，尤其隨著他交友的日漸廣闊，他開始有了更宏大的理想，不僅是傳遞知識，更要傳遞思想。他最初任職於公學校，算得上是一個穩定且具社會地位的工作，在發現臺日教員的不公，以及發生衝突後還是毅然決然離開學校。後來有幸接觸到林獻堂等思想先進的人士，並透過講演會的方式將一些思想

〔註103〕〈冷語〉，《臺灣新民報》383號，1930年11月8日，03版。
〔註104〕〈冷語〉，《臺灣新民報》，1932年7月21日，03版。

傳達給社會大眾，雖曾因為論壇內容與夥伴起衝突，也曾被日警拘留過，但也正因為他那樣的勇往直前，所以造就了比起張麗俊更大的社會影響力。

第五章 結 論

　　本文以張麗俊與黃旺成為主要的觀察對象，運用他們的日記來探討當代知識分子的種種行為，以求更認識日治時期下臺灣人是如何過生活的。在這之中可以發現其中的同與異，以家庭而言，知識分子均重視孩子的教育，不過也因為不同的生長背景導致不同的教育傾向，因為出生大家之後，所以保守地移轉自身權力地位給下一代，出生較平凡的家庭則是讓孩子廣泛涉略中西不同的知識，以求更好的出路。這要擴大解釋來理解當代的其他知識分子也是可以的，畢竟家庭中的責任本就是扶持孩子有能力維持生活，所以會有這樣的區別乃合情合理。以休閒而言，則肇因於場域以及舊經驗的連結，前者是同伴的影響，顯示人類身為群聚動物，能與同伴共同休閒以維持好的聯繫；後者則是源自於過去經歷的影響，可以理解人還是較容易接受熟悉的事物，進而在舊習上增添新內容。最後的知識傳播，則看到知識分子的共通性，也就是對於自己知識分子身分的自詡，無論是在什麼樣的時代氛圍，他們把自己放在社會上的重要位置，事實也證明這是他們必須承擔的責任，多虧了他們使過去積累的文化得以保存，也多虧了他們使臺灣人民得以在統治者的看顧下，了解更多本被限制但應該了解的知識。

　　若純就兩位知識分子而言，張麗俊顯然是一個傳統知識分子的風範，在地方上本就有一定地位，這也導致了他對於生活上的種種，都有相對保守的傾向，但這並非是食古不化的表現，只是擁有得多便更加穩扎穩打的自然道理，像是在家庭教育上，他在意社會地位的轉移，有偏向守成的態度；在知識傳播的部分，則關注傳統文化的延續，從自身開始，守護千年以來的傳統。但從他的娛樂生活中又看到一些不同，因為娛樂不用有家大業大毀於一旦的

風險，也不會有毀棄文化的罪名，再加上他自身擁有較好的經濟能力，所以他能更順從自己的心去嘗試各種不同的娛樂。整體而言，他雖做為傳統知識分子，仍有勇於嘗試新文化的一面，一方面保存過去重要的文化，一方面與時俱進了解新知，可以說是很好的態度。

黃旺成的部分，在新式知識分子裡也是一個特出的存在，他受過公學校教育，又擔任公學校教師以及報社的記者，然而，在公學校教育前，他也受過漢學教育，所以他並沒有拒斥傳統漢文化，反倒是相當致力於堅守自身文人的社會責任，並且保存這些傳統之學。在家庭教育上，採取雙管齊下的策略，要求孩子要學習新知，但也要兼顧傳統的漢學，可以說把握了未來出路，也不遺忘自己的本源。娛樂上與張麗俊相似，樂於接觸新的休閒，不僅是與文人屬性相關的休閒，更有一些運動的參與，對於新文化的吸收力是很強的。黃旺成可以說因為場域更多元增加娛樂的廣度，卻也因為經濟條件減少了娛樂的深度。多方接觸的特點也在知識傳播的部分顯現，他走入青年會、文協之後，不僅自己讀了不少海外的作品來了解世界的脈動，也相當努力將新知傳遞給大眾，對於啟蒙當時的臺灣人也有一定幫助。擔任《民報》記者並寫作專欄又更擴大了自身的影響力。

綜上所述，日治時期的知識分子大概有以下幾個特色，首先，便是對於自己身分上的自我認同，引領他們成為時代下文化的守護者；再者，他們雖捍衛傳統文化，仍是廣泛學習新知識為自己所用，持續精進自身，也不辜負社會上對於知識分子的期許；最後，或許也是可以解釋整個時代下的臺灣人特質，這便是極高的適應性，在動盪不安的時代下，臺灣人懂得以柔克剛，並非拋棄自己原則，但在可以容許的範圍中求取生存，既能達成自身目的，又不會造成家毀人亡的慘劇，是相當值得自豪的民族性格。

在本文的研究裡，最顯而易見的便是人的複雜性，若要將人當成研究主體，試圖做一個具體的歸納整理是極為困難的，因為變因太多，且很高機率成為孤證，僅能藉由群體的分類，以及時代的限縮，試圖把討論聚焦，進而求得更接近想要呈現的結果。關於本文這幾章的探討，筆者發現在日治時期，做為一個知識分子，並非純然的上層階級，是享有特權卻無責任的。反倒是身為知識分子，多半對於自身有一定的要求和期許，不能接受自己偏離知識、偏離文化，不只要保持與文化間的距離，更要將這樣的一切傳達給自己的下一代。除了自身的後輩外，當然也會顧全整個社會，為了所有人去著想，這

便如禮記中所提及「故人不獨親其親，不獨子其子。使老有所終，壯有所用，幼有所長，鰥寡孤獨廢疾者皆有所養。」一般，無論在當時，還是在現代，都是相當值得學習的榜樣。

　　未來的研究則可以就日記的深度及廣度繼續深究，以年代而言，因為日記解讀班的努力，日記會逐步出版，如此一來，將可以更了解從日治時期到中華民國政府遷臺對人民的影響，無論是器物、生活習慣、女性觀等內容，都是可以加以研究的；若能有更多其他人的日記出版，則可以從中看到不同觀察角度下的臺灣面貌，甚至透過日記這樣的素材去研究記主以及身邊人士的交友圈，更可以將群體的概念顯明。跨地域的部份，則可以兼及同時期其他地區的日記，像是藉由韓國或是其他亞太受殖民之地的日記來進行比較研究，便可以從人民的觀點更加了解亞洲地區的殖民狀況。可以見之，日記研究的範圍中還有許多的珍寶，雖不一定能由筆者去採掘，也相信往後會有更多的學者在此處著墨，使這些珍寶呈現在眾人的眼下，散發該有的光芒。

附錄一：張麗俊閱讀相關記載

年代	月日	書目篇名	相關記載
1907	6.7	《岳武穆小傳》	陰雨天，儘日細雨如絲，在家看《岳武穆小傳》。
	6.9	《岳武穆小傳》	午前四時雨下，七時雨止天陰，在家看《岳武穆小傳》，午后雷鳴，大雨滂沱。
1908	2.18	《岳武穆全傳》	陰寒天，仍在家閒暇，擁簀爐看《岳武穆全傳》。
	2.28	《岳武穆全傳》	陰天，往墩無事，午后全。數日來閒玩《岳武穆全傳》，見岳飛一班英雄豪傑，而被權奸陷害，真令人怒髮沖冠。（後略）
	4.14	《八美圖》	陰雨天，在家無事，玩《八美圖》，而見柳樹春是個縉紳之子，文武全才，但涉於淫逸，雖後來與八美結為夫妻，而與沈月姑乃先奸後娶也。
	4.19	《八美圖》	雨天，在家無事，看《八美圖》。午后，天陰雨霽。
	5.12	《岳武穆小傳》	晴天，因癩潰在家無事，家春波持藥標來寫金字，並看《岳武穆少（小）傳》。
	7.5	《西遊記》	陰雨天，在家寫鹽水選種報告書，並看《西遊記》。
	7.6	《西遊記》	晴天，往墩，到役場完上忙家稅，近午回家，雨下。午后大雨滂沱，仍看《西遊記》。
	7.7	《西遊記》	近午后，雨下數巡，仍在家看《西遊【記】》。
	7.26	《天豹圖》	晴天，往墩無事，午后在家玩天豹圖。是日，令清漣往臺中尋廖有匏取利金。

	7.27	《天豹圖》	晴天，往墩無事，午后在家玩天豹圖，五時大雨傾盆，昏暮乃止。
1909	8.27	《隨園詩話》	午后宿酒，至四時乃醒，聞謝先生邀談，遂到泰和訪之，係看《隨園詩話》，並欲全往聚興庄無悶草堂謁林癡他（仙）君也。
1910	9.2	《東周列國誌》	風雨天，大風烈雨，似做風颱之狀，在家休暇，看《東周列國誌》，午后天陰雨止。
1911	2.21	《石頭記》	入夜閱《石頭記》，誦林黛玉、史湘雲二人在大觀園凹晶館詠中秋玩月五言古詩，後妙玉湊成三十五韻，限十三元。
	5.17	《東周列國誌》	陰雨天，仍在家編修族譜。夜玩《東周列國誌》。
	5.18	《東周列國誌》	陰雨天，仍在家編修族譜。午後雨止，入夜，又雨，仍玩《東周列國誌》。
	5.23	《東周列國誌》	陰晴天，仍在家編族譜，亦因癰痛。入夜，看《東周列國》。
	5.25	《東周列國誌》	入夜，仍玩《東周列國》，見楚平王之無道，被佞臣費無極顛倒亂倫，讒殺忠良伍奢，又欲誘殺其子伍尚、伍員。
	5.26	《東周列國誌》	雨天，仍在家修族譜。入夜，玩《列國》。
	5.27	《東周列國誌》	入夜，仍玩《列國》，腿上之癰瘡亦漸平服焉。
	5.28	《東周列國誌》	陰雨天，仍在家編修族譜。入夜，看《東周列國》。
	5.29	《東周列國誌》	仍在家刪修族譜，並看《列國》。
	6.1	《東周列國誌》	入夜，看《列國》，見楚屈原被讒，適於是日投汨羅江死，因贈他一絕云。
	6.6	《東周列國誌》	入夜，看《東周列國》。
	8.20	《平山冷燕》	傍晚歸。玩四才子，見宋信往冷絳雪家，被他侮辱
1924	2.22	《東周列國誌》	雨天，在家無事，玩《東周列國誌》。
	6.23	《石頭記》	風雨天，在家休暇，閱《石頭記》。
	6.29	《石頭記》	午后，在家看《石頭記》。
1927	4.10	《明朝忠義傳》	午后看《明朝忠義傳》，傍晚歸。
1928	2.8	《明崇禎忠義錄》	午后，玩《明崇禎忠義錄》，又住享晚。
	8.17	《東周列國誌》	並看《列國》，見夏徵舒之母夏姬，其妖艷迷人，當年晤面者俱魄散魂銷，我今想像者猶神遊目覩。

	8.18	《東周列國誌》	雨天，在家看《東周列國誌》。
	8.19	《東周列國誌》	雨天，在家看《東周列國》，並錄自巳（己）自初至今履歷。
	8.28	《東周列國誌》	雨陰天，在家計算月出帳項，並看《東周列國》。
	12.24	《封神傳》	午后，看《封神傳》，未晚歸。
1930	10.19	《燕山外史》	晴天，往萬年會事務豐原出張所坐談，劉昌梨持《燕山外史》與我讀，我愛其文句典瞻華麗，對仗工整，讀到午方歸。
	10.21	《燕山外史》	晴天，往豐原，在萬年會事務所讀《燕山外史》，午歸。
	10.28	《燕山外史》	到萬年會事務所讀《燕山外史》
1931	3.18	《燕山外史》	雨天，在家看《燕山外史》，見竇繩祖字繼芬，才儲八斗、學富五車、家積千金、腰纏萬貫，真豪華才子也。遇李氏愛姑，有沉魚落雁之容、閉月差（羞）花之貌，而性情溫純、言笑不苟，有桃李之豔又具松柏之操矣。竇生一見，致惹相思之病，後得為夫妻，真是才子配佳人矣。午后全。
	5.8	《中華民國演義》	午后，玩《中華民國演義》，晚歸。
1933	7.21	《三國誌》	晴天，仰臥已三星期，取《三國誌》來消遣焉。
	7.27	《三國誌》	晴天，有人訪我則坐談，無則觀《三國誌》
	7.28	《三國誌》	晴天，有時出前樓觀車之住來，入則看《三國誌》。
	7.30	《三國誌》	晴天，仍看《三國誌》。
1934	4.28	《東周列國誌》	午后，在家看《東周列國誌》，恨吳夫差之聽太宰嚭之奸佞，而惱伍子胥之忠諫也。
	6.20	《金玉緣》	雨天，在家休暇，玩《金玉緣》。午后全。
	7.21	《金玉緣》	風雨天，比昨日雖稍息，依然未靜，仍在家看《金玉緣》。

資料來源：張麗俊作，許雪姬、洪秋芬編纂‧解讀，《水竹居主人日記（一～二）》，臺北：中央研究院近代史研究所；臺中：臺中縣文化局，2000；張麗俊作，許雪姬、洪秋芬、李毓嵐編纂‧解讀，《水竹居主人日記（三～八、十）》，臺北：中央研究院近代史研究所；臺中：臺中縣文化局，2001～2004；張麗俊作，許雪姬、洪秋芬編纂‧解讀，《水竹居主人日記（九）》，臺北：中央研究院近代史研究所；臺中：臺中縣文化局，2004。

附錄二：黃旺成的傳統相關閱讀

年代	月日	書目篇名	相關記載	閱讀當時的身分	累計閱讀次數	書的類型
1912	5.23	《桃花緣》	教完課後，讀報紙看連載小說《桃花緣》覺得很有趣（這裡面講說妹妹變成鵲橋渡天河）。	公學校教師	1	世情小說
	5.26	《桃花緣》	寫完教案後，讀小說《桃花緣》給妻子聽		2	世情小說
	7.22	《八美圖》	醒來以後看了一下《八美圖》的卷一。		1	世情小說
	7.24	《八美圖》	午餐後，看完《八美圖》第二卷。		2	世情小說
	7.25	《八美圖》	午餐後，看一會兒《八美圖》。		3	世情小說
	7.26	《八美圖》	午餐後，到兩點左右在店裡看《八美圖》。		4	世情小說
	7.28	《紅樓夢》	復習日語，然後讀《紅樓夢》。很聚精會神在房中讀《紅樓夢》到下午四點左右，李良弼順路來拜訪我。		1	世情小說
	8.1	《紅樓夢》	熱衷於閱讀《紅樓夢》		2	世情小說
	8.2	《紅樓夢》	沒吃早餐，就拿著《紅樓夢》往邦坡的方向出去散步，有時停下來看一下風景，再前進，坐在草原上看書看了很久。天氣陰又有點風，感覺自己好像是仙人，在那裡休息一下，就回去。		3	世情小說

8.3	《紅樓夢》	來到學校，寫日誌、看《紅樓夢》之後就寢。	4	世情小說
8.4	《紅樓夢》	上午我都在讀《紅樓夢》，下午心情很好幫忙作各種家事。似乎領略到與女子之間的感情。	5	世情小說
8.6	《紅樓夢》	午餐後到學校來，在欞星門前看《紅樓夢》。	6	世情小說
8.7	《紅樓夢》	看《紅樓夢》到八點左右，又到店面來。	7	世情小說
8.8	《紅樓夢》	看《紅樓夢》。	8	世情小說
8.9	《紅樓夢》	午餐後回到值班室，想要看《紅樓夢》時，陳緯坤來，我教他算術。	9	世情小說
8.11	《紅樓夢》	下午半娛樂式地隨便看了《紅樓夢》。	10	世情小說
8.16	《紅樓夢》	在學校讀了一下《紅樓夢》	11	世情小說
8.19	《紅樓夢》	早上看了一下《紅樓夢》，睡午覺。	12	世情小說
8.20	《紅樓夢》	下午就寢後，很專心地讀《紅樓夢》。	13	世情小說
8.23	《紅樓夢》	早餐後，看了一下《紅樓夢》，覺得精神疲勞，再就寢。	14	世情小說
8.25	《紅樓夢》	整天走來走去，精神放任。連《紅樓夢》也只讀一回。	15	世情小說
8.26	《紅樓夢》	如常地起床，上午一邊熱衷地讀《紅樓夢》，一邊推搖籃。	16	世情小說
8.27	《紅樓夢》	下午熱衷地讀《紅樓夢》。	17	世情小說
8.28	《紅樓夢》	家內外不整齊，心情鬱鬱，且嬉且看《紅樓夢》。	18	世情小說
8.31	《紅樓夢》	整頓家內外以後，讀《紅樓夢》。	19	世情小說
9.1	《紅樓夢》	上午一邊逗弄小孩，一邊讀《紅樓夢》。	20	世情小說
9.3	《紅樓夢》	上午讀《紅樓夢》卷首。	21	世情小說
10.16	《紅樓夢》	向張傑借了《紅樓夢》下卷來讀。	22	世情小說

	10.17	《紅樓夢》	閱讀《紅樓夢》下冊。		23	世情小說
	10.18	《紅樓夢》	晚上專心看《紅樓夢》。		24	世情小說
	10.20	《紅樓夢》	我專心讀《紅樓夢》一冊以上。		25	世情小說
	10.27	《紅樓夢》	我專心讀《紅樓夢》，看到黛玉過世，感到非常淒涼，眼淚幾乎要掉下來。下午有一段時間心情不太好、頭疼，但是還是振奮起來，整理一下家裡，就恢復了精神。		26	世情小說
	10.28	《紅樓夢》	今早在家裡專心讀《紅樓夢》。		27	世情小說
	10.30	《紅樓夢》	把藤椅搬到外面讀了一下《紅樓夢》。		28	世情小說
	10.31	《紅樓夢》	整天都沒有放下《紅樓夢》。尤其看到賈寶玉變心，更是心有所感。		29	世情小說
	11.1	《紅樓夢》	我整天讀《紅樓夢》第一卷和最後一卷來回味。		30	世情小說
	11.4	《紅樓夢》	和張澤一起一直到中午都在談《紅樓夢》。		31	世情小說
	11.14	《夢中五美緣》	向李氏招女老師借《夢中五美緣》來讀。		1	世情小說
1913	5.25	《花月痕》	窩在家裡面，讀《花月痕》讀得入神。	公學校教師	1	世情小說
	5.31	《花月痕》	晚上讀《花月痕》看到癡珠的死，覺得心痛。		2	世情小說
	6.1	《花月痕》	上午非常熱衷地讀《花月痕》一冊以上。		3	世情小說
	7.4	《石頭記》	整天窩在家中，重讀《石頭記》〔註1〕（上、下午）。		32	世情小說
	7.5	《紅樓夢》	我讀《石頭記》。		33	世情小說
	7.8	《紅樓夢》	晚上為了一些瑣事對妻子發怒。讀《紅樓夢》僅兩、三回。		34	世情小說
	7.9	《紅樓夢》	終日悠悠。讀《紅樓夢》兩、三回。不睡午覺。		35	世情小說

〔註1〕《石頭記》為《紅樓夢》之別稱，故以相同名稱製表。

7.12	《紅樓夢》	終日昏沈，讀《紅樓夢》數回	36	世情小說
7.15	《紅樓夢》	整天專心讀《紅樓夢》約一冊。	37	世情小說
7.24	《紅樓夢》	今天起稍微寬心，開始讀《紅樓夢》。	38	世情小說
7.25	《紅樓夢》	讀了一下《紅樓夢》	39	世情小說
7.26	《紅樓夢》	整天讀《紅樓夢》。	40	世情小說
8.2	《紅樓夢》	整天昏昏沈沈的。《紅樓夢》一回也沒讀完。	41	世情小說
8.4	《紅樓夢》	整天昏昏地，《紅樓夢》一回都沒讀完。	42	世情小說
8.6	《紅樓夢》	整天待窩家裡面，讀了數回《紅樓夢》。	43	世情小說
8.7	《紅樓夢》	在客室的竹床上讀了《紅樓夢》數回。	44	世情小說
8.8	《紅樓夢》	讀《紅樓夢》。	45	世情小說
8.9	《紅樓夢》	讀《紅樓夢》。沒有特別可記的事。	46	世情小說
8.13	《紅樓夢》	今早到正午為止都在做學籍簿，下午事情零零散散被佔掉一些時間，只讀《紅樓夢》兩回。	47	世情小說
8.14	《紅樓夢》	讀《紅樓夢》，幫忙做家事。沒有特別可記的事。	48	世情小說
8.17	《紅樓夢》	整天讀《紅樓夢》，都不放手。	49	世情小說
8.18	《紅樓夢》	整天專心讀《紅樓夢》一冊以上，為了黛玉之死而悲傷。	50	世情小說
8.19	《紅樓夢》	讀完《紅樓夢》一冊。	51	世情小說
8.20	《紅樓夢》	讀了《紅樓夢》一冊。沒讀的還有一冊。	52	世情小說
8.31	《紅樓夢》	只讀了《紅樓夢》二、三回。	53	世情小說

1914	3.3	《聊齋誌異》	直到九點過後都在看《聊齋》。	公學校教師	1	神怪小說
	3.15	《聊齋誌異》	上午讀《聊齋》。		2	神怪小說
	3.24	《聊齋誌異》	只稍微讀了一點《聊齋》。		3	神怪小說
	3.31	《聊齋誌異》	休假。讀《聊齋》。		4	神怪小說
	4.5	《聊齋誌異》	晚上讀《聊齋》。		5	神怪小說
	4.12	《聊齋誌異》	稍微讀了一會《聊齋》。		6	神怪小說
	4.19	《聊齋誌異》	晚上讀《聊齋》。		7	神怪小說
	5.25	《聊齋誌異》	白天午睡了兩次，除了過得昏昏沉沉之外，還讀了《聊齋》數篇。		8	神怪小說
	5.26	《聊齋誌異》	下午在書齋讀完《聊齋》的最後一卷。		9	神怪小說
	6.27	《水石緣》	午餐後又到學校，看《水石緣》到四點左右。		1	世情小說
	6.28	《水石緣》	讀《水石緣》。		2	世情小說
	7.16	《子不語》	熱衷地讀著《子不語》，長久以來的感冒痊癒了。		1	神怪小說
	7.17	《子不語》	熱看《子不語》		2	神怪小說
	7.18	《子不語》	在客廳熱衷地讀《子不語》。		3	神怪小說
	7.21	《子不語》	讀《子不語》。		4	神怪小說
	7.23	《子不語》	讀《子不語》		5	神怪小說
	7.24	《子不語》	讀《子不語》。		6	神怪小說
	7.25	《子不語》	上午讀《子不語》，第一本共十七卷讀畢。		7	神怪小說
	7.31	《聊齋誌異》	重讀《聊齋》數節。		10	神怪小說
	8.2	《聊齋誌異》	下午讀《聊齋》數節，今天學校值日，不去。		11	神怪小說

	8.3	《聊齋誌異》	讀《聊齋》以外沒做其他事情。		12	神怪小說
	8.5	《子不語》	下午去學校借《子不語》，與張式穀談天至五點。		8	神怪小說
	8.7	《子不語》	讀《子不語》數節。		9	神怪小說
	8.8	《子不語》	整天讀《子不語》數節。		10	神怪小說
	8.14	《子不語》〔註2〕	讀《子不語》，接著看《新齊諧》。		11	神怪小說
	8.15	《子不語》	十點左右直到晚上都用功讀著《續齊諧》，因此頭昏昏地。		12	神怪小說
	8.16	《子不語》	上午讀兩本《續齊諧》。三點左右洗掃完畢。洗澡。再讀《續齊諧》。		13	神怪小說
	8.20	《子不語》	早上讀《續齊諧》		14	神怪小說
	9.6	《聊齋誌異》	上午精神較為爽快，便讀了《聊齋》。		12	神怪小說
	9.16	《綠野仙踪》	下午在學校讀《綠野仙踪》。		1	神怪小說
1915	3.4	《聊齋誌異》	此數日耽看《聊齋》	公學校教師	13	神怪小說
	3.22	《聊齋誌異》	午后看《聊齋》 忽被睡魔相擾 依椅而臥書三日間之日誌 再看《聊齋》		14	神怪小說
	3.23	《聊齋誌異》	午后看《聊齋》		15	神怪小說
	3.27	《三國演義》	飯后無所娛 《三國》書一冊 熱看欲終卷		1	歷史小說
	3.28	《三國演義》	《三國》看甚耽終日看《三國》歸來又《三國》 二時再登校		2	歷史小說
	3.29	《三國演義》	起來日三丈 《三國》雲長雄 看到歸曹處 忠義惹淚湧		3	歷史小說
	3.30	《三國演義》	八時睡起 飯后便寫二日間日誌、看《三國》 午飯后熱心看《三國》至三時 夜間一味看《三國》		4	歷史小說
	3.31	《三國演義》	看《三國》至九時半登校 譯少許文午后至睡專看《三國》		5	歷史小說

〔註2〕《子不語》別稱《新齊諧》、《續齊諧》，故統一為《子不語》以利統計。

4.4	《三國演義》	終日觀《三國》卷餘	6	歷史小說
4.6	《三國演義》	朝食 看《三國》 午孝公媽 食后再看《三國》	7	歷史小說
4.7	《三國演義》	看《三國》	8	歷史小說
4.8	《三國演義》	洗掃畢讀《三國》時 聞學校小使來喚 即往 阿部先生言學校之事如左	9	歷史小說
4.10	《三國演義》	略觀《三國》	10	歷史小說
4.12	《三國演義》	看《三國》 完卷	11	歷史小說
4.13	《女丈夫成親》	看《女丈夫成親》一冊完	1	查無相關資料
4.15	《二度梅全傳》	看《二度梅》 九時半睡	1	世情小說
5.3	《二度梅全傳》	熱心看《二度梅》甚多	2	世情小說
5.4	《二度梅全傳》	讀了不少《二度梅》。	3	世情小說
5.16	《西廂記》	洗浴畢 熱看《西廂記》 晚食后率繼圖往泉興即歸 夜《西廂記》看完	1	世情小說
6.12	《聊齋誌異》	夜讀《聊齋》數節 九時半睡	16	神怪小說
6.14	《聊齋誌異》	竹床上看《聊齋》數節	17	神怪小說
5.16	《西廂記》	洗浴畢熱看《西廂記》晚食后率繼圖往泉興即歸 夜《西廂記》看完	2	世情小說
7.5	《平山冷燕》	夜熱心看《平山冷燕》	1	世情小說
7.6	《平山冷燕》	晝看《平山冷燕》 不知不覺竟入黑酣（甜）鄉中 不知睡有幾許	2	世情小說
7.7	《平山冷燕》	午前將《平山冷燕》全部讀完	3	世情小說
7.8	《聊齋誌異》	起看《聊齋》兩節	18	神怪小說
7.12	《風月傳》	臥看《風月傳》至午后四時	1	世情小說

7.13	《風月傳》	臥將《風月傳》讀完	2	世情小說
7.18	《聊齋誌異》	朝看《聊齋》	19	神怪小說
7.19	《聊齋誌異》	朝夕一味睡　睡醒看《聊齋》	20	神怪小說
7.23	《聊齋誌異》	晚食后乘涼看《聊齋》	21	神怪小說
7.27	《聊齋誌異》	《聊齋》看數節	22	神怪小說
7.28	《聊齋誌異》	朝起無甚事　《聊齋》看一冊	23	神怪小說
8.3	《十二樓》	看《十二樓》中之〈奪錦樓〉	1	世情小說
8.4	《白牡丹》	午後觀片時古書《白牡丹》　臥看古書　朝八時外阿叔為二弟送定（訂）歸	1	查無相關資料
8.5	《白牡丹》	臥看古書　朝八時外阿叔為二弟送定（訂）　歸夜　臥看《白牡丹》　至十一時半始睡	2	查無相關資料
8.7	《夢中五美緣》	看《夢中五美緣》　纔觀數頁　忽李君使秋菊負子賢來喚　乞亦負圖往　午後臥看《夢中五美緣》　疲極　睡片刻	1	世情小說
8.9	《夢中五美緣》	看《夢中五美【緣】》　十一時退校　將《夢中五美【緣】》看未完　十二時半登校　將《夢中五【美緣】》看至三時方完	2	世情小說
8.11	《十二樓》	看〈夏宜樓〉、〈歸正樓〉	2	世情小說
8.12	《十二樓》	終日觀覽〈拂雲樓〉、〈十巹樓〉、〈鶴歸樓〉　夜看〈奉先樓〉及講古與內子聽	3	世情小說
11.07	《聊齋誌異》	日曜終日閒暇無事　看《聊齋》一、二篇	24	神怪小說
12.8	《聊齋誌異》	看《聊齋》數節	25	神怪小說
12.10	《聊齋誌異》	看《聊齋》	26	神怪小說

	12.11	《聊齋誌異》	夜看《聊齋》數節		27	神怪小說
	12.12	《聊齋誌異》	上午讀《聊齋》數篇，下午繼續讀		28	神怪小說
1916	1.2	《聊齋誌異》	讀《聊齋》數節	公學校教師	29	神怪小說
	1.5	《聊齋誌異》	晝觀《唐【詩】》、《聊齋》至三時頃		30	神怪小說
	2.27	《聊齋誌異》	終日閒々讀《聊齋》數節　別無所事		31	神怪小說
	3.14	《乾隆遊江南》	夜觀小說《乾隆遊江南》三、四回		1	俠義小說
	3.15	《乾隆遊江南》	夜看《乾隆遊江南》		2	俠義小說
	3.16	《乾隆遊江南》	看《乾隆君遊江南》		3	俠義小說
	3.17	《乾隆遊江南》	看小說《乾隆遊江南》		4	俠義小說
	3.29	《乾隆遊江南》	終日夢中看小說　至夜將《乾隆遊江南》全部看完		5	俠義小說
	6.15	《三國演義》	看《三國》		11	歷史小說
	9.5	《彭公案》	看《彭公案》數頁		1	俠義小說
	9.6	《彭公案》	看《彭公案》		2	俠義小說
	9.7	《彭公案》	《彭公案》　至晚書不釋手　噫　余每讀正書不片刻則倦而拋卷　能如看小說之熱心　何犯（患）詩文之不上達乎		3	俠義小說
	11.12	《平金川》	看□□【小說】（《□【平】金川》）午後看《平金川》數回　悠々自適夜再看《平金川》　九時半睡		1	歷史小說
	11.14	《平金川》	夜看《平金川》數回		2	歷史小說
	11.15	《平金川》	午後將《平金川》末卷數看完　無事只作空想		3	歷史小說
	12.19	《西湖佳話古今遺蹟》	余借《西湖佳話》		1	歷史故事

	12.20	《西湖佳話古今遺蹟》	夜看《西湖佳話》		2	歷史故事
	12.21	《西湖佳話古今遺蹟》	余看《西湖佳話》〈岳王墳〉、〈雷峰塔〉等		3	歷史故事
	12.22	《西湖佳話古今遺蹟》	夜看《西湖佳話》乃〈放生善蹟〉		4	歷史故事
	12.23	《西湖佳話古今遺蹟》	午後看《西湖佳話》數頁		5	歷史故事
	12.24	《西湖佳話古今遺蹟》	半在店口半在樓上看《西湖佳話》		6	歷史故事
	12.26	《西湖佳話古今遺蹟》	夜看〈南屏醉蹟〉		7	歷史故事
	12.31	《西湖佳話古今遺蹟》	下午上樓看〈靈阮(隱)詩蹟〉、〈孤山阮(隱)蹟〉		8	歷史故事
1917	1.2	《西廂記》	因在樓上看《西廂記》 倦時便乘空想船 想入非々	公學校教師	3	世情小說
	1.3	《西廂記》	終日在樓上看《西廂記》		4	世情小說
	3.1	《子不語》	看《續齊諧》數節 無非僵屍縊鬼之聞		15	神怪小說
	3.23	《子不語》	夜看《女弟子詩》及《新齊諧》各數節		16	神怪小說
	3.25	《子不語》	看《子不語》 終日手不釋書		17	神怪小說
	11.9	《聊齋誌異》	午後讀書會休止 歸家後抱兒看《聊齋》數節		32	神怪小說
	11.13	《茜窗淚影》	夜淫看支那小說《茜窗淚影》		1	世情小說
	11.18	《茜窗淚影》	夜看《茜窗淚影》數節		2	世情小說
	11.19	《茜窗淚影》	終朝苦讀《茜窗淚影》完卷		3	世情小說
1919	2.1	《聊齋誌異》	看《聊齋》數節	北郭園夜學	33	神怪小說
	2.2	《聊齋誌異》	午前看《聊齋》		34	神怪小說
	2.3	《聊齋誌異》	終日看《聊齋》		35	神怪小說

2.4	《聊齋誌異》	午前在樓上看新聞、《聊齋》	36	神怪小說
2.8	《聊齋誌異》	看《聊齋》數節	37	神怪小說
2.10	《聊齋誌異》	看《聊齋》	38	神怪小說
2.21	《聊齋誌異》	午後看《聊齋》	39	神怪小說
4.11	《女學生之秘密記》	乃看《女學生之秘蜜（密）記》至夜一部皆已看完	1	世情小說
4.12	《名花劫》	午前在家看哀情小說《名花劫》	1	查無相關資料
4.16	《春夢》	終日在家看小說《春夢》至終　唉為甚麼醒而又醒　呀　原來是夢中做夢　嗚呼噫嘻　真一場之大夢也	1	世情小說
4.26	《聊齋誌異》	看《聊齋》數節	40	神怪小說
5.5	《西廂記》	讀《西廂》數章	5	世情小說
5.6	《西廂記》	終日看《西廂》至完　頗有趣	6	世情小說
5.20	《龍鳳配再生緣》	午前在家看《龍鳳配再生緣》	1	世情小說
5.21	《龍鳳配再生緣》	終日淫看《龍鳳配再生緣》	2	世情小說
5.22	《孟麗君》	終日只看《孟麗君》　別無記事	1	世情小說
5.23	《龍鳳配再生緣》	午前將《龍鳳配再生緣》全部看完	3	世情小說
6.9	《子不語》	予看《子不語》數節	18	神怪小說
6.11	《子不語》	看《子不語》數節	19	神怪小說
6.12	《子不語》	余多在樓上看《子不語》	20	神怪小說
6.13	《子不語》	終日多在樓上看《子不語》	21	神怪小說
6.15	《子不語》	看《子不語》	22	神怪小說

6.16	《子不語》	樓上看《子不語》	23	神怪小說
6.17	《子不語》	看《子不語》午後高麗來 講《子不語》與之聽	24	神怪小說
6.19	《子不語》	看《子不語》數節	25	神怪小說
6.20	《子不語》	終日多在樓上看《子不語》	26	神怪小說
6.27	《子不語》	下午看《子不語》	27	神怪小說
6.28	《子不語》	看《子不語》	28	神怪小說
7.7	《子不語》	午後讀《齊諧》數頁	29	神怪小說
7.13	《蜃冤鏡》	終日看《冤蜃（蜃冤）鏡》前錄約半部	1	世情小說
7.14	《蜃冤鏡》	終日淫看《蜃冤鏡》前集完矣 更將證盟詩及其他皆手抄之	2	世情小說
7.17	《蜃冤鏡》	夜在家看《蜃冤鏡》	3	世情小說
7.18	《蜃冤鏡》	看《蜃冤【鏡】》別錄數回	4	世情小說
8.20	《聊齋誌異》	看《聊齋》	41	神怪小說
8.27	《聊齋誌異》	午後無聊看《聊齋》	42	神怪小說
9.1	《今古奇觀》	看《今古奇觀》	1	小說集
9.4	《今古奇觀》	看《今古奇觀》兩、三節	2	小說集
9.22	《笑林廣記》	看新聞並《笑林廣記》	1	笑話集
11.9	《雪鴻淚史》	午前偷閒上樓看《雪鴻淚史》一、二回	1	世情小說
11.12	《雪鴻淚史》	時或偷閒上樓看《雪鴻淚史》	2	世情小說
11.13	《雪鴻淚史》	依舊顧店 偷閒看《雪鴻淚史》 足不出門	3	世情小說

	12.5	《子不語》	看《子不語》		30	神怪小說
	12.14	《雪鴻淚史》	午前多在樓上讀《雪鴻淚史》中予所手抄之詩		4	世情小說
	12.27	《聊齋誌異》	偷閒看《聊齋誌異》數節		43	神怪小說
	12.28	《聊齋誌異》	多在樓上房內看《聊齋》		44	神怪小說
1921	1.23	《繡鞋記警貴新書》	看小說《警貴新書》別名《綉（繡）鞋記》 內中雖多淫污之語 然頗有警世之處	蔡蓮舫家庭教師	1	諷喻小說
	2.22	《香囊記》	午後看《香囊》十數節		1	世情小說
	2.27	《笑林廣記》	午前看《笑林廣記》 皆放屁事		2	笑話集
	2.28	《笑林廣記》	午前在家看新聞並《笑林廣記》		3	笑話集
	3.12	《玉梨魂》	終日淫看《玉梨魂》		1	世情小說
	3.17	《閱微草堂筆記》	下午耽看《閱微草堂》		1	神怪小說
	3.18	《蘭苕館外史》	唯看小說有《蘭苕館外史》者 意含教訓 文亦不惡		1	小說集
	3.19	《蘭苕館外史》	唯看《蘭苕館外史》 內載歐公子一節 乃粵東慈雲庵 有謂三十六花禪者 皆妙齡女子 假清淨法場為色界情天 歐公子誤入其網 日夜輪淫 竟迷而樂死不願生也 幸有淨影屢諫、淨香設法 方得死裡逃生 亦為幸矣 噫 人之精力有限 且且而伐之 尚不能堪 那當群花獻媚爭寵 歐生豈有不知 其死也必蓋不能回頭者 情之誤也		2	小說集
	3.22	《蘭苕館外史》	乃上樓獨依欄杆看《蘭苕館外史》		3	小說集
	5.2	《清代軼聞》	後閱《清代軼聞》數條 多可資談料		1	歷史書籍
	5.3	《清代軼聞》	予獨坐書齋或讀《新報》或看《清代軼聞》		2	歷史書籍
	5.6	《清代軼聞》	看《清代軼聞》		3	歷史書籍

5.7	《清代軼聞》	臥看《清代軼聞》時	4	歷史書籍
	《痴情淚》	東翁復述《痴情淚》概要	1	世情小說
5.8	《清代軼聞》	午后恣看《清代軼聞》	5	歷史書籍
5.9	《清代軼聞》	午後看《清代軼聞》下卷	6	歷史書籍
5.10	《清代軼聞》	午後淫看《清代軼聞》	7	歷史書籍
5.11	《清代軼聞》	終日全心看《清代軼聞》	8	歷史書籍
5.12	《清代軼聞》	《清代軼聞》全部看完	9	歷史書籍
5.21	《神州光復志演義》	溫看《神州光復志》	1	歷史書籍
5.24	《琵琶記》	偷閒讀《琵琶記》	1	戲曲作品
5.29	《三國演義》	午後重讀《三國誌（志）演義》	12	歷史小說
5.31	《三國演義》	午後方悶看《三國演義》 《三國》看至下邳城呂布殞命	13	歷史小說
6.1	《三國演義》	看《三國演義》一冊 至關夫子降漢約三便及千里走單騎處 其忠義之心歷歷紙上 可令人感極而泣者矣	14	歷史小說
6.25	《蕩寇志》	看新聞及《蕩寇志》而已	1	俠義小說
7.8	《蕩寇志》	午後貪看《蕩寇志》 夜《蕩寇志》看至宋江智殺招安天使之處	2	俠義小說
7.11	《蕩寇志》	午后再看《蕩寇志》數回 有戀不捨之概（慨）	3	俠義小說
10.5	《鴛鴦》	看《鴛鴦》至半部 下半部無處可得殊覺敗興	1	查無相關資料
10.15	《燕山外史》	予獨在寓看《燕山外史》	1	駢文小說
11.3	《東周列國志》	耽看《東周列國》	1	歷史小說
11.5	《東周列國志》	午後看《東周列國》至四時	2	歷史小說

11.20	《東周列國志》	因昨夜看戲遲睡　故午后看《東周列國》時好生愛睡	3	歷史小說
11.22	《東周列國志》	熱看《東周列國》　頭腦頗覺冬烘	4	歷史小說
11.25	《東周列國志》	《東周列國》看至伍員滅郢鞭平王屍三百　括（刮）其目　復（附）從淫各大夫家妻妾　雖云為父報仇　而待父母之邦何其酷也	5	歷史小說
11.29	《東周列國志》	下午至晚淫看《東周列國》　至樂羊伐中山食子之羹　及西門豹之沈大巫、廢河伯娶妻之俗	6	歷史小說
11.30	《東周列國志》	然後看《列國》　至吳起殺妻求將商鞅變法　孫臏下山	7	歷史小說
12.1	《東周列國志》	《列國》看至蘇秦行合縱　張儀用連橫　趙主父餓死沙邱宮　孟嘗偷過函谷	8	歷史小說
12.8	《閱微草堂筆記》	《閱微草堂》載有蘇小小上扎下坦（壇）詩頗清絕　因記之　舊埋香處草離離，只有西陵夜月知。詞客情多來弔古，幽魂腸斷看題詩。滄桑幾劫湖仍綠，雲雨千年夢尚疑。誰信靈山散花女，如今佛火對琉璃。	2	神怪小說
12.26	《天嘯殘墨》	遜庭君送至《天嘯殘墨》　有詩焉　有詞焉　有日記焉　有小說焉　語皆慷慨淋漓　文盡怒濤澎湃　令人讀之拍案叫快　中有張獻忠等之杜撰文字　雖屬鄙俚　然英雄本色亦有可觀焉者　如祭孔子之「大哉孔子　千載以上無孔子　千載以下無孔子　大哉孔子」　實驚人之句也　至於祭張桓侯及文昌公之文曰「俗老子姓張　汝（你）也姓張　俗老子與汝（你）聯了宗罷尚饗」　則不禁噴飯耶	1	雜文集
12.27	《天嘯殘墨》	讀徐天嘯〈湖上百日記〉與〈粵西遊記〉〔註3〕頗得日記作法	2	雜文集
12.31	《天嘯殘墨》	掃室畢　看「鴛鴦夢劇本」〔註4〕至終　天嘯所作文亦平常　而事頗悲哀　幾被騙出淚來	3	雜文集

〔註3〕〈湖上百日記〉與〈粵西遊記〉皆為《天嘯殘墨》一書中的篇目。
〔註4〕鴛鴦夢劇本收於《天嘯殘墨》中。

1922	4.9	《七國志》	無聊因看《七國志》數回	蔡蓮舫家庭教師	1	歷史小說
	4.19	《長生殿傳奇》	《長生殿傳奇》全部看完 三郎、玉環中秋夜廣寒宮重圓 忉利天願證連理 令人轉悲為喜 破顏一笑 足見說部感動人者大矣		1	世情小說
	4.29	《三國演義》	觀《三國演義》數回 興會不少 夜復觀 至遲遲方睡		15	歷史小說
	9.15	《長生殿傳奇》	午後讀《長生殿傳奇》至三郎與阿環定情處 不覺憶起結褵當時 興會琳琅（漓）		2	世情小說
	12.16	《三國演義》	終日鬱坐 殊覺無聊 因觀《三國演【義】》兩冊 至孔明之空門計 為之耽憂不少		16	歷史小說
	12.18	《三國演義》	終日無聊只在火爐邊看《三國》 至劉禪之愚、姜維之死不禁為之拍案大呼恨恨 最後見晉炎帝之迫魏帝禪位 一似當年阿瞞之迫漢獻 天道報應之速 又不禁為之破顏一		17	歷史小說
	2.28	《牡丹亭》	本日得閒 邊看《牡丹亭》傳奇 頗有趣味		1	世情小說
	3.2	《牡丹亭》	午後看《還魂》〔註5〕數回 至柳夢梅開棺 杜麗娘復活 趣味不少		2	世情小說
	8.17	〈歷代奇案〉	耽看〈歷代奇案〉以消遣 可謂無聊至極		1	查無相關資料
	10.10	《菜根譚》	看新聞而外細讀《菜根譚》以消遣也		1	處事法則
1924	1.25	《劍俠傳》	午前在事務所閱新報、看說部劍俠駭聞外 無所事々	蔡蓮舫家庭教師	1	俠義小說
	6.9	《紅樓夢》	午前因雨旋降旋息 不出門 在書齋悶閱《紅樓夢》		52	世情小說
	6.13	《紅樓夢》	藉《紅樓夢》消遣		53	世情小說
	6.14	《紅樓夢》	閱讀《紅樓夢》 猶是寂寞難堪 此亦可以想見客中之無聊也		54	世情小說

〔註5〕《還魂》為《牡丹亭》之別稱。

	7.2	《紅樓夢》	午後因避蚊軍　遁於帳中閱《紅樓夢》　頗得暑中之消遣法也		55	世情小說
	7.7	《紅樓夢》	《紅樓夢》說部迄本日全部閱完		56	世情小說
1926	2.26	《一葉》	回寓後專心地把那本小說《一葉》看完	《臺灣民報》記者	1	無相關資料
	6.16	《菜根譚》	讀《菜根譚》數節大有所感		2	處事法則
	7.16	《三葉集》	看完《三葉集》一冊　看取中國新體詩人郭沫若之懺悔　留學福岡醫科大學時和日女安娜之戀愛生活　大有可取		1	中國書籍
	7.23	《水滸傳》	整日熱心看《水滸傳》		1	俠義小說
	8.28	《儒林外史》	看了兩、三回《儒林外史》知道梓敬（敬梓）先生痛恨科舉之深		1	諷刺小說
	9.3	《儒林外史》	昨夜在帳中看《儒林外史》的時		2	諷刺小說
1927	2.2	《人鬼交通奇觀》	看《人鬼交通記》一冊	《臺灣民報》記者	1	中國書籍
	2.3	《人鬼交通奇觀》	午前獨在工場把《人鬼交通記》一書看完		2	中國書籍
1928	3.11	《彷徨》	閒談《徨彷（彷徨）》小說	《臺灣民報》記者	1	小說集
	3.13	《彷徨》	早上九時過榜來　我看《彷徨》　他看新聞、什誌		2	小說集
	3.14	《彷徨》	一氣把魯迅《彷徨》的創作看完　於〈傷逝〉一篇　大有所感		3	小說集
	3.22	《趙子曰》	因為無聊看點《趙子曰》小說		1	中國小說
	3.23	《趙子曰》	午前把小說《趙子曰》一氣看完　到李景純被鎗斃處幾被賺出淚來		2	中國小說
	10.24	《老殘遊記》	沿途看些《老殘遊記》　夜耽看《老殘遊記》		1	譴責小說
	10.25	《老殘遊記》	把《老殘遊記》看完　再把張我軍《亂都之戀》的抒情詩一氣看了		2	譴責小說

1931	2.6	《老殘遊記》	午後只耽看《老殘游（遊）記》	《臺灣民報》記者	3	譴責小說
	2.7	《老殘遊記》	夜把《老殘游（遊）記》全部看完　至九時過才收卷作日誌		4	譴責小說
1933	3.16	《鬥豔記》	整日仍是臥榻　《鬥豔記》說部一冊自朝至晚看完	《臺灣民報》記者	1	中國小說
	3.27	《菜根譚》	臥看《菜根譚》　如「花看半開，酒飲微醺」大可尋味		3	處事法則
1934	4.25	《金瓶梅》	午後臥看《金瓶梅》數十頁	《臺灣民報》記者	1	世情小說
1935	3.4	《儒林外史》	午后看些《儒林外史》	新竹市會議員	3	諷刺小說
	3.5	《儒林外史》	遂歸來看些《儒林外史》		4	諷刺小說
	7.5	《九尾龜》	朝夕看了《九尾龜》七、八回		1	豔情小說
1936	12.20	《西遊記》	夜早回寓　看些《西遊記》而睡	新竹市會議員	1	神怪小說

資料來源：黃旺成作，許雪姬編著，《黃旺成先生日記（1～2）》，臺北：中央研究院臺灣史研究所；嘉義：國立中正大學，2008；黃旺成作，許雪姬編著，《黃旺成先生日記（3～5）：一九一四年》，臺北：中央研究院臺灣史研究所；嘉義：國立中正大學臺灣人文研究中心，2009；黃旺成著，許雪姬編註，《黃旺成先生日記（6～19）》，臺北：中央研究院臺灣史研究所，2010～2018；黃旺成先生日記1934～1936年未刊稿。

附錄三：黃旺成的古文閱讀

年代	月日	書目篇名	相關記載
1915	7.29	《莊子》	溫度雖不甚高　而熱氣為一年中之特者也　無心勉強　《逍遙遊》一篇讀未盡其半　晝臥數時　而見周公者片刻
1916	12.1	《史記》或《漢書》	余乃移於宿直室讀古文（〈游（遊）俠傳〉）
	12.2	《古文觀止》	午後看《詩話》、《古文》片刻即想入非而至晚食
1917	3.25	《論語》	午前誦孔子　從先進論一篇
		《蘇文忠公文鈔》	午後讀〈續楚語論〉
	3.26	《蘇文忠公文鈔》	歸家後誦〈續楚語論〉　暗記　夜再溫習看數篇古文　終日頭痛　夜九時睡
		《古文觀止》	
	4.13	《史記》	夜讀〈趙良說商君〉古文一篇
	4.14	《史記》	讀〈說商君〉一篇　可背誦
	6.17	《列子》	午睡一時許起　讀《列子》數節　頗得趣味
	8.24	《古文觀止》	溫習舊讀古文五篇
	8.25	《古文觀止》	起讀古文兩篇
	8.26	《古文觀止》	溫舊讀古文五篇
	8.27	〈遊奈何天記〉	午睡一時餘　起讀〈遊奈何天記〉一篇
	8.28	《古文觀止》	與李君、榜君往張先生家　議讀古文事　決議每週土曜午后三時至五時　在成記樓上講讀　起讀古文〈范增論〉、〈酒德頌〉、〈愛蓮說〉三篇
	9.5	《諧鐸》	看《諧鐸》及《清朝八賢手札》
		《清朝八賢手札》	

	9.8	《古文觀止》	急往成記赴讀書會　會員大都聚集　互相鬥棋談話　至五時頃先生方到　讀〈待漏院記〉、〈原毀〉兩篇
	9.10	《古文觀止》	讀古文〈待漏院記〉、〈原毀〉兩篇　皆能背誦
	9.14	《古文觀止》	四時頃張先生來講讀〈原道〉及〈嚴先生祠堂記〉兩篇　余試讀講〈原道〉　頗過得去　誤謬不過一、二次而已
	9.20	《漢書》	誦〈原道〉數遍
	9.23	《綱鑑・宋紀》	看《綱鑑・宋紀》國初少許
	9.28	《古文觀止》	四時在成記樓【上】讀書會〈諫太宗十思疏〉〈愚溪詩序〉〈喜雨亭記〉
1919	4.14	《漢書》	本日看《史記》霍光廢立之章
	4.15	《漢書》	午前在家看《史記》霍光之章
	4.17	〈霍光傳〉	本朝重看〈霍光傳〉　著手思作霍光論　書未數行　不覺茫茫身又在空想船矣

資料來源：黃旺成作，許雪姬編著，《黃旺成先生日記（4～5）》，臺北：中央研究院臺灣史研究所；嘉義：國立中正大學臺灣人文研究中心，2009；黃旺成著，許雪姬編註，《黃旺成先生日記（6～7）》，臺北：中央研究院臺灣史研究所，2010。

附錄四：黃旺成的詩作相關閱讀

年代	月日	書目篇名	相關記載	累計閱讀次數
1913	1.20	《詩經》	堂棣之華，鄂不韡韡　君子之道，造端乎夫婦	1
	4.26	《唐詩》	姑蘇城外寒山寺　夜半鐘聲到客船　月落烏啼霜滿天　江楓漁火對愁眠	1
	5.13	《唐詩三百首》	從店裡拿一本《唐詩三百首》和一本《詩韻集成》回來。	2
		《詩韻集成》		1
1914	7.25	唐詩	下午誦唐詩七律數首，到晚上更加勤奮。	3
	11.29	《詩韻集成》	兩點半左右開始拿著一本《詩韻》，在新房間裡作了以「寒月」為題的詩，到晚上為止只作了一首。晚上寫了一些教案，雖然仍要作詩，但苦思無成。	2
1915	12.21	《詩韻集成》	取《詩韻》來　詩題「雪中梅」　推敲中	3
1916	1.5	唐詩	晝觀《唐【詩】》、《聊齋》至三時頃	4
	1.10	《詩韻集成》	取出《詩韻》思欲作詩而不遂	4
	2.11	《隨園詩話》	午後抱幼兒看《詩話》　書兩日日誌後再看《詩話》圈詩	1
	4.1	《隨園詩話》	午後看《詩話》數頁	2
	4.4	《隨園詩話》	晚食后看《詩話》數節	3
	4.6	《隨園詩話》	夜看《詩話》數節	4

4.25	《隨園詩話》	看《詩話》數頁	5
5.1	《隨園詩話》	看《詩話》數節	6
5.3	《隨園詩話》	看《詩話》讀古文	7
5.4	《隨園詩話》	夜看《詩話》數篇　溫習古文兩篇	8
5.14	《隨園詩話》	午睡約一時間外　起看《詩話》數節　甚趣味	9
5.15	《隨園詩話》	看《詩話》	10
5.17	《隨園詩話》	看《詩話》	11
5.23	《隨園詩話》	看《詩話》數節	12
7.4	《隨園詩話》	看《詩話》十數枚　圈點詩部並註題目於上欄	13
7.7	《隨園詩話》	看《詩話》及午飯　午睡二時餘起　看《詩話》數節	14
7.8	《隨園詩話》	午前看《詩話》數節	15
7.11	《隨園詩話》	起樓上看《詩話》數節　午餐食後看《詩話》	16
7.13	《隨園詩話》	夜看《詩話》數節	17
7.18	《隨園詩話》	午後看《詩話》數節	18
7.19	《隨園詩話》	看《詩話》數節　不能勉強	19
8.20	《隨園詩話》	觀《詩話》數行	20
8.29	《隨園詩話》	午後熱心朱圈《詩話》六、七枚　中有趣者甚多	21
8.31	《隨園詩話》	午後讀《詩話》數葉　圈點之	22
9.29	《隨園詩話》	看《詩話》數節	23
10.2	《隨園詩話》	看《話》數節	24
10.3	《隨園詩話》	看《詩話》數節	25
11.8	《隨園詩話》	至今日始得看《詩話》數節	26
11.30	《隨園詩話》	讀「孫觀察妾王氏玉如逢弟」	27
12.2	《隨園詩話》	午後看《詩話》、《古文》片刻即想入非而至晚食	28
12.13	《隨園詩話》	下午忙中偷閑看《詩話》數節　夜十時睡	29

1917	1.6	《唐詩三百首》	看《唐詩》	5
	1.7	《隨園詩話》	夜看《隨園詩話》數節	30
	1.15	《隨園詩話》	本日生意熱鬧　故在樓上看《詩話》數節	31
	1.31	《隨園詩話》	讀《詩話》之詩數首	32
	2.4	《隨園詩話》	午後看《詩話》數頁	33
	2.8	《隨園詩話》	夜看《詩話》數節	34
	3.1	《隨園詩話》	看《詩話》	35
	3.6	《隨園詩話》	看《詩話》數節	36
	3.7	《隨園詩話》	看《詩話》數節	37
	3.23	《隨園女弟子詩選》	夜看《女弟子詩》及《新齊諧》各數節	1
	12.23	《詩法入門》	夜看《詩法入門》數節	1
1919	4.21	《詩品》、《詩式》	午後看《詩品》、《詩式》	1
	4.22	《詩法入門》	終日不出門　貪看《詩法入門》午後多畫眉之樂　《詩法入門》大畧看完	2
	5.31	唐詩	終日在樓上誦昨日所看之《唐【詩】》	6
	6.28	〈洗兵馬行〉	午前看杜工部〈洗兵馬行〉	1
	10.5	《王漁洋詩話》	看《王漁洋詩話》數條	1
	10.6	《王漁洋詩話》	午后看《王漁洋詩話》	2
	12.2	《宋元明詩集》	朝讀《宋元明詩集》〔1〕數頁	1
		《隨園詩話》	午看《隨園詩話》並環點詩句	38
	12.3	《隨園詩話》	看《隨園詩話》、《子不語》	39
	12.24	《詩韻全璧》	本日買《詩韻全璧》一部 1.70 元　上下平之部全部印紅圈	1
1921	5.17	〈艷哀詩〉	夜取出手抄〈艷哀詩〉朗誦　偶看及〈福州漫遊日誌〉片鱗　不勝懷想	1
		《香草箋》	晚看黃莘田《香草箋》	1
	8.25	《小學千家詩》	夜看卓上置有《小學千家詩》一冊　詞淺而意長　蓋處世之良規也	1
	12.24	《臺灣日日新報》記載陳基六的〈哭蔡敏貞十四首〉	讀陳基六〈哭敏貞詩〉	1

1922	2.12	《大陸詩草》	夜連雅堂來訪居停　話傾一座　顧盼自雄　一投手一舉足　皆文豪之體態也　看其《大陸詩草》　足見其胸中珠玉不少也	1
	3.9	徐樹錚、唐繼堯的詩作	臺中新報載有大陸徐樹錚、唐繼堯詩　頗可讀　因錄存之	1
	10.3	《宋元明詩評註讀本》	臥看《詩評》聊作消光之計	1
1924	2.21	《陶靖節先生詩集》	偷閒朗誦《陶靖節【先生】詩集》數篇　頗自適	1
1925	3.22	〈離騷〉	閉門讀〈離騷〉　悽愴欲哭	1
1928	10.25	《亂都之戀》	把《老殘遊記》看完　再把張我軍《亂都之戀》的抒情詩一氣看了	1

資料來源：黃旺成作，許雪姬編著，《黃旺成先生日記（2）》，臺北：中央研究院臺灣史研究所；嘉義：國立中正大學，2008；黃旺成作，許雪姬編著，《黃旺成先生日記（3～5）》，臺北：中央研究院臺灣史研究所；嘉義：國立中正大學臺灣人文研究中心，2009；黃旺成著，許雪姬編註，《黃旺成先生日記（6～9、11、12、15）》，臺北：中央研究院臺灣史研究所，2010～2015。

附錄五：黃旺成的教育相關閱讀

年代	月日	書目篇名	相關記載	累計閱讀次數
1912	1.4	《聚楽式算術教授法》或《聚楽式算術教授法教材排列案》	晚上閱讀《聚楽式》下卷，吃點心。	1
	1.5	《聚楽式算術教授法》或《聚楽式算術教授法教材排列案》	上午，隨便讀一下《聚楽式》下卷二、三十頁，下午，也繼續讀了一些，但精神好像有點疲勞。	2
	1.18	《書方の研究批評会》	晚上讀《書方の研究批評会》，八點半就寢。	1
	1.30	《お花は如何にして教育可べき乎》	原本要讀一本書《お花は如何にして教育可べき乎》，結果卻睡著了。	1
	4.3	《お花は如何にして教育すべきか》	讀《お花は如何にして教育すべきか》八十頁左右，得到讀書的趣味。知道今後要珍惜時間念書的道理。	2
	5.5	《新教育》	只有很少的時間讀《新教育》。	1
	5.7	《聚楽式教授法》	下午寫細目教案，讀今早從阿部光平老師借到的《聚楽式教授法》。三點左右	3
	5.12	《聚楽式教授法》	上午專心讀《聚楽式教授法》，並且把它的要領寫下來。	4

6.11	《新教育》	上午非常認真讀《新教育》。妻子洗了很多的衣服。下午又花了很長時間讀《新教育》，清洗一下身體，換上襯衫出去散步。傍晚讀《新教育》，讀到很晚。晚上看報紙看到八點過後，沒有寫日誌。	2
6.12	《新教育》	下午，睡一下午覺，起來後很認真地讀《新教育》。從傍晚開始，把最近讀的《新教育》的要點記錄在雜記本。	3
6.13	《新教育》	直到晚餐為止，讀完《新教育》中〈新教育の一特徵〉一章，並且把要點寫下來。吃過晚餐後，稍微休息一下，接著又繼續讀《新教育》，並借了昨天和今天兩日的報紙來看。	4
6.16	《新教育》	我吃完早餐後，一直到傍晚，專心在讀《新教育講義》，特別是在讀〈小学校に於ける美育〉與〈宗教的倫理〉兩章，並且把裡面的大綱作筆記。	5
6.17	《新教育》	我就專心把《新教育講義》拿在手上讀，把〈社会教育〉一章讀完，並且抄錄了這一章的大綱。	6
6.19	《新教育》	下午閱讀《新教育》中的〈教授法〉，並且寫了大綱。從傍晚一直到晚上，繼續在讀〈訓練と家庭〉的一部分。	7
6.20	《新教育》	讀《新教育》，寫教案	8
6.23	《新教育》	我早上沒有認真讀書，只是半遊玩般的反覆隨意讀〈訓練と家庭〉一章，寫一下綱要。	9
6.26	《新教育》	下午寫教案、日誌，吃點心，讀一小部分的〈小学教師論〉。	10
7.6	《新教育》	回家後納涼，讀了一下〈理想的學校〉的一部分。	11
7.11	《新教育講義錄》	把《新教育講義錄》全部讀完。	1
7.16	《新教育》	上午抄完〈理想的学校〉一章的綱目。	12
9.1	《国語読本》	稍微讀一下《国語読本》（新撰読本）。	1
9.8	《日文講義》	我看了一下《日文講義》。	1
12.15	《教育》	看一下《教育》雜誌	1

1913	1.2	《教育》	上午專心把本月份的《教育》雜誌全部讀完，相信得到的收穫應該不少。	2
	1.20	《小學綱要》	教完課後，幾個人一起讀《小學綱要》，有所獲。	1
	2.9	《教育》	看《教育》雜誌和《実業の日本》。	3
1914	8.20	《教育雜誌》	中午讀《教育雜誌》	4
1915	1.2	《教育雜誌》	下午讀了一下《教育雜誌》所刊載的宇井老師所寫的〈話し方及び綴り方の誤用例〉，非常受用。	5
	4.12	一年生教授法	午后與父親往堀醫院受診　順往學校製教案簿　歸看「一年生教授法」	1
1917	3.14	《教育雜誌》	看《【臺灣】教育》什誌及〈靈光〉數節	6

資料來源：黃旺成作，許雪姬編著，《黃旺成先生日記（1～2）：》，臺北：中央研究院臺灣史研究所；嘉義：國立中正大學，2008；黃旺成作，許雪姬編著，《黃旺成先生日記（3～4）》，臺北：中央研究院臺灣史研究所；嘉義：國立中正大學臺灣人文研究中心，2009；黃旺成著，許雪姬編註，《黃旺成先生日記（6）》，臺北：中央研究院臺灣史研究所，2010。

附錄六：黃旺成公學校時期世界史地及法律的相關閱讀

年代	月日	書目篇名	相關記載	累計閱讀次數
1912	9.5	《外国地理》	讀了一下《外国地理》（中國）。	1
	9.6	《外国地理》	讀一下〈英国の地理〉。	2
	9.14	《万国歴史》	讀了少年節用的《万国歴史》。	1
	10.11	《法学の栞》	晚上讀了《法学の栞》。	1
	10.13	《法学の栞》	今早六點四十五分起床，早餐後讀一下《法学の栞》，心裡很悶，棄書不觀。	2
	11.3	《法学の栞》	常讀《法学の栞》。	3
	11.8	《法学の栞》	早上很早就起床，讀《法学の栞》。	4
	12.7	《法学の栞》	上午看了一下《法学の栞》	5
	12.8	《法学の栞》	讀了一下《法学の栞》。	6
1913	1.2	《法学の栞》	下午，就隨著這樣的氣勢繼續讀書，《法学の栞》雖然看得很順暢，但幾乎沒有值得參考的觀念。	7
	1.3	《要解叢書日本史》	讀了很多書，所得卻很少。已經放了很久的《要解叢書日本史》，到今天才發現是好書，這就是我不好學的一大證據。	1
		《法学の栞》	《法学の栞》〈警察編〉，很快的瀏覽過一次。	8

	1.12	《法学の栞》	下午、晚上都很專心看〈刑法編〉。	9
	3.16	《法學通論》	看一會兒《法學通論》。	1
1915	6.22	《法學通論》	今日少讀《法學通論》三、四頁	2
	6.23	《法學通論》	晚讀《法學通論》數頁	3
	6.27	《法學通論》	讀《通論》數頁	4
	6.28	《法學通論》	看《通論》	5
1916	5.26	《西洋史要》	授業後讀《西洋》數頁：「史学ハ社会ノ一員トシテ　又ハ国家ノ一器管（官）トシテソノ社会又ハ国家ヲ発展セシメンガタメニ　古来ヨリ今日マデノ働キノ成蹟（績）ヲ考究スルナリ」	1
	5.29	《西洋史要》	午後看《西洋史》數頁	2
	6.7	《西洋史要》	看《西洋史》（波斯之部）數頁	3
	6.8	《西洋史要》	看《西洋史》希臘太古之部數頁	4
	6.9	《西洋史要》	午後熱心看《西洋史》波斯希臘戰爭之部　自一時看至四時看三、四十頁	5
	6.20	《西洋史要》	本日授業中多觀《西洋史》	6
	6.23	《西洋史要》	午後看《西洋史》數頁　希臘古代史已終了	7
	12.6	《西洋史要》	看新【聞】後取一《西洋》來教室　看〈マケドニヤ之興起至衰亡〉約二、三十頁	8
	12.18	《西洋史要》	授業後看《西洋史》〈羅馬共和史〉三十余頁	9

資料來源：黃旺成作，許雪姬編著，《黃旺成先生日記（1～2）：》，臺北：中央研究院臺灣史研究所；嘉義：國立中正大學，2008；黃旺成作，許雪姬編著，《黃旺成先生日記（4～5）》，臺北：中央研究院臺灣史研究所；嘉義：國立中正大學臺灣人文研究中心，2009。

附錄七：黃旺成的新知相關閱讀

年代	月日	書目篇名	相關記載	附註
1919	10.4	《新臺灣》	看《新臺灣》什誌　中載日本人與支那人之誤解　頗合理	雜誌
1921	5.13	《性慾哲學》	得閒看《性慾哲學》	書籍
	5.14	《性慾哲學》	午後看《色（性）慾哲學》	書籍
	5.20	《性慾哲學》	本日《性慾哲學》全部看完	書籍
	7.17	《經世報》	午前只看三新報及《經世報》及《青年》雜誌　《經世報》多論新舊長官事　《青年》誌有〈答橋本白水書〉二篇及〈與林茂生書〉一篇　皆用以矛攻盾之法　罵得逸興遄飛令人拍案叫快	報紙
		《青年》		雜誌
	8.12	《閩報》	午後看《閩報》　知悉中國軍閥漸不可恃　兩廣及湘、鄂戰事不知將何了局	報紙
	9.2	《新報》	午飯後方得看署觀新報	報紙
	9.4	《臺灣青年》	看《青年》什誌　有蔡培火之議臺灣義務教育事　頗足令人首肯	雜誌
	9.5	《臺灣青年》	乃歸看《青年》什誌	雜誌
	9.27	《閩報》	下午看《閩報》　多載支那時事	報紙
	11.2	《臺灣青年》	終日看《臺灣青年》什誌　至夜看完	雜誌

	11.15	《經世新報》	午後看《經世新報》 有刺辜顯榮之傲慢一篇 謂其於評議會上罵現總督之政為粉飾政治 而世界大政治家之故兒玉總督 尚不肯提起義務教育 今何敢提起 又罵林熊徵之贊成同姓結婚 為精神異狀 又曰反對予之主義曰國賊也 其大膽人不可及 無如不學 語多杜撰	報紙
	12.6	《臺灣青年》	《青年》什誌中載有結婚一節 頗值一看 茲撮其要於左 結婚形式 1.掠奪 2.賣買 3.贈與 4.寫真 5.見合 結婚內容 1.強制 2.共諾 3.戀愛 4.自由 太平洋會議之海軍縮少案 日本似將承諾六割 又棄日英同盟 而換以日英米佛四國協約 內容乃太平洋上各國領土互相尊重 且領土不施武裝	雜誌
	12.20	〈青年政治家〉	夜看大隈侯之〈青年政治家〉一篇	文章
1922	10.15	《日日新報》	借《日日新報》觀覽	報紙
		《臺中新報》	看《臺中新報》片刻	報紙
1923	1.11	《申報》	商議購讀中國《申報》	報紙
	3.14	《自由論》	自由說	書籍
	5.1	《臺灣》	《臺灣》雜誌到 滿冊慷慨可誦 中有黃朝琴駁《臺灣】日日新報》對於臺灣議會請願記事之誤 一一指證 始知予等多受御用新聞之蒙蔽 深愧識見淺狹 而服留學生諸君之努力	雜誌
	5.15	《臺南新報》	《臺南新報》評常吉知事為町名改證（正）及曾發表其來任者乃為善導島人思想（然則不關心於內地人焉） 故評判不佳 後因引受鐵道問題 人氣稍復 然未知有誠意與否 故今可稱謂中間景氣 又評文化協會講演諸士 黃金火粗鄙不遜 黃朝琴輕佻如王祿賣藥 若敏川則庶幾 如林茂生、蔡培火可謂壓卷 觀其評論諒亦不錯	報紙
1924	6.19	《民報》	讀書《臺灣》雜誌及《【臺灣】民報》 有謝文達之論女子問題 謂戀愛、性慾、生殖三者未開時 雖三而一 今須分門別戶矣	報紙
	10.24	《官話》	再讀《官話》	書籍

1925	2.5	《民報》	看《民報》	報紙
	2.6	《雄辯術精習》	午前無事　抽出舊書《雄辯術精習》一冊看了數節　中有世界雄辯大家「デモセ（デモステ）ネス」之經歷　頗足令人興起發憤之心　先生希臘之亞典人　生於紀元三百餘年前　本乏雄辯天資　因其勉勵克(刻)苦　遂成斯界泰斗　足見雖無天才　亦可以成大家矣	書籍
	2.7	《民報》	乃將其初到《民報》攜出　仝老曾至成記看報紙　近午回家　把《民報》看完	報紙
	3.16	《支那新人及黎明期》	我九時半到新高堂看了一點鐘的書《支那新人及黎明期》	書籍
	3.20	《求幸福齋隨筆》	獨坐蕭齋裡耽讀《求幸福齋隨筆》　其中〈歐戰役感〉一篇　大能長人見識　使人不能不佩服著者何海鳴先生之卓越也	書籍
	3.27	《民報》	《臺灣民報》本日送到　費了兩點來鐘把牠（它）看完　有兩句可以記的是「正義不死、真理不滅」　這是現在的主義者的金科玉律　換句話說就是生命可以犧牲的　主義是斷々不可變改的	報紙
		《經世新報》	到圖書館看報紙　看了《經世新報》極力攻激（擊）文化協會　說是帶着赤色煽働（動）勞資爭議　我說這是向正義而行的　什麼赤不赤呢	報紙
	3.30	《獨秀文存》	早上看了《獨秀文存》中的〈質問東方【雜誌】記者〉兩篇　知道現代功利主義與動機主篇（義）互相爭執　又對思想問題的統整主義及分化主義　也不能相容　我們讀者對這樣的大問題是要細研究的　不能夠做了主唱者的奴隸　一味附和的	書籍
	4.1	《獨秀文存》	早上一氣看了六、七十頁的《獨秀文秀》　更把牠（它）的要領摘記在小本子裡　這樣的讀書　自己想是最得法的	書籍
	4.2	《獨秀文存》	我早上看了半天的《獨秀文存》　到了晌午就往成記看報紙去　午後再看了一篇〈有鬼論{的}質疑〉	書籍
	4.4	《獨秀文存》	晚上看獨秀的自治論　很佩服	書籍
	4.7	《獨秀文存》	午前把《獨秀文存》中的〈上海厚生紗廠{招募}湖南女工{的}討論（問題）〉看完　得了勞資問題上多少的智識	書籍

4.16	《獨秀文存》	看了《獨秀文存》壹百餘頁　得了許多社會思想、文學等要革新的必要　並現代有勢力的各種主義者的趣旨　我是不過窺見一點皮相而已　所以未敢生出評判的心理狀態　恐怕害了輕浮的毛病哩	書籍
4.23	《改造》	於《改造》雜誌中　看見〈レイニニズムとトロッキズム〉一篇　知道蘇俄十月革命成功的由來　レイ（一）ニン是勞農同盟主義　トロッキイ（一）是恆常革命論　即不斷革命之意	雜誌
	《民報》	午後把《民報》看完　得戴天仇之日本之東洋政策一篇　是希望日本以大事小　締約亞細亞大同團結　深得我心	報紙
4.24	《大阪朝日新聞》	午前圖書館看報紙　於《大朝報》得了臺灣國富的調查　官有民有共二十一億七千萬　每人富力五百七十八円　官有比之民有有31%　與內地富力比較　只及得25%（內地人富力每人千五百十七円）　官有比之民有只有22%　足見臺灣人的經濟是萬々比不得內地人	報紙
5.11	《中國哲學史大綱》	整日裡未曾出門也沒有客人到　因為我有胡適的《中國哲學史大綱》　和魯迅譯的愛羅先珂的童話　可以做我的好朋友　所以不大寂寞	書籍
5.18	《東方雜誌》	午前看了幾篇《東方雜誌》	雜誌
5.20	《中國哲學史大綱》	看了幾十頁別墨的哲學　知道惠施、公孫龍的學問　都趨於玄妙面　一方面卻失於詭辯　所以墨教｛墨教｝後來失傳的原因可謂種根於惠子和公孫龍子兩氏	書籍
5.21	《中國哲學史大綱》	本日細看《中國哲學史【大綱】》一百餘頁	書籍
5.25	《中國哲學史大綱》	再看了荀子的哲學　懂得孟子從行為的善端立論　所以主張性善　荀子從行為的惡端立論　所以主端（張）性惡	書籍
6.1	《中國哲學史大綱》	午睡少時　起讀《中國哲學史【大綱】》	書籍

6.13	《最新社會問題十二講》	昨夜從大張處帶回的《【最新】社會問題十二講》 本日看了三講 了解佛蘭西的革命分為大革命、七月革命、二月革命三層 其中二月革命最有價值 實係勞働者對資本家的革命 帶有政治及社會革新兩大使命 都以自由平等為標語 總之是人類解放之歷史也 又有產業革命乃本於（アダムスミス）的資本自由主義 把（ギルド）就是同業組合組織 變為資本家的大工場組織（機器發明也是促成一大要素） 因而生出勞動者的級階	書籍
6.15	《民報》	早朝有獻堂氏說謝的信同《民報》齊到 看了幾行《民報》 午飯後晝寢兩點多鐘 起來把《民報》看完	報紙
6.15	《最新社會問題十二講》	晚飯後看《【最新】社會問題十二講》數頁	書籍
6.16	《最新社會問題十二講》	整日裡在家看《【最新】社會問題十二講》中之社會主義、マルクス主義、デモクラシイ之研究、勞働組合等四講 自覺獲益不少	書籍
6.20	《最新社會問題十二講》	夜精讀佛蘭西革命與人類解放中之文藝復興一節 大有所得 摘要數頁 至十一時頃方才就寢	書籍
6.21	《最新社會問題十二講》	午前在家讀《【最新】社會問題【十二講】》兩、三時間 至九時半往圖書館閱報去 夜讀《【最新】社會問題【十二講】》於產業革命一節	書籍
6.22	《最新社會問題十二講》	暇時看《【最新】社會問題【十二講】》及摘記要領	書籍
6.23	《最新社會問題十二講》	本日上北看展覽會 夜讀《【最新】社會問題【十二講】》數十頁	書籍
6.27	《臺南新聞報》	於廿四日《臺南新聞（報）》中 見中央社會事業協會幹事岡幸助氏的講演題 是「排斥個人主義」 覺悟社會意識以救墜（墮）落之現代社會一節 說為社會而讀書、而經營等事 深得吾心	報紙
6.28	《最新社會問題十二講》	下午起熱心看《【最新】社會問題【十二講】》	書籍
7.2	《文化哲學入門》	本日在工場看幾頁《文化哲學入門》 學織數寸 頗覺趣味	書籍
7.11	《文化哲學入門》	晚歸來專心看了《文化哲學入門》約八十頁	書籍

7.30	《地方自治制要義》	看末松偕一【郎】著的《自治（地方）》一書五、六十頁　覺得平淡無味	書籍
8.9	《社會政策と階級鬥爭》	午前專心看福田德三的《社會政策【と階級鬥爭】》百六十餘頁　至午後二時才放下　計算本日至（自）八時至五時約九時間　與書案相對　不大覺疲倦　頗喜　深得讀書樂趣	書籍
8.11	《社會政策と階級鬥爭》	午前在家看《社會政策と】階級鬥爭》百餘頁	書籍
8.12	《民報》	下午把早上新到的《民報》看完	報紙
8.16	《社會政策と階級鬥爭》	午前看《【社會政策と】階級鬥爭》六、七十頁	書籍
8.18	「資本增殖的理法與資本主義的崩壞」	在家把福田德三的「資本增殖的理法與資本主義的崩壞」一篇全部看完	文章
8.20	《近代の恋愛観》	起來時看了二、三十頁廚村（川）白川（村）的《現（近）代【の】戀愛觀》	書籍
8.22	《民報》	在家看了《民報》一冊並《近代【の】戀愛觀》數頁	報紙
	《近代の恋愛観》		書籍
8.27	《近代の恋愛観》	整日裡在家閱了廚村（川）氏《【近代の】戀愛觀》百六、七十頁　大得了無形的資（滋）養　深喜近來頗得讀書之趣	書籍
8.28	《近代の恋愛観》	諸君去後予即把廚川氏的《【近代の】戀愛觀》殘分看完	書籍
8.29	《胡適文存》	到工場無什麼事可做　就看了幾十頁《胡適文存》內的〈國語文法概論〉我仍舊一人在家讀書很是趣味　但大為蚊軍所苦	書籍
8.31	《胡適文存》	看《胡適文存》　午後在家看到三時	書籍
9.7	《胡適文存》	工場本日沒有什麼事可以做　我就專心看了《胡適文存》約壹百頁	書籍
9.14	《平和論》	本日在工場看了康德新派的歷史哲學及康德的《平和論》壹百餘頁	書籍
9.15	《平和論》	風雨淒（悽）慘的日子　閉門讀書也許是人生的一大幸福事　我終日埋頭於康德的《平和論》一部書中　把牠（它）全部看完　更摘要不少的拔萃　現在得着讀書的樂趣　才悔當日時間的空負　今天足足有十二時間的看書	書籍

9.25	《胡適文存》	午前在工場看《胡適文存》七、八十頁（主義與問題）	書籍
9.26	《非進化論與人生》	本日在工場看〈非進化論與人生〉六十餘頁	書籍
9.28	《吳虞文錄》	借了《吳虞文錄》　到工場看了多少　夜在中庭玩月頗覺寒冷　再看《吳虞文錄》數十頁	書籍
9.29	《民報》	《民報》五週年的紀念號到　頗有可觀者	報紙
9.30	《民報》	夜看《民報》特別號並計算家費種	報紙
10.15	《民報》	看《民報》	報紙
10.17	《非進化論與人生》	午前在家看了幾頁《非進化論【と人生】》	書籍
11.1	《非進化論與人生》	午後看了幾頁石川三四郎著的〈土民生活〉	書籍
11.10	《民報》	看了《民報》一冊、寫信一通	報紙
11.12	《大阪報》	上午在青年會看《大阪報》	報紙
11.22	《農村問題與對策》	借《農村問題【と對策】》一書而歸　夜作〈新竹青年會會誌發刊感言〉一篇五百餘言　連淨書約費三時間的工夫	書籍
11.24	《農村問題與對策》	晚飯後看了片刻的《農村問題【と對策】》	書籍
12.1	《民報》	午飯後偷閒看《民報》一冊、《農村問題卜對策》（河田嗣郎著）數十頁	報紙
12.1	《農村問題與對策》	午飯後偷閒看《民報》一冊、《農村問題卜對策》（河田嗣郎著）數十頁	書籍
12.5	《農村問題與對策》	晚餐後用工看了石川三四郎的〈土民生活〉一百四十餘頁（四時多鐘之久）已全部看完了	書籍
12.6	《民報》	午後看完《民報》	報紙
12.10	《農村問題與對策》	我因得看了一點多鐘（三十餘頁的）《農村問題【と對策】》　夜摘要《農村問題與（と）對策》	書籍
12.12	《進化と思想》	午后在家看了一刻久的《進化と思想》（松村松平（年））	書籍
12.19	《進化と思想》	自己無所事々　看《進化及（と）思想》數十頁	書籍
12.23	《進化と思想》	午前在工場看了二十餘頁的《進化與（と）思想》	書籍
12.25	《進化と思想》	沿途看了幾十頁《進化卜（と）思想》	書籍

1926	1.1	《トルストイ十二講》（徒爾須泰十二講）	在青年會看完報紙 抽出一卷《徒爾須泰十二講》方才看得興會琳琅(淋漓)的時候 大張來說老李要請 一定要往	書籍
	1.2	〈近代歐洲政治社會史〉	晚上看了二、三十頁的〈近代歐洲政治社會史〉叫內人來說明多少戀愛自由的意味給他聽 昨夜起已經實行每天割了些時間啟發他的知識	書籍
	1.4	〈近代西洋史〉	晚邊往青年會看報紙 回來看了〈近代西洋史〉七、八十頁	書籍
	1.17	《民報》	回家看完《民報》 讀〈歐洲近代史〉幾十頁	報紙
		〈近代西洋史〉		書籍
	1.21	《民報》	夜看了新年號的《民報》一冊	報紙
	1.23	《エミール》（《愛彌兒》）	夜看老曾昨夜買來的《エミール》二十頁 再清書友聯公司結賬	書籍
	1.31	《民報》	午前在工場看了《民報》一冊、《徒爾須泰【十二講】》幾十頁 知道他的人生觀是排斥科學（人生是動物的現在） 主張求幸福於現代的宗教 佛的西天、耶的天堂都是未來的幸福 他不贊成 但他也是耶教 不過和俗不同	報紙
		《トルストイ十二講》		書籍
	2.14	《トルストイ十二講》	今天看了露西亞文豪《徒爾須泰十二講》中三講約百四、五十頁 他的思想不能夠使我佩服 因為過於極端	書籍
	2.24	《エミール》（愛彌兒）	午前在工場看了一、二十頁《エミール》（ルッサウ著）	書籍
	3.2	《象牙の塔を出て》	看了幾節《象牙の塔を出て》	書籍
	3.3	《象牙の塔を出て》	午餐後在工場看了五十餘頁的《象牙の塔を出て》	書籍
	3.5	《象牙の塔を出て》	《象牙の塔を出て》看完 再借《十字街頭を往く》來觀	書籍
		《十字街頭を往く》		書籍
	3.6	《十字街頭を往く》	夜看《十字街頭を往く》約七十頁 連昨夜已看過百餘頁	書籍
	3.7	《十字街頭を往く》	在工場看了六十餘頁的《十字街頭を往く》	書籍

3.9	《十字街頭を往く》	看《十字街頭を往く》八十頁	書籍
3.10	《十字街頭を往く》	今天把《十字街頭【を往く】》一冊看完　再換了《苦悶の象徵》來了	書籍
	《苦悶の象徵》		書籍
3.15	《苦悶の象徵》	午後看了《苦悶之（の）象徵》數頁	書籍
3.16	《苦悶の象徵》	午後把殘餘的《苦悶の象徵》七、八十頁看完	書籍
	《易卜生名作撰集》	看《易卜生名作撰集》一篇	書籍
3.18	《民報》	夜看九十四號《民報》一冊	報紙
3.22	《易卜生名作撰集》	予耽讀易卜生的名撰	書籍
3.28	《獄中記》	午前學金木來工場　說他們在天公壇講演的狀況　久之復久　所以把大杉榮的《獄中記》減看了數十頁　然不全為空費了時間	書籍
3.29	《獄中記》	夜讀大杉榮《獄中記》約百頁	書籍
4.23	《普選の話》	看報紙及田川氏之普選書	書籍
4.26	《民報》	看《民報》	報紙
4.29	《民報》	看《民報》	報紙
5.3	《普選の話》	早上工人未來　坐在廊下見了田川氏《普選的（の）話》約三十頁　晝回家時接葉榮鐘君寄贈的森口繁治著的《立憲主義と議會政治》一書　深感同君的雅意	書籍
	《立憲主義と議會政治》		書籍
5.4	《普選の話》	朝事畢　把田川氏著《普選之（の）話》殘分約七十頁全部看完	書籍
5.5	《立憲主義と議會政治》	看了森口繁治著《立憲主義と議會政治》二、三十頁	書籍
5.21	《民報》	本日看完新着《民報》二本	報紙
6.5	《民報》	看了《民報》一本、《近代思潮【十講】》二十餘頁	報紙
	《近代思潮十講》		書籍
7.16	《三葉集》	看完《三葉集》一冊　看取中國新體詩人郭沫若之懺悔　留學福岡醫科大學時和日女安娜之戀愛生活　大有可取	書籍
7.25	《近代思潮十講》	夜看《現代思潮十講》	書籍

7.27	《近代思潮十講》	本日的光陰大部份用於讀書　把桑木岩（嚴）翼的《近代思潮十講》重看五講　大得系統的記憶　頗有裨益　午後傳來　看予觀書即歸去　忽而榜君携中國號《改造》來　予亦看他一、兩篇	書籍
	《改造》		雜誌
7.30	《思想問題》	午後看《思想問題》約三十	書籍
8.6	《民報》	回家看完二【日】前到着的《民報》	報紙
8.12	《新精神運動大本》	偷閒看了李水俊君携來之大本教之《新精神運【動大本】》一小冊	書籍
8.13	《雨天的書》	午後在工場裡看周作人的《雨中（天）的書》　雖無甚所得　但於日記寫法　予從來所執的方針不大妥	書籍
8.15	《雨天的書》	整々看了一天周作人《雨天的書》　思想淺薄不甚感心　晚從青年會借《戀愛と結婚》一書來觀　少可難懂一點　工場的女工兩名到來	書籍
	《戀愛と結婚》		書籍
9.7	《民報》	因即吊下帳子臥看《民報》藉以休養	報紙
9.10	《恋愛と結婚》	午前耽看愛蓮凱的〈戀愛【的】撰（選）擇〉不大有所得	書籍
9.12	《民報》	看了一冊《民報》　整日在家　過了一天無聊的日子	報紙
10.2	《民報》	下午看了二林號的《民報》一冊	報紙
10.11	《少年維特之煩惱》	作衡借給我看的《少年維特之煩惱》　是德國詩人哥德著的　最後寫維特之自殺很有意義　我把牠（它）看完了	書籍
10.16	《民報》	早々回家休憩看《民報》	報紙
10.24	《民報》	看完《民報》	報紙
10.25	《ハムレット》（哈姆雷特）	午後一味玩讀沙翁的《ハムレット》五十餘頁	書籍
10.28	《ハムレット》	走看沙翁的傑作《ハムレット》上百頁　無甚所得	書籍
10.29	《ハムレット》	今天所看的書《ハムレット》七〇頁（午前）	書籍
	《支那新人と黎明運動》	《支那新人と黎明運動》七〇頁（午後）	書籍
	《ガンヂイと真理の把持》	《ガンヂ{イ}と真理の把持》六六頁（夜）	書籍
10.31	《ガンヂイと真理の把持》	午前看看《ガンヂと真理の把持》一百餘頁	書籍

	11.1	《ガンヂと真理の把持》	《ガンヂと真理の把持》一書昨夜看完　早上把中間堪以注意的幾點摘記在本子　即拿還小張　再借來トルストイ的《人生觀》　今天大部分時間用在《支那新人と黎明運動》的書上　約看了一百四、五十頁	書籍
		《托爾斯泰的人生觀》		書籍
		《支那新人と黎明運動》		書籍
	11.2	《支那新人と黎明運動》	下午起專心看《支那新人と黎明運動》百餘頁	書籍
	11.3	《支那新人と黎明運動》	夜把《支那新人と黎明運動》全部看完	書籍
	11.18	《男女關係の進化》	看ルトウル{ノ}的《男女關係の進化》幾頁	書籍
	12.11	《民報》	來青年會閱新聞及《民報》	報紙
	12.21	《臺灣革命史》	回工場看傳鈴攜來的漢人著的《臺灣革命史》百七十頁一氣把它看完	書籍
	12.22	《文藝週報》	看了《文藝週報》一冊	報紙
	12.30	《左翼小兒病》	午前看了禮仁著的《左翼小兒病》一冊　然後看了《【インタ】ナショナル發達史》	書籍
		《インタナショナル發達史》		書籍
1927	1.9	《民報》	今天《民報》連到兩號——是新年號——一氣把他看完　再看《インタナショナル發達史》約五十頁	報紙
		《インタナショナル發達史》		書籍
	1.10	《インタナショナル發達史》	看《インタナショナル【發展史】》七、八十頁　入夜再把他全部看完	書籍
	1.14	《荀子》	今天研究一會兒的荀子　看了一篇《小說月報》的〈老張的哲學〉	書籍
		《小說月報》		雜誌
	1.26	《社會學原論》	夜看《社會學原論》數十頁	書籍
	1.27	《社會學原論》	午前看了五、六十頁的《社會學原論》	書籍
	2.9	《社會學原論》	看《社會學原論》約五十頁才就睡	書籍
	2.11	《社會學原論》	午後看《社會學原論》（川邊喜三郎著）六十餘頁	書籍
	2.15	《孫公遺書》	午後及夜看了——《孫公遺書》——中山先生北上與逝世後詳情——《【孫】中山主義讀本》之小冊	書籍
		《中山主義讀本》		書籍

2.16	《唯物史観の解說》	午前看河上肇著──《唯物史觀【の】解說》──的パンフレ【ッ】ト一冊　午後從榮文堂買《【世界】宗教十六講》一冊　要準備研究會的調查　夜看〈議會的作用〉數十頁	書籍
	《世界宗教十六講》		書籍
	《立憲主義と議会政治》		書籍
2.17	《立憲主義と議会政治》	午前看了數十頁〈議會的作用〉　寫原稿六、七張	書籍
2.18	《無產青年に與ふ：性慾・戀愛・結婚問題に就て》	午前看了一冊《無產青年に與ふ》及一冊《ロシヤ共產黨小史》	書籍
	《ロシヤ共產黨小史》		書籍
2.28	《世界宗教十六講》	午前在家看一刻久的《世界宗教十六講》	書籍
3.2	《民報》	並閱本日初到一四五號的《民報》一冊　到十一時過才睡覺	報紙
3.6	《世界宗教十六講》	午前看《世界宗教十六講》的宗教的定義─宗教的要素─宗教與道德─宗教與科學	書籍
3.13	《自由社會の男女關係》	本日看一本カーペンター着（著）、堺利彥譯的《自由社會の男女關係》的パンフレット七十餘頁	書籍
3.14	《世界宗教十六講》	夜看〈基督與其使徒及教理〉一篇	書籍
3.18	《世界宗教十六講》	夜看宗教書幾頁	書籍
3.20	《世界宗教十六講》	午后看了〈耶蘇教的路德史實〉	書籍
3.21	《中國國民黨講演集》	夜看《中國國民黨講演集》二冊	書籍
3.26	《民生主義》	看《民生主義》四十頁	書籍
4.9	《唯物史觀說》	夜看《唯物史觀【說】》數十頁	書籍
4.10	《唯物史觀說》	午前在家【看】《唯物史觀{解}說》百餘頁	書籍
4.12	《臺日》	午後看報（青年會携來《臺日》一部）作日誌	雜誌
4.17	《海外》	夜看《海外》什誌	雜誌

4.18	《海外》	午後看《海外》雜誌　內人入城購買日用品	雜誌
	《唯物史觀說》	今天看《唯物史觀說》七、八十頁	書籍
4.23	《世界宗教十六講》	午前看〈宗教革命〉數十頁　午後看〈印度教與波（婆）羅門教〉一篇	書籍
4.24	《世界宗教十六講》	午前在家看宗教書四、五十頁	書籍
4.26	《民報》	二林公判號的《民報》到　午前把它看完	報紙
4.28	《新報》	午後着手寫稿二篇　計十枚　晚飯後携杖入城看《新報》	報紙
4.30	〈大乘佛教的徑路〉	獨自一人看〈大乘佛教的徑路〉約百頁	書籍
5.1	《民報》	民報社手當的書留到　同時一五四號《民報》亦到　一氣把他（它）看完	報紙
5.5	《世界宗教十六講》	午前把《世界宗教十六講》看完	書籍
5.13	《世界宗教十六講》	觀宗教書數頁	書籍
5.15	《新報》	在心々醫館看了些時的《新報》	報紙
5.16	《海外》	午前中看了多少創刊號和五月號的《海外》雜誌	雜誌
5.18	《海外》	終日在家耽看《海外》雜誌——南滿洲為滿鐵王國、北滿洲露國勢力已被中國驅逐無遺東支鐵路及哈爾賓（濱）不為露人所有矣　北滿露支的勢力消長殆有今昔之感　其實不過只是十餘年來的事而已	雜誌
5.19	《海外》	午前在家看《海外》雜誌　並寫青年會々誌的稿七、八張	雜誌
5.23	蔣介石演講錄	臥床中看些蔣介石演講錄	書籍
5.24	蔣介石集	看幾十頁蔣介石集	書籍
5.25	蔣介石集	把蔣介石一書看完　中有一節是——革命黨應當要不怕窮　不求人　凡求人幫助金錢最易污損人格——這是金石良言也	書籍
5.31	《民報》	回家閱《民報》　午後假睡片刻　楊良使人來要民黨入會申込書　看《倫理學》幾頁　忽被其催眠	報紙
	《倫理學》		書籍
6.5	《中國先哲人性論》	夜看《中國先哲人性論》幾十頁	書籍

6.8	《中國先哲人性論》	看《中國先哲人性論》百餘頁——對性善、性惡問題的研究裨益不少	書籍
6.11	《新報》	午前到聯合看過《新報》 就算消卻半天的光陰	報紙
6.15	《民報》	《民報》160號到 傳鈴亦送到新聞紙 把兩部看完以外無所事事	報紙
6.18	《新報》	夜在青年會看《新報》時楊良招散步	報紙
6.20	《新報》	午邊出閱《新報》	報紙
6.30	《海外》	看《海外》什誌數篇 有林子民（呈祿？）一篇 很好	雜誌
7.15	《成功》	中食後午睡一小時 起看七月寄的《成功》什誌	雜誌
7.16	《太陽》	看了多少的什誌《太陽》以遣興	雜誌
8.4	《海外》	把八月號《海外》什誌約署看完	雜誌
8.10	社會科學的什誌	因看社會科學的什誌 國帝（帝國）主義的研究一篇 頗有所得	雜誌
8.19	《新聞編輯學講義》	看《新聞編輯學講義》四、五十頁	書籍
9.3	《海外》	予自己看《海外》雜誌數頁	雜誌
9.5	《民報》	到青年會看新聞、《民報》	報紙
9.7	《新聞編輯學》	下午回家看《新聞編輯學》	書籍
9.21	《民報》	夜來看完《民報》一本並本日的新聞	報紙
9.22	帝國主義數篇	夜看帝國主義數篇	書籍
9.27	《新聞編輯學》	看點《新聞編輯學》	書籍
9.28	《新聞編輯學》	今天看《新聞學講義》數十頁	書籍
10.3	《民報》	老曾午前也來看了好半天的《民報》	報紙
10.7	理論鬥爭的社會科學	看些理論鬥爭的社會科學	書籍
10.8	《孫文全集》	老曾來看《孫文全集》	書籍
10.9	《民報》	夜看新到《民報》	報紙
10.15	《資本論》	偷閒一天 看了好久｛篇｝的社會科學——理論鬥爭批判 到榮文堂注文馬克斯《資本論》的豫約	書籍
10.16	《資本論》	午前又享受了好半天家庭的樂趣 然後披書細閱理論鬥爭的蘊奧 至下午方才大署看完	書籍

	12.5	《民報》	下午老曾來看《民報》而已	報紙
	12.10	《民報》	於車中看了一冊《民【報】》	報紙
	12.29	《新社會の建設》	午后看點北澤新次郎著《新社會的（の）建設》	書籍
	12.30	《海外》	並《海外》什誌中有布施向湯淺政務總監抗議共產黨事件取締之不當　其主義、主張躍然紙上	雜誌
	12.31	《資本論》	午后要看些《資本論》	書籍
1928	1.10	《民報》	此期《民報》遲緩　今天才到　我約略把新聞、什誌看過	報紙
	1.12	《產業組合協會講演集》	並看一冊《產業組合協會講演集》	書籍
	1.14	《資本論》	今天寫了「論評」一篇、「冷語」一篇共十枚至午后二時便成功　以後看點馬克斯的《資本論》	書籍
	1.15	《新聞學及文章講義》	回家看《新聞學》一講	書籍
	1.19	《支那は支那なり》	看些《支那は支那なり》	書籍
	1.23	《植民及植民政策》	午后看數頁《植民地學》	書籍
	3.2	《植民及植民政策》	午前中看些《植民問題》	書籍
	3.5	《海外》	偷閒看昨夜寄來三月號的《海外》什誌	雜誌
	3.6	《海外》	午後着手要譯《海外》〈天目山的猿摘茶〉	雜誌
	3.7	《植民及植民政策》	午后寫了兩張的譯稿　看幾十頁植民問題	書籍
	3.28	《植民及植民政策》	看《植民問題》百餘頁	書籍
	4.11	《植民及植民政策》	午後費兩時間把《植民問題》殘頁三、四十頁看完　後看《マルクス十二講》　日本共產黨三月十五日全國一齊檢七百名　昨十日發表內容　勞農黨命令解散	書籍
		《マルクス十二講》		書籍
	4.12	《マルクス十二講》	看了半天的《マルクス【十】二講》——マルクス的生涯——唯物哲學說	書籍
	4.23	《ムツソリニ傳》（墨索里尼傳）	予獨留守看《ムツソリニ傳》	書籍

4.24	《ムッソリニ傳》	午前在家看《ムッソリニ傳》	書籍
4.25	《古今歷代十八史略》	午前在家署覺無聊　看點《十八史略》──唐宋之部	書籍
5.3	《ムッソリニ傳》	回看《ムッソリニ傳》	書籍
5.4	《ムッソリニ傳》	午后看《ムッソリニ傳》	書籍
5.12	《臺灣パック》	來聯合看《臺灣パック》	書籍
5.20	《民報》	朝睡遲　朝看過新聞和《民報》	報紙
5.30	《植民政策の新基調》	午前看矢內原的米國排日法案一篇	書籍
7.8	《民報》	車中看《民報》一冊	報紙
7.22	《新高新報》	《新高》和《民報》全日到　一氣【將】牠（它）看完	雜誌
	《民報》		報紙
8.31	〈帝國主義戰爭論〉	看篇荒畑寒村的帝國主義戰爭論	書籍
9.6	《民報》	午前清看數日來的《臺日》紙、《民報》、《新高》等　費了將過半天　午后看九月號《改造》　夜看《改造》數篇	報紙
9.7	《改造》	午前看些《改造》	雜誌
9.8	《改造》	午前很閒散　看報紙、閱《改造》	雜誌
9.27	《大鏡》	志往元璧家取《大鏡》來看	書籍
10.25	《老殘遊記》	把《老殘遊記》看完　再把張我軍《亂都之戀》的抒情詩一氣看了	書籍
	《亂都之戀》		白話文詩集
10.26	《乞食撲滅論》	昨夜看完一本《乞食撲滅論》　十一號《改造》午后到看了三、四十頁	書籍
	《改造》		雜誌
10.27	《改造》	整日裡看了半本十一號的《改造》　頗有所得	雜誌
11.3	《民報》	看新聞、《民報》（早到一天）	報紙
11.6	《植民政策の新基調》	夜看矢內原的〈論朝鮮米（朝鮮產米）增殖計劃〉	書籍
11.7	《植民政策の新基調》	下午看些矢內原的〈朝鮮統治方針〉	書籍

	11.17	《臺日》	看吧（罷）《臺日》 再使志從傳鈴家借了今天的臺中報來看	雜誌
	11.18	《新報》	方體操畢看《新報》時老曾即到	報紙
	12.8	〈金解禁問題〉	飯後看篇高橋龜吉的〈金解禁問題〉	文章
	12.16	《民報》	夜看完本《民報》	報紙
	12.25	《新高》	車中《新高》什誌一冊	雜誌
	12.26	《改造》	夜移電灯於牀看些《改造》雜誌	雜誌
	12.27	《改造》	整日裡只與《改造》相親 覺得無聊之甚	雜誌
1929	1.17	《國民黨幾個根本問題》	把甘乃光著《國民黨幾個根本問題》看完才起吃炊粉、作日誌	書籍
	3.9	《改造》	予看《改造》河上肇的「第二貧乏物語」	雜誌
	3.22	《郁達夫日記》	把「郁達夫日記」看數十頁 在寫與王映霞女士創造戀愛的經過	書籍
	8.21	《孫文全集》	看《孫文全集》頗自適	書籍
	9.10	《民權主義二講》	予洗過澡和他對坐看書（民權主義二講）	書籍
	9.13	《孫文傳記》	看些孫文少時傳記	書籍
	9.25	《改造》	予早上看些新到的《改造》	雜誌
1930	1.10	《改造》	午後看篇淺原健三載在《改造》「鎔鑛爐の火は消えたり」詳述大正九年二月五日於八幡鐵工所罷工的顛末 有聲有色 令人如見實況	雜誌
	4.15	《謎の鄰邦》	整日在家看神田正雄著的「謎の鄰邦」	書籍
	4.18	《謎の鄰邦》	午睡一小時起來 把《謎の鄰邦》殘分四十頁看完	書籍
	6.11	《大公報》	買新聞歸家 把今天新到天津《大公報》看了	報紙
	7.24	《伍人報》	予閱吧（罷）夕刊 乃招作衡看《五（伍）人報》	報紙
	11.11	《第二貧乏物語》	予午前中寫完了中國記事原稿 午後看《第二貧乏物語》數十頁	書籍
	11.16	《新民報》	《新民報》至、《大公報》亦至 費了好半天工夫把它看完	報紙
		《大公報》		報紙
	12.28	《蘇維埃國情》	回家把中國報看了 午後一氣把河上肇寫譯之蘇維埃國情看完	書籍

1931	1.14	《大公報》	唯抱爐看《大公報》三日分（份） 午飯後看	報紙
		《大阪朝日》	《大阪朝日》五日份	報紙
	4.25	《大朝報》	閱《大朝》、《大公》兩報	報紙
		《大公報》		報紙
	5.5	《梁任公語粹》	午後靠在籐牀看《梁任公語粹》及五月份《改	書籍
		《改造》	造》	雜誌
	6.17	《孫文講演輯》	下午看孫文講演輯數十頁	書籍
	11.7	《蘇俄視察記》	因即歸家看些《蘇俄視察記》	書籍
1933	3.17	《國際評論》	臥看些三月號《國際評論》及陳炯明演義	雜誌
		《陳炯明演義》		書籍
	6.5	《改造》	午後看《改造》之凡愚列傳之「被歐（毆）死的流行作家」與支那之阿片文學 均非大好文章	雜誌
	10.2	《大支那大系》	今天把《大支那大系》一書全部看完	書籍
1934	1.4	《朝日週刊》	閱報紙、看新年號《朝日週刊》	雜誌
	1.15	《中央公論》	似臥藤榻悠然閱看《中央公論》	雜誌
	6.2	《改造》	四月號《改造》中之〈政黨政治の將來〉（咢堂）、〈現代學生に與ふ〉（河合榮治郎）、〈資本主義の自己否定〉（向坂逸郎）等皆可啟人知識	雜誌
	8.8	《胡適文存》	些時看《胡適文存》二集 王莽、李覯之處 頗有趣	書籍
	9.1	《世界知識》	今天看《世界知識》：ル｜ マニア之カロ｜ル皇帝戀ルペコス（ルペスク）夫人而棄エレナ皇后デュカ首 相解散衛團被暗殺一段與バクチック三小國等處 頗足以涵養常識	雜誌
1935	9.25	《世界知識》	予看些十月份《世界知識》	雜誌
1936	1.30	《改造》	來回均於車中看篇《改造》	雜誌
	4.1	《世界知識》	看《世界知識》之〈支那を考へる〉一篇	雜誌
	7.5	《改造》	午前中看些《改造》「人民戰線と日本」	雜誌
	8.21	《求幸福齋隨筆》	看幾頁《求幸福齋隨筆》而就睡	書籍
	12.8	《改造》	車中看《改造》追悼魯迅文一篇	雜誌

資料來源：黃旺成著，許雪姬編註，《黃旺成先生日記（7～19）》，臺北：中央研究院臺灣史研究所，2010～2018；黃旺成先生日記 1934～1936 年未刊稿。

附錄八：黃旺成文協及青年會演講參與情況

年代	日期	日記相關描述	附註
1923	6.10	グラ【ウ】ンド有運動會　臺中座有文化講演會予皆不出	這年的演講均在臺中，角色為聽者
	7.30	一同往林家專祠聽文化協會講演　警察十分戒嚴對於言談又十分取締　傍聽內地人有欲攪擾者其狀甚卑劣　最後蔡培火君所講「愛之本質」　最惹人傾聽	角色為聽者
	7.31	予因向居停復述昨夜培火君所講演「愛之本質」互相嘆賞　下午全繼圖冷水浴後　課以讀本片時夜文化協會復在林專祠以臺語講演　警察一發戒嚴　八時已滿員　不得入矣 予與繼圖後至幹部幕內少憩　吳（呂）靈石之「婦人問題」最有趣味　散會已十時半過矣	角色為聽者
1924	3.14	晚五時起在公會堂有松井博士講演「國民及警察」多代內田總督宣傳安全　第以外都是徒弄口舌無足感動人者　六時半講畢	角色為聽者
	4.21	夜七時起在臺中座有青年團主催之茅原華山講演題為「日本の南極ニ遊ヒテ」北海道鮭之絕跡於石狩川　アイヌ人族之絕滅　北海道乃移民的、投資的之植民地　臺灣乃投資的之植民地　臺灣人即支那民族　有平和性無過激性　支那人之經濟雖撤（徹）底的乃消極的　日本人短氣、潔白　支那人暢氣、執着　支那人乃世界人　無國家觀念　臺灣文化協會無過激　與本島人詩酒唱和	角色為聽者

	7.22	東京青【年】會主催、文化協會後援之學生講演會於下午七時開於樂舞臺 聽眾滿座 約有三千人之譜 講演中平穩無事 只有呂靈石之「吾人之精神 須復興在四百年前祖宗渡臺之時者」處 即受中止 時已十時半 遂即閉會解散	角色為聽者
	11.7	午後二時起臺中座有實業團主催講演 臺南【新】報社編輯長三（川）上之演題為「支那政治經濟事情」 有支那官界乃一種事業之語 頗中肯綮 四時散會歸來	角色為聽者
	11.17	午後四時在公會堂有淨土宗西本願寺管長大谷尊由師講說（搖動思想勝於停滯思想 慾望可分為學術、藝術、信念 有對國家、對社會、對自己之三種）	角色為聽者
1925	1.9	宴畢即刻到公會堂講演 聽眾蟻集 有二千多人九時半散	角色為聽者
	4.3	午後組織研究會 我的一場講演 自信是有血有淚的 最後除周燦（在遠方）外 全表示滿足的贊成	黃旺成講題〈自信是有血有淚的〉
	4.26	七時半起在講堂開竹聲會主催的通俗講演會 前後有二幕的活動影戲助興 會眾有五、六百人 因為生徒約有半數 所以不會靜肅 石安勉君的「衛生」 劉春木君的「結婚問題」 都不能達了目的僥倖最後我的「為什麼事要讀書」 竟得聽眾靜肅聽講 回家已十一時過	黃旺成講題〈為什麼事要讀書〉
	4.27	七時半起同昨夜一樣的在講堂裡開講演會 式穀的「社會連帶的意義」 很有價值的 蘇福是「女子教育的振興」 陳【永】石樹是「口腔衛生」 良弼是「竹聲會的使命」 人氣漸漸低下 十時前就閉會	角色為聽者
	4.30	午後有個似曾相識底生客叫做學金木來訪 要求竹聲會每週開通俗講演 我以我非竹聲會員答後他講了一大場底社會事業——愛々寮、文化講座、青年文庫 像是很有血氣底青年 我因為是初見面 不便向他披肝瀝膽	非演講活動
	5.30	四時起在公會堂開竹聲會臨時總會 予擔任新會則的說明 大費口舌 直至午後七時會食後（炒飯、麥酒）議事方才完結 七時半起開通俗講演會 聽眾有六、七百人 我的講演後漸漸減少 至十時閉會 所留者幾無一半	新竹竹聲會改稱新竹青年會
	6.7	來成記招同大張一行往文協講演場（崙仔吳廷錫宅） 聽眾約有兩千人 為新竹空前的盛況 末後雨至 雨中尚有兩、三百的聽眾	角色為聽者

6.8	林及兩蔡外先往講演去　八時撤席　聽蔡式穀講文協的事業　林氏述對青年會的希望三條　1.新舊融合　2.讀書樂　3.利用《民報》　我講新竹青年會的精神　十時過我先導一行往講演場去　在主催者席坐一刻出　我諸同人旋回家	黃旺成講題〈新竹青年會的精神〉
6.30	來崙仔聽文化講演　楊肇嘉是「咱着自覺」　蔡式穀是「違法是什麼」　蔡培火是「現代人的特徵」講至十一時半　無事閉會	角色為聽者
7.4	午後三時起在第一公學校一學年教室開青年會臨時總會　予代理議長　解決事務所、例會等事　予的幹事辭職不能通過　六時半散會　晚後再至公學（會）堂開講演會　警察以私服臨監筆記　雖州廳前有影戲　聽眾尚有四、五百人　安勉的「四大社會病」滑稽百出　八時起十一時外終	角色為聽者
7.10	午後三時半在成記樓上開青年幹事會　除大張（不在）、戴良外都出席　決定事務所種種設備　大概將我提出的原案都通過　議定來週金曜七時重開會議　會計金錢引繼並議講演會	開會討論演講事宜
7.20	晚八時到心々醫院　在其樓上開青年會幹事會決定金曜日開通俗講演會　大張予強之出演　十一時半方散　晚楊隆（良）因請調元　遂好意要【請】青年會幹事　皆不去	開會討論演講事宜
7.24	本擬明土曜夜開催之青年講演會　因澤身君的歡迎會　移於本日　予晚八時過到公會堂時已經開會　傑君方以「因時制宜」的題　講的興高采烈次洪石龍君之演說　汎而無統　大受聽眾的輕蔑幸有式穀的熱辯　恢復了人氣　予最後講　至十一時方才閉會　四、五百人之聽眾都熱心傾聽　將來新竹文化之向上可望也	角色為聽者
7.29	夜七時半起在公會堂有小畑的南洋視察談的講演（ボルネオ的廣大、爪呱（哇）的發展、支那人勢力的偉大、日本人的劣點、蘭政府的親切）　至九時半止	角色為聽者
8.2	雜談文協及學生團演講會事　午後二時到圖書館閱報　然後來青年會事務所與大張、老曾閒談　謝春木等東京留學生團一行午後到竹　仍是沿街盛放爆竹　大表歡迎　下午在公會堂開歡迎會　十三棹約有百人　以張澤述歡迎詞　人格上頗不能使會員滿足　夜在崙仔講演時　依舊以張澤述開會及閉會之詞　講演者的內容、形式俱屬平常　予等不耐煩　中途跑回吃冰閒談　十一時回	角色為聽者

8.4	晚式穀來家閒談時事　最後予告以欲於舊七月以前分東、西、南、北四門開陋習打破講演會　期以救援沉溺在迷信深淵中之新竹社會狀態　式穀深表同意　薄暮辭去	與朋友討論演講事宜
8.9	即來青年會事務所赴例會　八時頃來會者約二十人　予提議對舊曆七月普渡的迷信打破講演一回　贊【成】決定分四門各委員主催	開會討論演講事宜
8.10	夜看幾頁書　打算講演會的順序　心未得一時之閒	對演講的重視
8.11	大張在　互相討論講演的事　忽接春木自竹南來的電話約往竹南講演　慨然許之　急使炳村往香山役場召式穀來　以外幹部數人到　咸讚【贊】成予的講演大綱　晚菊、式、傑、弼、福、榜、洪石龍七人　赴六時五十一分列車往竹南　在調元家晚餐　八時半起在媽祖宮開講演會　聽眾三、四百人　十一時過閉會　赴終列車回	黃旺成講題〈社會的責任者〉
8.17	晚大張來講演會的事　大張去後予即洗澡、晚飯往青年會去　八時起在內媽祖【宮】開講演　聽眾一、兩百人而已　陳定（錦）開會詞　張坤講「經濟與普渡」　大張講「衛生與普渡」　予講「過渡期的文化與盂蘭盆會」　約一點多鐘　最後增加安勉講「不可自欺」　蛇足也　十一時閉會	黃旺成講題〈過渡期的文化與盂蘭盆會〉
8.18	八時過起在關帝廟開講演　聽眾滿座有四、五百人　十一時前閉會	角色為聽者
8.19	早々用過晚飯就往青年會去　夜八時起在新竹公學校開講演會　吳庚爐主推（催）　講演者張榜、瀛豹、添貴、菊仙（閉會詞兼講「理想與現實」）十時散會	黃旺成講題〈理想與現實〉
8.20	八時全榜往北門鄭氏家廟　講會場電灯故障　八時半開會　十一時過終	黃旺成講題〈新竹的文化狀態〉
8.22	看見臺中報載有新竹青年會得保甲的後援要組中元改良會　予大興憤（奮）而回　途遇作衡向之發表要做對青年會的聲明書	青年會得到保甲給與資金
8.30	午後我在青年會閱【報】時有林有土、朱清淇（棋）兩人來　條陳對講演會的感想　要求時間勵行並主催者要信重　再說聽眾對安勉君的惡評及發見洪石龍君失敗的原因　頗有見識	與朋友討論演講內容
9.26	七時半起在曾宅大庭開青年會演講　聽眾百餘人　最後不過四、五十人　大殺風景　而官廳有七、八人來　殊覺有趣	角色為聽者

10.9	二時半開會　獻堂氏的對會的五條要項（以會為我的、公開、服從多數、勿無視小數、事前要用理性批判）　培火的文化說明十分透澈（徹）　四時半回民報所撮影　再到北門入席（我與獻堂氏全席）夜因義不容辭應了他們的要求出場講演　十時畢	黃旺成講題〈活動〉
10.21	夜往公會堂聽東京希望社專務糸井女史的講演七時半起至十時止　大畧是講婦人對夫的職務現身說法頗能動人　中間有信仰生活一節　以大自然為神佛　似把哲學與宗教混合的說法很好	角色為聽者
10.23	宴後到街役場看講演會宣傳單而歸	看演講宣傳
10.24	夜七時半在第一公學校講堂開青年會的演講會聽眾最多不過百餘人　最後只剩一、二十人　很殺風景　講演者雖有元氣也拿不出來　我的「階級鬥爭」的題也講得很平凡　還是作衡君的開會詞「為甚麼」、閉會詞「人生觀」講的有元氣　十時閉會	黃旺成講題〈階級鬥爭〉
10.25	晚在青年會開役員會　議定對商業會的電灯料減價的運動只給以聲援　不同他們具體的共事　因為他們侮辱青年會　此回又要利用青年會故也後再決定來二十四日土曜晚在公學校講堂講演會開催的件　最後有洪石龍、陳定錦兩君的風流案假設法廷裁判　互相捧腹亂鬧	開會討論演講事宜
11.6	午後才聽大張說　老李大不滿足於我日前阻他文協講演　而以後我又自己講演　未退青年會而關係文協　實屬自專云々　噫　老李以感情用事乎抑頭腦頑固乎　然老曾竟大表贊成許以暗中後援午後訪張先生坐談一、兩點鐘頭　甚有了解	與夥伴討論演講事宜
11.13	午後在家休憩一刻　豫備講演綱目　再到工場一刻然後到民報社　而培火君已到　垂勝君因事不來屬後有葉榮鐘君來作後援　在民報所晚餐後　一同往講演會場內媽祖宮　途入青年會吃一杯茶　正七時起、十時半止　聽眾雖多而不大靜肅	黃旺成講題〈進步與保守〉
11.14	七時起在媽祖宮開講演會　聽眾千人靜肅無聲	黃旺成講題〈成人教育〉
11.15	夜正七時起在當地媽祖宮開演　聽眾滿場頗靜十時半閉會　粥點後於臥床中互相批評講演之得失　然後就睡	黃旺成講題〈精神生活〉

	11.30	獻生（堂）氏信到　囑予來月五、六兩天往苗栗講演　即作回信承諾　並說六日要回竹赴學術研究會	接受林獻堂的演講邀約
	12.1	培火信到　約往南部講演　我因承諾獻堂氏苗栗講演　因即作信辭掉　夜青年會開臨時總會　我說明分部及幹事增員的案　通過後即退場　任他們討論我的幹事辭職事　停約半時間以上　受招呼出場　說滿場一致要我留任　回家已十一時過	婉拒演講
	12.2	夜在公會堂開催中國道階師的講演會　通譯大不明白　後覺力的通譯竟是混賬　聽眾起先滿員　最後不上百人　九時半閉會	角色為聽者
	12.4	即到新竹座聽宮下的政談講演　甚麼舊政黨、新政黨、無骨的臺灣新聞及官吏稍可　至於臺灣議會、文協、新竹街的叫聲皆是皮相　歸家已十時過	角色為聽者
	12.5	苗栗講演會延期來週	演講延期
	12.10	有學金木來　糊裡糊塗說了好多不入耳的話　我只當作馬耳東風　午後聽傳先說警察報我要仝學金木開講演會　呸　豈有此理	與野伴的口角衝突
	12.12	正七時在媽祖宮口屋下講演　聽眾兩千餘人　十時半閉會	黃旺成講題〈自然征服與人生〉
	12.28	午後二時在小廟內集二、三百人的無智農開講演會　熱甚　如例七時起於媽祖廟開會　聽眾約有兩千　各相當發揮　十一時前閉會少憩再開茶話會　予代道謝	黃旺成講題〈政治思想之涵養〉
	12.29	夜七時起於關帝廟開講演會　十時過閉會	黃旺成講題〈文化之道程〉
	12.30	夜六時半起在三山國王公開講演會（初次）　聽眾千餘　十時二十分前閉會	黃旺成講題〈農村文化之建設〉
1926	1.9	我極力準備今夜研究會要發表的佛蘭西史摘要數枚　夜在鄭作衡君家開學術研究會　春木發表勞働組合問題　宴會後（正式講席）　我發表佛蘭西革命史一時半久　十時半回家　作日誌方睡	黃旺成講題〈佛蘭西革命史〉
	1.10	七時在天后宮開會　聽眾三、四百人（會呂筆先）我講「到幸福之道」約一時三十分　九時前閉會	黃旺成講題〈到幸福之道〉
	1.11	七時起在講座（四、五百人）開會　我演「國民與政治思想」約兩時間	黃旺成講題〈國民與政治思想〉

1.20	臺灣議會請願代表者送別會　本日午後一時起　在公會堂為臺灣議會請願代表者蔡培火、陳逢源、蔡年亨三君開送別茶話會　我述開會詞、三代表各有一番請願主旨的說明　會員約有三百　而傍（旁）聽者亦將近三百　亦可兼作一場的講演會　會場中及驛頭吳廷輝出為指揮　大出風頭　但午前獨斷把自己印刷的小旗分與行人　致警察課動員沒收　結果連大旗也不能拿出　空空惹了一場無趣事　會後在民報所休憩時　培火君勸他以後不可自專	提及不受控的夥伴
1.22	夜七時在內媽祖開講演會　我殿後　因友田警部無理解的注意　我興奮起來譏刺他幾句	黃旺成講題〈廢退性之優越本能〉
2.17	今夜無產青年繼續講演　我也在人羣中聽了一會兒　先是吳廷輝也要當作社會指導者　講了「強權與公理」　次是潘欽信講「狐的社會」　無甚意味　我就攢出到學校參觀了一會兒的作衡君的夜學　來順臣兄醫館　式穀也在　閒談中聽說無產青年的講演會被臨監警官解散　民眾興憤投石警官　廷輝消滅電灯招呼民眾要重集於竹蓮寺　遂受檢束　民眾包圍警察課　受檢舉者數人　呀唉　廷輝這樣作事於民眾能夠算是福嗎？	角色為聽者
2.25	夜文協仍舊在內媽祖宮開講演會　我講「就內、臺人親善而言」　林冬桂批評我的團結說明不足於民眾　是他欠閱歷　我演罷即來赴青年會的幹事會　聽說最後有謝春木來參加演說	黃旺成講題〈就內、臺人親善而言〉
3.7	夜七時起在內媽祖宮開演　王君是「社會奉仕的真義」　我是「道德與法律」　李傳興君講十餘分　□□臭狗就正式臨監　李君就息　無事通過　九時半閉會	黃旺成講題〈道德與法律〉
3.8	早上聽見作衡君說街上的人說　昨夜的講演是為着楊良的事起見的　稱讚我善布置　使當局聽得茫無頭緒呀！　這讚詞我是不屑受的　我的講演完全是為啟發民眾的理性　不能被第三者所利用的　民眾啊！　你們誤解了	表達自己對演講的態度
3.11	七時半在五穀廟前開講演　我聽眾二、三千人　到最後施至善君受正式臨監　即被中止　遂閉會已十一時	角色為講者，不知講題
3.12	八時開講　該處山水秀嚴　人家數間而已　聽眾都是從遠方赴山過嶺來者　運元開會即受臨監中止　最後國美也中止　我和施無事	黃旺成講題〈到文化之路〉

3.20	午後在家作日誌、準備今夜講演材料　七時半過到內媽祖宮　講演會已起　洪石龍、李良弼（勞働神聖）及我（新舊道德）三人　最後我受質問時　有興水司吐不平　十時半閉會	黃旺成講題〈新舊道德〉
3.21	今夜青年會的繼續講演會碰著這樣的大雨　想是不能開了	演講因雨取消
3.25	林冬桂君來議來廿七夜的講演會　予因夜學未終不能承諾他　說要移過他日	拒絕演講邀約
3.27	來內媽祖宮看講演　最後講幾句社會愛當作閉會詞	角色為聽者
4.18	下午式穀來議青年會講演　事畢同至客雅請大張出演　意外即受承諾　林冬桂君朝來說起文化講演的事　今日通霄、明日竹南　予皆不往	拒絕演講邀約
4.20	一同來媽祖宮開講演會　聽眾約千人　十時半過閉會	黃旺成講題〈法律上之自由平等〉
4.27	七時半在公會堂開初回的文化講演　予以和服往不上臺　曾子敬「畧談孔子之故事」　蘇維焜「吾人之覺悟」都無足取　榮鐘之「新臺灣之經濟運動」予即歸　一途電光帶路風雨怕人　最後培火之「地方自治之運用」　予未嘗聽	角色為聽者
5.13	夜七時半起青年會在公會堂開講演會　良弼開會及閉會　大張立法、予司法、小張行政　互相以養成島民的政治思想為目的　予講至九時半先回工場	黃旺成講題〈司法〉
6.3	七時五十分起開文化講演會　予占頭說明因襲生活的弊害並主張對作醮的節約說　大得喝采　費一時餘畢　滿身是汗　疲甚先退場	黃旺成講題〈因襲的生活〉
6.22	楊梅的講演會終不得往　因打電通知冬桂	未參與演講
6.23	晚廷輝來說楊梅今夜要續開文化講演會　只有冬桂、傳興、子敬三人　要予往　但是時間已趕不及　而予又無暇可往　遂作罷	未參與演講
6.28	本夜在公會堂臨時開演會　冬桂來強要予出講堅辭不得　出演約五十分間　大疲倦　夜收拾陳列品回工場才十時過	拒絕演講邀約
7.10	午前冬桂來報告文協支部再移轉於三層樓　並他宿舍移於病院前事　再報告講演會狀況　定要予出講演	文協邀請參與演講
7.18	八時在公會堂開講演會　溫卿被聽眾拍手推息兩女士寥寥數言　聲細　冬桂為之複述　聽眾千餘　末後殘者一半　李傳興閉會詞　受正式臨監十一時散會	臺灣文化協會新竹支部邀請劉氏英和廖氏秋貴主講的婦女問題大講演會。

7.19	學金木午前來談昨夕講演會事　雖不甚中肯　然亦可以見熱心　他方面亦可察其無蓼（聊）之極	與朋友討論演講內容
7.23	八時十分一同至公會堂　講演已開　李傳興為賴國美通譯　脫衣露胸　舉祉（止）不大方　予等出吃冰　回時被楊良使人招上臺去　十一時過臨時出為講演「力與正義」　將十二時才散會　滿身是汗	角色為聽者
7.30	午前冬桂君來　講起廣東留學生團講演被禁止事及今夜新埔講演會事（予不往）　彰化雄辯大會予亦未承諾	透過朋友了解沒參與的演講活動
7.31	午後冬桂君來報昨夜新埔講演會狀況並招明天通霄集會　婉辭之	婉拒開會
9.4	夜八時半在青年會張會長開幹事茶話會　聲明他要實施的概要　我述望庶務即行二、三事項　並開講演會的事　又有文藝等的打合　十時頃畢	青年會開會討論到演講一事
9.5	今夜八時起在竹蓮寺開文化講演　中途來臨監的鈴木司法主任把我們的演說聘（騁）意注意中止我很激昂　豫定明夜再開　蔡煌在觀音媽廳大呼小叫　說什麼無段借用椅條　很覺討厭	角色為聽者
9.12	換了衣服到公會堂赴青年講演會　七時五十分開會　聽眾共約二百人　至將十一時閉會　我和式穀各講一時十五分　於雨天得此成蹟（績）也不能夠說不盛況了	黃旺成講題〈理智與情實〉
9.15	午後冬桂、子敬二君來　要我赴宛（苑）裡講演會說是通霄分室無理解散（誤解為湯建漳君事件之示威行動）　而主推（催）者必要夜夜開催　向各處求應援辯士　以作持久之計　我向他們說如此雨天也要開會實同兒戲　我不贊成　要我去必俟晴天　以期達到目的	拒絕演講邀約
9.22	下午三時半全傳、錦江往客雅張家　讀書會已開始討論民眾政治都是搔不著癢　其中最堪噴飯者戴良之把產業革命上的過程和諸主義拿來作闊論以展其博　式穀以《民約論》為精神　頗近似　惜運用不及自治	角色為聽者
9.26	午前高等警察課訪友田警部述昨夜講演無理中止的事　他訪（說）未看速記錄不能答辯　希望廷輝、子敬等不要出演　我說這非我所關　次到郡役所訪瀨上課長　很和藹的說我平常所講的記錄他都看過很是平穩　昨夜可信必無突生要受中止的言論　他既坐理　我就通告今夜要原題講　午後急派兒塚特務來懇願的求我便宜上題目一換　我看他有誠意就把他改作「社會勢力中心之推移」	與警部協調演講的題目與內容

	9.28	午後一時半起在媽祖宮內開講演會　聽眾約有四、五百人　予第一次出講「文化運動」約一時間　滿身汗透出外衣　子敬講時受正式臨監　運元及羅阿謹過午三時頃才到　予以急行車三時三十九分　獨自發後龍回新竹	黃旺成講題〈文化運動〉
	10.9	午前十時起在文協支部樓上開支部定期總會　冬桂君先報告庶務及會計狀況　然後入議事　予被撰（選）舉為議長　逐條討論採決　忽有陳繼章提出委員不信任的動議　先是陳金城攻激（擊）冬【桂】辦事之疏忽　到者互相響應　動議成立　雖經予向他們幾回的勸告　都不見效　及至採決竟然通過委員改選　午後一時休憩中食　二時半再開　決定於來十七日開臨時總會選委員　三時半起支部創立一週年祝賀茶餅會　培火說了幾句對本日總會的感想　四時半閉會　予來青年會遇洪石龍君　說昨天自內地歸　成記晚餐鹹粥　夜七時半起在公會堂講演會　溫卿、明祿二君晚自北到來參加講演　對於培火嘖有煩言　十一時閉會	黃旺成講題〈精神與物質之比較〉
1926	10.17	四時一全來公會堂開文協第六回總會　予為記錄係六時半閉會　七時宴會　八時開講演會　陳逢源、謝春木、蔡培火來泊工場　獻堂八時四十分北上	文協開會暨演講，角色為聽者
	11.4	午後曾子敬來通知今晚要在內媽祖宮講演會　倏忽木下特務即來談天而去　夜七時半在內天后宮開會　周天啟君講「廿世紀之社會生活」、予講「社會之進化」、郭戊己君講「教育」　十時出散會　周君下場時正式臨監　無事通過	黃旺成講題〈社會之進化〉
	11.13	今日是乞弟亡後百日祭　以大速力趕付正午十二時五十五分新竹發　和楊良等同往龍潭要參加講演會　及至　冬桂上北請辯士不在　今夜豫定再演活動寫真	角色為聽者
	11.22	七時往街尾媽祖宮開講演會　聽眾雖多　因天氣很冷漸減　松筠講「法律須知」畢　先回臺中去予講「社會中心勢力之推移」、榮鐘「厚生之道」十時頃閉會	黃旺成講題〈社會中心勢力之推移〉
	12.6	午後三時四十五分至五時十分為鼓（皷）包美講演「產業組合之使命」　頗有可聽之處	角色為聽者
	12.10	請冬桂君來　囑他講演中止　他執意要開　竟無人來聽　乃不得已無期延期	演講延期
	12.19	宴會正七時起開講　風烈寒甚　八時閉會	黃旺成講題〈現代人〉

1927	2.4	夜在公會堂耶蘇教徒中田氏來講「思想善導」　謂宗教家的道德觀念是神的命念　不關世間的譽毀　附通譯講約一時二十分	角色為聽者
	2.5	夜七時率繼圖全老曾到公會堂聽谷本富講──「宗教と教育」　批評小學校令沒有宗教教育及公民教育的缺點　並說社會的趨勢已從合理的──自然的的信仰移入非合理的──超自然的信仰　如知的生活、情的生活	角色為聽者
	2.21	夜冬桂訪予於青年會　要予明後夜出講演（敏川、明祿要來）　婉辭之	拒絕演講邀約
	2.23	一同往公會堂聽文化講演　辯士王敏川、鄭明祿、張喬蔭、林冬桂四人　除張喬蔭受注意中止而外皆無事通過　但是講演的內容形式都是味全嚼蠟令人討厭　十時半閉會	角色為聽者
	3.23	來辯論二林事件的布施氏晚來竹　講演「無產運動之精神」約一時二十分	角色為聽者
	4.5	夜文協在內媽祖宮開講演會　因雨聽眾寥寥　不過一、兩百人而已　予因微醺　聽至林碧梧開講便回	受警官正式臨監
	4.8	本夜的聽眾為青年會演講未曾有的盛況　樓上樓下皆滿員（千餘人）　鄭根煙自討開會辭　吳君講吧（罷）　聽眾退剩二、三百人而已　十時半閉會	黃旺成講題〈中國民眾運動〉
	4.14	七時二十分開講演會　新文協一派來扇（煽）動新光社員在會場散宣傳單　噪鬧　險至用武　民眾大憤慨　九時半閉會　和教授、培火、明朝、曾、傳、金鈴、石龍、楊良在塚乃（酒）家座談　至十一時過辭出	矢內原教授講演激起文協的派系對立
	4.16	四時回青年會　學金木等來【談】前夜講演事　議友聯清算事　仍舊要予辦理　夜喚吹（炊）粉一同晚餐　開講　到十時半才回家	開會討論演講事宜
	4.22	聽說文協今天要在竹蓮寺開高雄鐵工場罷工同情講演　林冬桂等自己打鑼宣告　被警察課喚去注意　講演遂爾中止	演講中止
	5.1	內媽祖宮有「メイ（一）デイ（一）」講演會　九時半回家	角色為聽者
	5.8	聽政談講演在內媽祖宮　八時四十五分開會　鄭明祿講──「臺灣的警察行政」、王敏川──「糾察警察的暴行」　皆到末尾受中止　十一時起再在外媽祖宮開文化講演　無端和眾人忙了一夜	角色為聽者

5.10	聽古屋辯護士的講演會 論旨是無產運動之精神及其必要 因很平淡 所以中途退出 本夜沒有正式臨監	角色為聽者
5.27	夜往公會堂聽講演 王錦塗無事通過 黃周注意中止 渭水通過 十一時過閉會	角色為聽者
6.3	培火午前電報來 要講演會延期 晚再信至 說明延期理由並報告當局有禁止臺灣民黨之意	演講延期
6.29	夜在關帝廟庭開講演會（菊、黃周、王欽（錦）塗三人為辨士）	角色為講者，不知講題
7.8	夜七時半受陳華山案內到關東橋演講（楊良有約不去） 予講了一點四十分（公通譯）受中止 華山十外分便受中止 以臺車回來 到家時十一時半	黃旺成講題〈公通譯〉
8.15	夜全周君招蔣君到民眾講座 聽蘇維霖君等講中國時事 九時歸來	角色為聽者
9.12	夜八時起在公會堂開震災救濟講演會 辯士維（惟）梁、維霖、春木、菊仙四人 最後有學金木上臺駁予的論旨 予亦回答 俱受中止 十一時頃閉會	黃旺成講題〈社會改造與臺灣〉
10.10	夜七時半起開紀念講演於外媽祖宮 一任文協操縱 臺北張晴川來 看他胡鬧 不敢加入演講乃用文協飛入講演 或三句、或五句 即被中止不上三十分便解散	角色為聽者
10.28	晚正七時起在公會堂講政談講演 辯士彭、菊、盧、蔣、黃賜五人 至十一時過閉會 聽眾滿座極一時之盛況 予喉痛、鼻塞 頗覺疲倦	黃旺成講題〈民眾黨的三綱領〉
11.16	夜七時起在文昌祠開政談講演 出演者菊仙、渭水、培鈺三人而已	角色為講者，不知講題
11.17	夜在媽祖宮開政談講演 予講1：15分 培火後至批評予是替總督府說話 待明天和他理論吧	角色為聽者
11.27	文協晚七時半在內媽祖開糾彈警察的講演會 騷擾一中止一解散一檢束一包圍郡役所一拔劍 鬧的天翻地覆	角色為聽者
11.18	請予講演農民結束的必要一時間 然後入於綱領會則的討議 會名農業組合被予改為農民協會下午四時閉會	黃旺成講題〈農民結束的必要〉
12.30	夜七時起在公會堂開民眾講演 蔣及予（「弱者之力」）受中止 唯中間之晴川通過 最後有蔡煌登臺講「強者之力」 大受揶揄 殊覺有趣 十時半閉會歸家	黃旺成講題〈弱者之力〉

1928	2.27	夜七時起在公會堂開政談講演　予三十分受中止、鍾麟三十分通過、彭將近二時間　十時半閉會	黃旺成講題〈普選之結果與臺灣〉
	3.28	予慨然許諾　下午四時往公會堂聽槙有恆講山岳會事　並伴秩父宮登山的事實　六時散會	角色為聽者
	4.1	晚六時去宴共四席　講演會因雨中止　搭7：33回家	角色為聽者
	4.26	夜在公會堂開民眾講　臺北有渭水、晴川來　和予三人至十一時　無事通過	黃旺成講題〈理想與實際的調和〉
	5.31	來公會堂　民眾黨講演已開會　陳木榮、陳春金、蔣渭川三人、清池參加　十時頃閉會　渭川、清池二人被中止	角色為聽者
	6.10	夜冒雨到內媽祖聽文化講　大雨淋漓之中　聽眾有四、五人　古屋、佐々木通過　水谷中止　十時半閉會歸來	角色為聽者
	6.29	晚和老曾、瀛豹、楊良、培銓等坐自動車出遊街　撒布明晚講演會的宣傳單	角色為聽者
	6.30	八時在公會堂開政談講演　培火講二時間被中止華英四十分通過	角色為聽者
	11.5	正七時往公會堂聽五日會講演　唐澤信夫最傑出正十時閉會	角色為聽者
	11.9	一同先到內媽祖宮民眾講演　聽眾不上百人　乃至國霖樓上與晴川坐	角色為聽者

資料來源：黃旺成著，許雪姬編註，《黃旺成先生日記（10～15）》，臺北：中央研究院臺灣史研究所，2012～2015。

徵引書目

一、一般史料

官方文書

1. 《臺灣總督府公文類纂》明治 29 年永久保存,〈國語學校第一附屬學校明治 29 年七月中事務報告〉

2. 臺灣總督府民政部文書課編,《臺灣總督府民政事務成績提要第三篇》,臺北:臺灣日日新報社,1900。

3. 臺灣總督府民政部學務課編,《臺灣總督府學事法規》,臺北:臺灣總督府民政部學務課,1902。

報刊

1. 《臺灣日日新報》1927 年

2. 《臺灣民報》1927 年

3. 《臺灣新民報》1930〜1932 年

4. 《臺灣總督府府報》1898 年

日記

1. 吳新榮著,張良澤總編纂,《吳新榮日記全集 4:1940》,臺南:國立臺灣文學館,2008。

2. 張麗俊作,許雪姬、洪秋芬編纂‧解讀,《水竹居主人日記(一)》,臺北: 中央研究院近代史研究所;臺中:臺中縣文化局,2000。

3. 張麗俊作，許雪姬、洪秋芬編纂·解讀，《水竹居主人日記（二）》，臺北：中央研究院近代史研究所；臺中：臺中縣文化局，2000。

4. 張麗俊作，許雪姬、洪秋芬、李毓嵐編纂·解讀，《水竹居主人日記（三）》，臺北：中央研究院近代史研究所；臺中：臺中縣文化局，2001。

5. 張麗俊作，許雪姬、洪秋芬、李毓嵐編纂·解讀，《水竹居主人日記（四）》，臺北：中央研究院近代史研究所；臺中：臺中縣文化局，2001。

6. 張麗俊作，許雪姬、洪秋芬、李毓嵐編纂·解讀，《水竹居主人日記（五）》臺北：中央研究院近代史研究所；臺中：臺中縣文化局，2002。

7. 張麗俊作，許雪姬、洪秋芬、李毓嵐編纂·解讀，《水竹居主人日記（六）》，臺北：中央研究院近代史研究所；臺中：臺中縣文化局，2002。

8. 張麗俊作，許雪姬、洪秋芬、李毓嵐編纂·解讀，《水竹居主人日記（七）》，臺北：中央研究院近代史研究所；臺中：臺中縣文化局，2004。

9. 張麗俊作，許雪姬、洪秋芬、李毓嵐編纂·解讀，《水竹居主人日記（八）》，臺北：中央研究院近代史研究所；臺中：臺中縣文化局，2004。

10. 張麗俊作，許雪姬、洪秋芬編纂·解讀，《水竹居主人日記（九）》，臺北：中央研究院近代史研究所；臺中：臺中縣文化局，2004。

11. 張麗俊作，許雪姬、洪秋芬、李毓嵐編纂·解讀，《水竹居主人日記（十）》，臺北：中央研究院近代史研究所；臺中：臺中縣文化局，2004。

12. 黃旺成作，許雪姬編著，《黃旺成先生日記（一）：一九一二年》，臺北：中央研究院臺灣史研究所；嘉義：國立中正大學，2008。

13. 黃旺成作，許雪姬編著，《黃旺成先生日記（二）：一九一三年》，臺北：中央研究院臺灣史研究所；嘉義：國立中正大學，2008。

14. 黃旺成作，許雪姬編著，《黃旺成先生日記（三）：一九一四年》，臺北：中央研究院臺灣史研究所；嘉義：國立中正大學臺灣人文研究中心，2009。

15. 黃旺成作，許雪姬編著，《黃旺成先生日記（四）：一九一五年》，臺北：中央研究院臺灣史研究所；嘉義：國立中正大學臺灣人文研究中心，2009。

16. 黃旺成作，許雪姬編著，《黃旺成先生日記（五）：一九一六年》，臺北：

中央研究院臺灣史研究所；嘉義：國立中正大學臺灣人文研究中心，2009。

17. 黃旺成著，許雪姬編註，《黃旺成先生日記（六）：一九一七年》，臺北：中央研究院臺灣史研究所，2010。

18. 黃旺成著，許雪姬編註，《黃旺成先生日記（七）：一九一九年》，臺北：中央研究院臺灣史研究所，2010。

19. 黃旺成著，許雪姬編註，《黃旺成先生日記（八）：一九二一年》，臺北：中央研究院臺灣史研究所，2012。

20. 黃旺成著，許雪姬編註，《黃旺成先生日記（九）：一九二二年》，臺北：中央研究院臺灣史研究所，2012。

21. 黃旺成著，許雪姬編註，《黃旺成先生日記（十）：一九二三年》，臺北：中央研究院臺灣史研究所，2012。

22. 黃旺成著，許雪姬編註，《黃旺成先生日記（十一）：一九二四年》，臺北：中央研究院臺灣史研究所，2013。

23. 黃旺成著，許雪姬編註，《黃旺成先生日記（十二）：一九二五年》，臺北：中央研究院臺灣史研究所，2013。

24. 黃旺成著，許雪姬編註，《黃旺成先生日記（十三）：一九二六年》，臺北：中央研究院臺灣史研究所，2014。

25. 黃旺成著，許雪姬編註，《黃旺成先生日記（十四）：一九二七年》，臺北：中央研究院臺灣史研究所，2015。

26. 黃旺成著，許雪姬編註，《黃旺成先生日記（十五）：一九二八年》，臺北：中央研究院臺灣史研究所，2015。

27. 黃旺成著，許雪姬編註，《黃旺成先生日記（十六）：一九二九年》，臺北：中央研究院臺灣史研究所，2016。

28. 黃旺成著，許雪姬編註，《黃旺成先生日記（十七）：一九三〇年》，臺北：中央研究院臺灣史研究所，2017。

29. 黃旺成著，許雪姬編註，《黃旺成先生日記（十八）：一九三一年》，臺北：中央研究院臺灣史研究所，2017。

30. 黃旺成著，許雪姬編註，《黃旺成先生日記（十九）：一九三三年》，臺北：中央研究院臺灣史研究所，2018。

口述歷史

1. 王世慶，〈黃旺成先生訪問紀錄〉，收於黃富三、陳俐甫編，《近代臺灣口述歷史》，頁 71～144，臺北：林本源基金會，1991。

2. 黃繼文口述，張炎憲、許明薰、張啟明、陳鳳華訪問，〈父親黃旺成的追憶〉，《竹塹文獻》，10 期，1990 年 1 月，頁 41～57。

二、專書

1. Philip A Kuhn 著，謝亮生、楊品泉、謝思煒譯，《中華帝國晚期的叛亂及其敵人》，北京：中國社會科學出版社，1990。

2. 大園市藏，《臺灣始政四十年史》，臺北：成文出版社，1936。

3. 呂紹理，《水螺響起：日治時期臺灣社會的生活作息》，臺北：遠流出版社，1998。

4. 洪有錫、陳麗新著，《先生媽、產婆、婦產科醫師》，臺北：前衛出版社，2012。

5. 許佩賢，《殖民地臺灣的近代學校》，臺北：遠流出版社，2005。

6. 陳文松，《來去府城透透氣： 一九三〇～一九六〇年代文青醫生吳新榮的日常娛樂三部曲》，臺北：蔚藍文化出版股份有限公司，2018。

7. 陳翠蓮，《臺灣人的抵抗與認同一九二〇～一九五〇》，臺北：遠流，2008。

8. 曾士榮，《近代心智與日常臺灣：法律人黃繼圖日記中的私與公（1912～1955）》，新北：稻鄉出版社，2013。

9. 臺灣教育會編，《臺灣教育沿革志》，臺北：臺灣教育會，1939。

10. 臺灣新民報社調查部編，《臺灣人士鑑》，臺北：臺灣新民報社，1934、1937。

11. 興南新聞社編，《臺灣人士鑑》，臺北：興南新聞，1943。

12. Chang Chung-Li. *The Chinese Gentry: Studies on Their Role in Nineteenth Century*, Seattle: University of Washington Press, 1967.

13. Tzeng, Shih-jung. *From Honto Jin to Bensheng Ren- the Origin and Development of the Taiwanese National Consciousness*, Lanham, Maryland: University Press of America, 2009.

三、期刊論文

1. 大東和重，〈書寫在遠離中央文壇的邊陲：殖民統治下臺南寫作者的處境〉，臺灣大學臺灣文學研究所編，《第二屆文化流動與知識傳播國際學術研討會論文集》，頁 179～193。

2. 吳文星，〈日據時代臺灣書房之研究〉，《思與言》，16 卷 3 期，1978 年 9 月，頁 62。

3. 吳文星，〈日據時期臺灣書房教育之再檢討〉，《思與言》，26：1，1988 年 5 月，頁 101～108。

4. 吳奇浩，〈喜新戀舊：從日記材料看日治前期臺灣仕紳之服裝文化〉，《臺灣史研究》，19：3，2012 年 9 月，頁 201～236。

5. 呂紹理，〈老眼驚看新世界：從《水竹居主人日記》看張麗俊的生活節奏與休閒娛樂〉，臺中縣文化局編，《水竹居主人日記學術研討會論文集》，頁 369～400。

6. 李昭容，〈1910 年代公學校教師的時代相貌：以《黃旺成先生日記》（1912～1917）為中心〉，「日記與臺灣史研究」學術研討會，2010 年 8 月 19 日至 20 日，臺中：中興大學。

7. 李毓嵐，〈〈林紀堂日記〉與〈林癡仙日記〉的史料價值〉收於許雪姬編，《日記與臺灣史研究：林獻堂先生逝世 50 周年紀念論文集（上）、》，頁 37～88，臺北：中研院臺史所，2008。

8. 李毓嵐，〈1920 年代臺中士紳蔡蓮舫的家庭生活〉，《臺灣史研究》，20：4，2013 年 12 月，頁 51～98。

9. 李毓嵐，〈丈夫日記中的妻子：以林獻堂、張麗俊、黃旺成為例〉，發表於中央研究院臺灣史研究所、國立暨南大學歷史學系主辦，「第六屆日記研討會：日記中臺灣的時代轉換」，2016.11.18。

10. 李毓嵐，〈日治時代傳統文人的女性觀〉，《臺灣史研究》，16 卷 1 期，2009 年 03 月，頁 87～129。

11. 李毓嵐，〈日治時代臺灣傳統詩人的休閒娛樂——以櫟社詩人為例〉，《臺灣學研究》，7 期，2009 年 06 月，頁 51～76。

12. 李毓嵐，〈林獻堂生活中的女性〉，《興大歷史學報》，24 期，2012 年 06 月，頁 59～98。

13. 李毓嵐，〈從《水竹居日記》看張麗俊的詩社活動〉，臺中縣文化局編，《水竹居主人日記學術研討會論文集》，頁 293～334。

14. 李毓嵐，〈陳懷澄的街長公務職責與文人生活：以〈陳懷澄日記〉為論述中心（1920～1932）〉，《臺灣史研究》，23：1，2016 年 3 月，頁 75～120。

15. 沈佳姍，〈從《黃旺成先生日記》看臺灣民間的兒童疾病及照護（1912～1925）〉，《空大人文學報》，27 期，2018 年 12 月，頁 35～98。

16. 林丁國，〈林獻堂遊臺灣──從《灌園先生日記》看日治時期島內旅遊〉，《運動文化研究》，17 期，2011 年 06 月，頁 57～111。

17. 林丁國，〈從《灌園先生日記》看林獻堂的體育活動〉，收於許雪姬編，《日記與臺灣史研究》，臺北：中央研究院臺灣史研究所，2008，頁 791～840。

18. 林丁國，〈從日記資料析論日治時期臺日人士的體育活動〉，《運動文化研究》，第 22 期，2013 年 6 月，頁 73～118。

19. 林巾力，〈臺灣文化的「多元」與「特殊性」建構：以「愛書」為探討中心〉，臺灣大學臺灣文學研究所編，《第二屆文化流動與知識傳播國際學術研討會論文集》，頁 41～55。

20. 林淑慧，〈觀景察變：臺灣日治時期日記的旅行敘事〉，《臺灣文學學報》，32 期，2018 年 06 月，頁 23～52。

21. 林蘭芳，〈傳統士紳與新科技的對話──豐原張麗俊的近代化體驗（1906～1936）〉，臺中縣文化局編，《水竹居主人日記學術研討會論文集》，頁 335～368。

22. 邱坤良，〈林獻堂看戲──《灌園先生日記》的劇場史觀察〉，《戲劇學刊》，16 期，2012 年 7 月，頁 7～35。

23. 施懿琳，〈從張麗俊日記看日治時期中部傳統文人的文學活動與角色扮演〉，臺北縣立文化中心編，《中臺灣鄉土文化學術研討會論文集》，臺北：臺北縣立文化中心，2000 年。

24. 范燕秋，〈從「水竹居主人日記」看殖民地公共衛生的運作〉，臺中縣文化局編，《水竹居主人日記學術研討會論文集》，頁 401～420。

25. 常建華,〈他山之石:國外和臺灣地區日常生活史研究的啟示〉,《安徽大學學報(哲學社會科學版)》,第 1 期,2015 年,頁 15～25。

26. 張炎憲,〈黃旺成的轉折——從社會參與到纂寫歷史〉,《竹塹文獻》,10,1999 年 1 月,頁 6～28。

27. 張德南,〈黃旺成先生大事記要〉,《竹塹文獻》,10 期,1999 年 1 月,頁 68～72。

28. 張德南,〈黃旺成——從教師到記者的轉折〉,《竹塹文獻》,10 期,1999 年 1 月,頁 58～67。

29. 莊勝全,〈《臺灣民報》的報導取材與新聞採訪:以黃旺成的記者生涯為例〉,《臺灣史研究》,第 26 卷第 1 期,2019 年 3 月,59～111。

30. 莊勝全,〈紅塵中有閒日月:1920 年代黃旺成的社會觀察、政治參與及思想資源〉,《臺灣史研究》,23 卷 2 期,2016 年 06 月,頁 111～164。

31. 莊勝全,〈腹有詩書氣自華?黃旺成公學校教師時期的閱讀生活〉,《跨域青年學者臺灣史研究》,臺北:稻鄉出版社,2011,頁 269～302。

32. 許俊雅,〈知識養成與文學傳播:《黃旺成先生日記》(1912～1924)呈現的閱讀經驗〉,《東吳中文學報》,第 27 期,2014 年 5 月,頁 267～307。

33. 許雪姬,〈《灌園先生日記》全套廿七冊出版完成記〉,收於林獻堂著、許雪姬等編,《灌園先生日記(廿七)》,臺北:中研院近史所、臺史所,2013,頁 493～504。

34. 許雪姬,〈張麗俊生活中的女性〉,臺中縣文化局編,《水竹居主人日記學術研討會論文集》,頁 69～121。

35. 許雪姬,〈臺灣日記研究的回顧與展望〉,《臺灣史研究》,22:1,2015 年 3 月,頁 163。

36. 連玲玲,〈典範抑或危機?「日常生活」在中國近代史研究的應用及其問題〉,《新史學》,14:4,2006 年 12 月,頁 255～282。

37. 陳文松,〈一套日記庫、一本「趣味帳」領風騷:日治時期日常生活史研究回顧與展望〉,《漢學研究通訊》,36:3,2017 年 8 月,頁 1～10。

38. 陳秋月,〈日治時期新竹公學校學籍簿介紹〉,《竹塹文獻》,31 期,2004 年 12 月,頁 39～49。

39. 陳萬益，〈臺灣報業史上的一等評論──論黃旺成的「冷言」「熱語」〉，《竹塹文獻》，10 期，1999 年 1 月，頁 29〜40。

40. 陳鴻圖，〈日治時期八堡圳的水利運作──以《水竹居主人日記》為中心的探討〉，臺中縣文化局編，《水竹居主人日記學術研討會論文集》，頁 191〜217。

41. 傅鈺鈞，〈從《黃旺成先生日記》看黃旺成 1912〜1917 年的生活休閒娛樂〉，《史苑》，75，2015 年 7 月，頁 141〜170。

42. 游鑑明，〈從《豐年》的家政圖像看戰後臺灣家庭生活的建構〉，《近代史釋論：多元思考與探索》，臺北市：東華出版社，2017 年，頁 473〜524。

43. 黃英哲，〈楊基振日記的史料價值〉，收於許雪姬編，《日記與臺灣史研究：林獻堂先生逝世 50 周年紀念論文集（上）》，頁 89〜122，臺北：中研院臺史所，2008。

44. 廖冰凌，〈馬來西亞臺灣中文書籍與臺灣文化知識的傳播─以大眾書局為研究個案（1984〜2014）〉，《臺灣文學研究彙刊》，第 18 期，2015 年 8 月，頁 23〜44。

45. 廖振富，〈《傅錫祺日記》的發現及其研究價值：以文學與文化議題為討論範圍〉，《臺灣學研究》，第十八卷第四期，2011 年 12 月，頁 201〜239。

46. 廖振富，〈日治時期臺灣傳統文人日常生活中的漢文書寫──以張麗俊《水竹居主人日記》為考察對象〉，臺中縣文化局編，《水竹居主人日記學術研討會論文集》，頁 249〜291。

47. 廖振富、張明權，〈《傅錫祺日記》所反映的親人互動及其家庭觀〉，《臺灣史研究》，20：3，2013 年 9 月，頁 125〜175。

48. 蒲慕州，〈西方近年來的生活史研究〉，《新史學》，3：4，1992 年 12 月，頁 139〜153。

49. 蔡建鑫，〈知識傳播與小說倫理：以《零地點》為發端的討論〉，《臺灣文學研究彙刊》，第 16 期，2014 年 8 月，頁 61〜82。

50. 蔡盛琦，〈日治時期臺灣的中文圖書出版業〉，《國家圖書館館刊》，九十一年第二期，2002 年 12 月，頁 65〜92。

51. 鄭政誠，〈從《灌園先生日記》看林獻堂的讀書生活〉，《兩岸發展史研究》，7 期，2009 年 06 月，頁 45～72。

52. 蘇碩斌，〈新文學的新時空：日治臺灣寫實小說的現代意義〉，臺灣大學臺灣文學研究所編，《第二屆文化流動與知識傳播國際學術研討會論文集》，頁 25～39。

四、碩博士論文

1. 吳沁昱，〈新竹市自治選舉與議會運作——以黃旺成政治參與經驗為中心（1935～1951）〉，臺北：國立臺北教育大學人文藝術學院臺灣文化研究所碩士論文，2012。

2. 莊勝全，〈《臺灣民報》的生命史：日治時期臺灣媒體的報導、出版與流通〉，臺北：國立政治大學歷史研究所博士論文，2016。

3. 許佩賢，〈臺灣近代學校的誕生——日本時代初等教育體系的成立（1895～1911）〉，臺北：臺灣大學歷史所博士論文，2001。

4. 許書惠，〈從《水竹居主人日記》看日治時期常民生活中的演藝活動〉，臺北：國立臺北藝術大學傳統藝術研究所碩士論文，2008。

5. 陳世榮，〈近代豐原地區地方菁英影響力的形成與發揮〉，臺北：國立政治大學歷史研究所博士論文，2010。

6. 黃美蓉，〈黃旺成及其政治參與〉，臺中：私立東海大學歷史研究所碩士論文，2008。

7. 鄭梅淑，〈日據時期臺灣公學校之研究〉，臺中：私立東海大學歷史研究所碩士論文，1988。

8. 賴秀峰，〈日治時代臺灣雜誌事業之研究〉，臺北：政治大學新聞研究所碩士論文，1973。

9. 謝明如，〈日治時期臺灣總督府國語學校之研究（1896～1919）〉，臺北：國立臺灣師範大學歷史學系碩士論文，2007。